Reichel
Verlag

AF557303

Margot Anand

SkyDancing Tantra

Von sexueller Ekstase
zu spirituellem Erwachen

Übersetzt von Elke Keilhofer-Schmidt

93055 Regensburg

E-Mail: info@reichel-verlag.de

www.reichel-verlag.de

Textliche Überarbeitung: Alexandra Matzinger-Thurmayr

Cover-Gestaltung: Christian Wolf

Die Ereignisse, Orte und Gespräche in diesem Buch wurden so wiedergeben wie sie sich in meiner persönlichen Erinnerung dargestellt haben. Um die Privatsphäre und die Anonymität der Betroffenen zu schützen, wurden die Namen von Personen und Orten in einigen Fällen geändert. Auch wenn ich einige identifizierende Merkmale und Details abgeändert habe, fanden die Geschichten und Ereignisse tatsächlich statt und boten eine großartige Möglichkeit zum Lernen.

ISBN 978-3-946959-59-5

Über die Autorin

Margot Anand, die weltweit führende Expertin des Tantra ist eine international anerkannte Autorin, Referentin, Lehrerin und Kursleiterin. Ihre Bestseller *The Art of Sexual Ecstasy, The Art of Sexual Magic, The Art of Everyday Ecstasy, Sexual Ecstasy: The Art of Orgasm* und *The Sexual Ecstasy Workbook* haben sich weltweit mehr als eine Million Mal verkauft. Ihr Lehrstil ist eine einzigartige Synthese aus französischem erotischem Humor, amerikanischem Pragmatismus und indischer Mystik. Ihre heilende, entspannte, fröhliche und leidenschaftliche Atmosphäre wird in ihren Workshops sehr geschätzt.

Neben ihren Büchern gibt es auf 3 DVDs eine pädagogische Dokumentation, *Margot Anand's Secret Keys to the Ultimate Love Life*. Es ist eine detaillierte Tantra-Auffrischung samt einigen unterhaltsamen neuen Twists für diejenigen, die mit ihren klassischen und zeitlosen Techniken vertraut sind. Die neuesten Lehren von Frau Anand sollen eine ganz neue Generation an Fans inspirieren.

In den letzten zwei Jahrzehnten hat Frau Anand das Training in Ekstase und Liebe entwickelt und gelehrt, eine Methode der Heilung, mit der die Sexualität auf ihr ultimatives Potenzial gesteigert werden kann: die Ekstase. Sie ist auch die Gründerin von neun weltweiten SkyDancing Tantra Instituten, einem neuen Ansatz für das Tantra, oder „Neo-Tantra". SkyDancing Tantra ist wahrscheinlich der bestmögliche Weg zur sexuellen Glückseligkeit für westliche Liebespaare.

Frau Anands Fähigkeit, die Lehren des Tantra über den Bereich des Schlafzimmers hinaus in den Alltag zu bringen, ist ihr Markenzeichen. Sie ist auch Vorreiterin einer neuen Methode, „Yoga of Living", in der sie Menschen bei der Gestaltung expressiver Lebensstile begleitet.

Eine weitere der visionären Schöpfungen von Frau Anand sind die Spiritworks, deren Mission es ist, Brücken zwischen den Kulturen zu schlagen und die Menschen auf spirituelle Pilgerreisen mitzunehmen, auf denen sie direkt zum Wohlergehen der lokalen Urbevölkerung beitragen können.

Frau Anand ist in vielen nationalen (CNN, CNBC, ABC) und internationalen Fernseh- und Radioprogrammen aufgetreten und wurde als Hauptrednerin auf vielen renommierten nationalen und internationalen Konferenzen präsentiert, darunter der Association of Humanistic Psychology; Association of Transpersonal Psychology, den Body & Soul Conferences des Omega Institute; auf der Outside the Box Conference der Young Presidents' Organization; und des National Institute for the Clinical Application of Behavioral Medicine.

Die Rednertätigkeit von Frau Anand ist vielfältig. Sie sprach über das Thema „Sex, Macht und Politik" auf der Konferenz des State of the World Forum 1998 – einem Treffen hochkarätiger internationaler Führungskräfte. Ein Jahr später, auf der State of the World Forum Konferenz 1999, stellte sie ein Expertengremium aus Dr. Jean Houston, Dr. Dean Ornish, Dr. Deepak Chopra und Marianne Williamson zum Thema „Meditation, Power und Politik" zusammen und leitete es. Sie ist Mitglied der Fakultät bei den Seminaren und Konferenzen von Dr. Deepak Chopra und hat bei den jährlichen Retreats von Dr. Dean Ornish für Herzpatienten Kurse gegeben. Frau Anand hat im Rahmen von Tony Robbins „Ultimate Passion"-Workshop für Paare in den Fidschis unterrichtet. Mr. Robbins nannte sie „die weltweit führende Expertin auf dem Gebiet des Tantra". Sie trat auch mit Dr. Jeffrey Mishlove im PBS-Programm „Thinking Allowed" auf.

Frau Anand gab für zahlreiche renommierte Publikationen wie das *Wall Street Journal, Time, Conscious Life, The Washington Post, New Age Journal, Cosmopolitan Magazine* Interviews oder wurde in ihnen zitiert.

In Frankreich geboren und aufgewachsen, erwarb Frau Anand ihren Abschluss an der Sorbonne in Paris. Sie verfügt über eine umfassende Ausbildung in Gestalttherapie, hinduistischem und buddhistischem Tantra (sie hat bei mehreren spirituellen Meistern studiert, darunter dem großen Mystiker Osho in Indien), Bioenergetik, Massage, Meditation, Arica und Integralyoga.

Frau Anand ist auch eine begabte Malerin und Sängerin und man kann sie online unter http://margotanand.com auf ihrer Website besuchen.

Danksagungen

Eine große Zahl an Freunden und Mentoren trug zur Entstehung dieses Buches bei, darunter Anand Subhuti, mein Redakteur, der mich so gut kennt, dass er gegen meinen Widerstand darauf bestand, dass ich Ihnen die Geschichte meiner ersten Tantra-Gruppe nicht vorenthalte.

Zudem unterstützte mich der Schriftsteller und Herausgeber Doug Childers bei der Aufzeichnung vieler Abenteuer meines Lebens. Ich bin all meinen Freunden dankbar, die verschiedene Kapitel überprüft und hilfreiche Anmerkungen gemacht haben, insbesondere Bud Hart, Anodea Judith, Deborah Anapol, Stella Resnik, Laurent Lacoste, Brian Kelly, Terry Bigio, Emma Saunders, Marie Bee, David Cates und Jean Francois Gervet sowie viele andere.

Zutiefst dankbar bin ich für die Inspiration, die mir der Besuch von Lorin Roche gegeben hat. Sie ist die Autorin von *The Radiance Sutras*, einer Neuübersetzung des *Vijnana Bhairava Tantra,* einer wichtigen tantrischen Lehre, die im 11. Jahrhundert n. Chr. in Indien populär war. Lorin trat gerade zum richtigen Zeitpunkt in mein Leben, nämlich als ich mit dem Schreiben dieses Buches begonnen hatte. Sie inspirierte mich, die Kunst des ekstatischen Schreibens und Rezitierens zu fühlen, zu verinnerlichen und zu feiern. Die Sutras sangen durch mein Wesen und inspirierten mich beim Schreiben. Dank Lorin habe ich die Freude am „Tanzen mit Worten" wiederentdeckt.

Diese Abenteuer hätten nicht das Licht der Welt erblickt ohne die profunde Kraft, die mir durch Osho Rajneesh und Ma Prem Kaveesha in Indien, Adyashanti in den USA und zuletzt Aaravindha Himadra in Europa vermittelt wurde. Jeder dieser großartigen Lehrer hat einen vergessenen Aspekt meines Seins ans Licht gebracht, der wiedererweckt werden musste, ähnlich als ob ein Zen-Meister mich mit einer Kopfnuss wachgerüttelt hätte. Jeder dieser großen Lehrer flüsterte auf seine ganz eigene Weise meiner Seele zu: „Erinnere dich!" Das Gleiche gilt für die engagierte Unterstützung meiner tantrischen Liebhaber und Partner. Ihr habt verstanden, dass es mir in meinen

Forschungen nicht nur um mich selbst ging, sondern darum, unsere Kultur für neue Möglichkeiten zu sensibilisieren.

Im Vordergrund stand die Idee, Sexualität mit Spiritualität zu verbinden, ohne den Ballast religiöser Tabus und ohne Schuldgefühle. Ihr habt mir geholfen, frei zu sein. Natürlich gilt mein Dank auch meinen Eltern, für all die Liebe und moralische Unterstützung, die sie mir während meiner schriftstellerischen Laufbahn zuteilwerden ließen. Buddha Padmasambhava und seiner Gefährtin Dakini Yeshe Tsogyal, der ersten SkyDancer, die mich mit ihren geheimnisvollen Darbietungen inspiriert haben, sowie Meister Dilgo Khyentse Rinpoche gehört mein tiefster Respekt. Lassen Sie mich auch meine Verbundenheit mit allen SkyDancers zum Ausdruck bringen. Sie haben nicht davor zurückgescheut, die schwierige Aufgabe zu übernehmen, das SkyDancing-Tantra und das Love and Ecstasy Training zu erlernen und zu lehren.

An all die vielen Teilnehmer dieser unglaublichen Programme: Ich bin froh, dass ihr dazu beitragt, die Weisheit dieser Lehre zu verbreiten, ob in eurem persönlichen Leben oder als Lehrer. Mögen wir alle weiterhin im Himmel tanzen. Last, but not least, meine aufrichtige Anerkennung an den „Guru zwischen meinen Beinen“. Sie ist eine fantastische Lehrerin, die mich immer wieder auf eine großartige Reise mitnimmt.

Inhalt

Die Praxis

Einleitung

Dieses Buch ist das Ergebnis einer langen Suche und ein Wegweiser für alle, die sich sowohl in sexueller Hinsicht als auch in spiritueller Weise ein erfülltes Leben wünschen. Der Versuch, diese beiden Aspekte zusammenzubringen, machte mich dreißig Jahre lang zur „Glücksritterin“, die nach einem verborgenen Schatz in ihrem Geist, ihrem Körper und ihrer Seele suchte.

In diesem Buch werden Sie all das lernen, was Sie schon immer wissen wollten, und auch das, was Sie nie zu fragen gewagt haben. Ich werde all die Geheimnisse lüften, die ich nie teilen wollte, die Eskapaden, die Abenteuer, Wendepunkte und Durchbrüche auf meinem Weg vom Sex bis hin zum spirituellen Erwachen.

„Wie hast du das Tantra für dich entdeckt?“, fragen mich viele Leute.

„Als ich meinen ersten Orgasmus hatte“, antworte ich dann, und das ist die Wahrheit.

Als ich das erste Mal Liebe machte, war das eine kosmische Offenbarung, eine direkte Übertragung der Erleuchtung des Geistes, die ich eine „sexuelle Erleuchtung“ nannte.

Es war eine so phänomenale Erfahrung, so weit jenseits meiner kulturellen und weltanschaulichen Sichtweise, dass ich nach einem Weg suchen musste, diesen flüchtigen Vorgeschmack der Gnade dauerhaft in mein Leben zurückzubringen. Ich machte mich daran, den Zusammenhang zwischen Sexualität und Spiritualität zu verstehen. Es wurde zur Mission meines Lebens. Die Suche wurde zu einer lebenslangen Aufgabe.

Jetzt, nach so vielen Jahren, habe ich dieses Buch geschrieben, um Antworten auf die Fragen zu geben, mit denen ich mich damals konfrontiert sah und die mir seitdem so viele Leute gestellt haben:

- Was ist Tantra? Gibt es einen spirituellen Zusammenhang mit der sexuellen Erfahrung?
- Was passiert, wenn wir gegen die Regeln der Mainstream-Gesellschaft verstoßen und unkonventionell leben?
- Brauchen wir einen spirituellen Lehrer?
- Was braucht eine Frau wirklich, um ihre multiorgastische Natur vollständig zu erkennen?
- Was bedeutet es für einen Mann, ein tantrischer Liebhaber und Lehrer zu sein?
- Was passiert, wenn wir mit zwei Partnern gleichzeitig schlafen?
- Was ist eine tantrische Initiation?
- Was ist Erwachen?

Um Antworten zu finden, werde ich Sie einen Blick hinter die Kulissen meines tantrischen Dramas werfen lassen. Ich werde einige unerhörte Episoden enthüllen, die meine Entwicklung und die Wiederentdeckung des SkyDancing-Tantra tief und nachhaltig beeinflusst haben.

In jedem Kapitel habe ich versucht, drei Komponenten miteinander zu verknüpfen:

1. Ein wahres Abenteuer, das ein Schlüsselmoment in meiner sexuellen und spirituellen Entwicklung und auch in meiner Entwicklung als Lehrerin des Tantra war.

2. Überlegungen zu diesem Abenteuer und die Frage: „Was habe ich daraus gelernt?“

3. Eine kurze und einfache Übung, um Ihnen, dem Leser, einen Weg zu zeigen, wie Sie in Ihrem eigenen Leben von diesen Erfahrungen profitieren können. Wichtig zu erwähnen ist, dass dies kein Tantra-Lehrbuch ist. Ich habe fünf Bücher mit Tantra-Übungen verfasst und es ist an der Zeit für etwas Neues.

Wenn Sie Ihre Tantra-Übungen vertiefen möchten, lesen Sie bitte meine vorherigen Bücher, die eine gründliche und detaillierte Anleitung für die persönliche Tantra-Praxis enthalten.

In diesem Buch lade ich Sie ein, von ganzem Herzen in meine exotische und erotische Saga einzutauchen. Dieses Buch wird Sie über das hinausführen, was die meisten Menschen beim Sex für möglich halten – oftmals auch in schockierende, unvorstellbare Bereiche, wie es das Tantra zu tun vermag.

Um die Grenzen des sexuellen Unwissens zu sprengen, bedarf es einer starken rebellischen Seite, die keine Angst davor hat, der Führung des „Gurus zwischen den eigenen Beinen“ zu folgen. Ich weiß, dass mein Sexzentrum eine Stimme hat – und ich habe gelernt, auf sie zu hören.

Meine Arbeit polarisiert. Lassen Sie mich eine kleine Geschichte dazu erzählen.

Wenn ich in ein Flugzeug einsteige und mich setze, fragt mich die Person neben mir: „Was machen Sie beruflich?“

„Ich bin Schriftstellerin“, antworte ich.

„Ach, wirklich? Worüber schreiben Sie?“, fragt mein Sitznachbar dann.

Worauf ich antworte: „Nun, ich habe ein Buch namens *The Art of Sexual Ecstasy* geschrieben.“

Schon in dem Moment, in dem ich das sage, weiß ich, dass die betreffende Person entweder für den Rest der Reise nicht mehr mit mir sprechen wird oder nicht aufhören wird, Fragen zu stellen und mir intime Geheimnisse anzuvertrauen.

Auch wenn einige Geschichten in diesem Buch unglaublich klingen, habe ich sie nicht erfunden. Sie sind wirklich passiert. Ich erzähle sie, weil ich glaube, dass jede Geschichte eine Botschaft der Weisheit enthält, nicht nur für mich selbst, sondern auch für andere. Zusammengefasst dienen diese Abenteuer als Sprungbrett, von dem aus man, in die Erfahrung von Liebe, Sex und Erwachen eintauchen und entdecken kann, wie alles miteinander verbunden ist.

Darüber hinaus schreibe ich einer inneren Berufung folgend, mich dafür einzusetzen, dass die sexuelle Unwissenheit beseitigt und das Leid, das aus ihr resultiert, gelindert wird. Ich erzähle in einer lockeren chronologischen Reihenfolge. Doch wie Sie sehen werden, fühlt sich jede Geschichte an, als ob sie jetzt gerade passiert, so dass ich Sie leichter auf die Reise mitnehmen kann.

Als ich mir die einzelnen Geschichten in Erinnerung rief, war diese mehr emotionaler als sachlicher Art. Deshalb liegt mein Fokus nicht so sehr auf der Chronologie, sondern mehr auf den Auswirkungen, die jedes Ereignis auf meine Wahrnehmung der Realität hatte. Letztendlich ging es auch darum, ob die Geschichte mich inspirierte, sie mit anderen zu teilen.

Die Reise beginnt in Paris, wo ich aufgewachsen bin – mit dem berühmten ersten Mal und einer mystischen Erfahrung, die meinem Leben einen neuen Sinn gab.

Es geht weiter mit meiner Entscheidung, nach London zu ziehen, um humanistische Psychologie zu studieren, und endet mit einem einwöchigen Experiment mit Reizentzug, das mich zu der entscheidenden Frage führt: „Wer bin ich?"

In New York erlebe ich meine erste LSD-Reise. Ich stoße auf etwas, was den Eindruck eines vergangenen Lebens im perfekten tantrischen Reich von Shambala, der Wohnstätte der Götter erweckt.

Von dort aus nehme ich am legendären Woodstock-Festival teil und erlebe die Geburt einer liebevollen, wilden amerikanischen Gegenkultur. Während eines Zen-Meditationsabends treffe ich auf einen attraktiven afrikanischen Jazzmusiker, es ist Liebe auf den ersten Blick. Wir leben zusammen. Ich besuche die Arica Mystery School und entdecke den Mystiker Oscar Ichazo.

Nach vielen Jahren und einer herzzerreißenden Scheidung führt mich das Leben nach Indien, wo ich Osho begegne, einen Meister der ‚verrückten Weisheit' und einen großen Lehrer. Osho verdanke ich einige mächtige Erkenntnisse, von denen eine die Weitergabe des kosmischen Lachens ist – das Geschenk, mich selbst als von meinen egoistischen Besorgnissen losgelöst zu erleben, mit Hilfe der Fähigkeit, über sie zu lachen.

Osho lädt mich ein, die ersten Tantra-Gruppen in seinem Ashram zu leiten, die die sexuellen Tabus und die ungehemmte sexuelle Freiheit erforschen, um die Menschen von Scham, Schuld und Angst zu befreien. Diese radikalen Erfahrungen bilden eine Basis des Vertrauens und der Stärke für meine eigene spätere Lehrtätigkeit.

Als Nächstes beginne ich zu reisen und leite Tantra-Gruppen in Europa und den Vereinigten Staaten. Unterwegs finde ich mich in einem sexuellen Dreier wieder, was mir einen tiefen Einblick gibt, warum das weibliche Geschlecht vom männlichen Geschlecht unterdrückt wurde und in vielen Ländern immer noch wird.

In meinem Bestreben, anderen zu helfen, überwinde ich mich, eine „Yoni-Heilungs"-Sitzung zu demonstrieren. Dies führt zu einer spektakulären Freisetzung von Wut im Kali-Stil, gefolgt von einem tiefen Gefühl der Befreiung.

Diese Arbeit wird der erste Zyklus meines Trainings in *Ekstase und Liebe* (TEL), das sich auf die sexuelle Heilung konzentriert. Ich treffe einen erfahrenen Yogi. Zusammen erforschen wir in einer Vollmond-Zeremonie die Umwandlung des sexuellen Orgasmus in Glückseligkeit durch die Praxis der tantrischen YabYum-Meditation, die der dritte Zyklus des TEL wird, und den Namen *Riding the Wave of Bliss* trägt.

In Kalifornien arbeite ich mich durch alle verfügbaren Lehren zum Thema Orgasmus. Ich beschreibe diese Praktiken und wie sie mir die Inspiration gaben, eine Methode zu entwickeln, um Männer und Frauen gleichermaßen zu ehren. Dies wird der zweite Zyklus des TEL: *die Entwicklung der multiorgasmischen Reaktion.*

Die drei Stufen meiner Ausbildung sind abgeschlossen und meine Arbeiten werden immer bekannter und verbreiten sich rasch. Jetzt ist es an der Zeit, die dunkle Seite des Tantra zu beleuchten und zu versuchen, Antworten und Lösungen für die folgenden Fragen zu finden: Warum missbrauchen so viele tantrische Lehrer ihre Macht? Warum nutzen sie ihre Position um ihre Anhänger und Schüler auszunutzen? Welche Lösungen, um das zu verhindern, gibt es?

Schließlich beschreibe ich im letzten Kapitel des Buches meine persönliche Erfahrung der spirituellen Initiation und eines unerwarteten Erwachens.

Abschließend möchte ich sagen, dass wir alle Glücksritter sind. Wir alle haben Momente großer Freude und höchster Erkenntnis erlebt. Sei es beim Yoga, beim Hören großartiger Musik, in der Liebe, bei der Geburt unserer Kinder – jedes Leben ist von Höhepunkten gekrönt.

Aus diesen besonderen Momenten heraus beginnen wir unsere Suche nach einer Methode, einem Lehrer, einem geografischen Ort, einem Partner, einer Situation, die diese erhabenen Momente wiederaufleben lässt. Geduldig entfernen wir die Schleier der Unwissenheit, die das Licht unserer Seele verbergen. Wir trinken mehr von der Wahrheit und schauen tiefer in das Netz des Lebens und erkennen, dass wir dafür verantwortlich sind, die Realität zu erschaffen, nach der wir streben, und dann, nachdem uns dies gelungen ist, anderen zu helfen, die auch durstig sind.

Die Weitergabe der Lehren meines tantrischen Weges an Tausende von Menschen auf der ganzen Welt hat mir die Möglichkeit gegeben, unsere gemeinsame menschliche Bestimmung aus erster Hand zu erfahren.

Ich hoffe, Sie werden erkennen, dass sich meine Bedenken, meine Fallstricke, meine Schwierigkeiten und meine Suche nicht sehr von

Ihrer eigenen unterscheidet. Ich hoffe, dass Sie von dieser tantrischen Saga unterhalten und inspiriert werden und dass sie einen Sinn für das Heilige in Ihr Liebesleben und einen Geschmack des Erwachens in Ihr spirituelles Leben bringt.

Kapitel 1
Enthüllungen einer Jungfrau

Zum ersten Mal in meinem Leben tanzte ich in den Armen eines Prinzen. Aber es war nicht mein Prinz. Das Orchester spielte einen Walzer, und die Geigen umwarben die Tänzer mit romantischen Crescendi. Aber diese Romanze war nicht meine Romanze.

Die Kulisse war exquisit. Vergoldete Spiegel zierten die Wände des eleganten Ballsaals und reflektierten die herumwirbelnden Tänzer. Hunderte von weißen Rosen und Orchideen in prunkvollen Marmorvasen schmückten jede Ecke des Raumes. Mein Begleiter, Prinz Hubert de Polgnac, ein junger Mann Mitte zwanzig, hielt mich fest um die Taille gefasst, als er mich wiegenden Schrittes auf die Tanzfläche führte.

Er hatte eine hohe Stirn, eine aristokratische Nase und widerspenstige braune Locken. Seine blauen Augen strahlten und er zeigte ein schelmisches Lächeln, als wolle er ein Geheimnis lüften. Er flüsterte mir zärtliche Worte zu. Ganz offensichtlich war er verliebt.

Ich war fast achtzehn Jahre alt, eine wohlerzogene, attraktive Debütantin in einem langen, eleganten Kleid mit sich bauschenden Röcken von Christian Dior.

Ich führte das goldene Leben einer jungen Dame der höheren französischen Gesellschaft, die dazu erzogen worden war, reich zu heiraten. Meine Bestimmung war es, mich mit einer guten Familie mit Ruhm, Ansehen und den entsprechenden monetären Mitteln zu verbinden. Meine Mutter, selbst eine *Contessa* und eine Grande Dame, hatte dafür gesorgt, dass ich auf diese Rolle bestens vorbereitet war.

Kapitel 1

Als ich mich umsah, bemerkte ich, wie magisch, wie perfekt dieser Abend war, und doch schien alles so unwirklich. Ein mysteriöser Teil in mir fühlte sich komplett fehl am Platz. Mein Magen krampfte sich zusammen – ein vertrautes Gefühl, als ob etwas in mir wollte, dass ich weglaufe, als ob ich auf der falschen Bühne stünde, mich im falschen Stück befände.

Egal wie gut ich die Rolle spielte, meine Seele gehörte nicht hierher. Insgeheim gehörte mein Herz dem anderen Paris, dem Paris der Nacht mit seinen dunklen Gassen, in denen Prostituierte ihre Reize feilboten, Betrunkene sich stritten und Künstler der Muse hinterherjagten. Natürlich zeigte ich in dieser High-Society-Umgebung mein anmutigstes Lächeln, insgeheim aber sehnte ich mich danach, aus dem goldenen Käfig auszubrechen.

Meine Flucht hatte bereits begonnen. Heimlich führte ich ein Doppelleben. Um Mitternacht bat ich höflich um Erlaubnis, „nach Hause zu gehen“. Leider rief Hubert seinen Chauffeur und stieg selbst mit in das Auto ein. Ich gab dem Chauffeur eine andere Adresse – und fuhr nicht nach Hause. Das wusste natürlich niemand.

Ich sagte, ich sei bei meiner Tante zu Besuch.

Das war eine glaubhafte Ausrede. Von jungen Debütantinnen wurde erwartet, dass sie ein ehrenhaftes, jungfräuliches, wohlbehütetes Leben im Schoße ihrer Familien führten. Diejenigen, die eine gute Partie machen wollten, hielten sich an die Spielregeln. Aber mich interessierte das nicht. Ich hatte andere Pläne.

„Meine Eltern haben uns morgen Abend zum Abendessen ins Maxim eingeladen“, sagte Hubert und nahm meine Hand. „Bist du frei?“

„Ja“, sagte ich, „ich würde mich freuen.“

Das Maxim war das eleganteste Restaurant in ganz Paris. Warum diese Einladung? Was wäre, wenn es ein erster Schritt in Richtung eines Heiratsantrags wäre?

Einen solchen Antrag konnte ich keinesfalls annehmen, aus einem einfachen Grund: Ich war in jemand anderen verliebt: in Richard, meinen verrückten, wilden, unkonventionellen amerikanischen Maler und Flamencogitarristen. Jede Faser meines Wesens begehrte ihn. Eine Berührung seiner Hand jagte mir Schauer über den Rücken. Zwischen uns prickelte es immens. Doch er gehörte weder zu meiner Welt noch war die Leidenschaft, die er in mir entfesselte, in ihr erlaubt.

Der Chauffeur hielt vor dem Gebäude an der 52 Avenue Foch. Ich hatte Glück, denn dies war eine der schönsten Alleen in Paris. Es handelte sich offensichtlich um eine gute Adresse. Die Geschichte mit meiner Tante war durchaus überzeugend. Nach einer platonischen, aber zärtlichen Umarmung verließ ich den Prinzen und ging durch die imposante Haustür des Gebäudes in Richtung Aufzug. Ich stoppte und sah mich um. Die Straße draußen war leer. Huberts Auto war weg. Auf Zehenspitzen schlich ich zu einer Tür auf der Rückseite der Eingangshalle mit der Aufschrift „Porte de Service“ und trat in ein schmales, graues, eher schmutziges und unansehnliches Treppenhaus, das zu den Quartieren der Diener hinaufführte.

Die Treppe bis in den siebten Stock hochzusteigen ohne Aufzug, war eine gewisse Herausforderung. Ich trug ein langes weißes Ballkleid und ich musste unbedingt vermeiden, dass auch nur der kleinste Fleck auf die wogenden Falten des langen Rockes gelangte. Nichts durfte mein Geheimnis verraten.

Ich ging bereits ein großes Risiko ein. Ich sollte um Mitternacht zu Hause sein. Vater wartete wahrscheinlich schon auf mich, um sicherzugehen, dass ich pünktlich war. Unvorstellbar, ich käme zu spät nach Hause in einem weißen, beschmutzten Kleid.

Die Röcke raffend stieg ich die Treppe hoch, langsam und ohne das leiseste Geräusch. Mit jeder Stufe, die ich erklomm, schlug mein Herz schneller.

Wie immer beschlich mich das dumpfe Gefühl, „der Oger“, mein mächtiger, patriarchalischer Vater, der Hüter meiner Jungfräulichkeit, der wie ein Falke über die Aktivitäten seiner Tochter wacht, während er selbst viele Nächte damit verbrachte, Mädchen in meinem Alter zu verführen, schliche direkt hinter mir.

Ich war mir der Heuchelei der Welt, in der ich aufgewachsen war, schmerzhaft bewusst. Ich erlebte sie zu Hause, beobachtete, wie meine Mutter, die aufrechte, perfekt elegante Contessa, die Stellung hielt und die Ehre der Familie bewahrte, während mein Vater tagsüber die Rolle des tadellosen Diplomaten spielte, nur um bei Nacht zu einem wild Feiernden und Frauenhelden zu werden. Ich beobachtete, wie meine stolze, stille, pflichtbewusste Mutter nachts allein dasaß, die schnurrende Katze auf ihrer Brust, während mein Vater durch das Pariser Nachtleben tanzte. Das war der Moralkodex, nach dem sie lebten. So sollte es in einer Welt sein, die von mächtigen Aristokraten geprägt war. War ich bereit, dem Club beizutreten?

Mit jedem Schritt die Hintertreppe hinauf schien es mir, als würde ich die Tyrannei meiner gesellschaftlichen Klasse und die Unterdrückung des Patriarchats ein Stück weiter hinter mir lassen. Ja, ich hatte wie ein Gefangener in meinem eigenen Zuhause gelebt, nicht gesehen oder geliebt, für das, was ich war, sondern für das, was ich in der Schule leistete, wie ich mich anzog, wie perfekt ich die Rolle der „guten Tochter" spielte und wie ich meine Aufgaben erfüllte. Das Leben bis dahin bestand aus einer langen Reihe von Regeln und sorgfältig erlerntem Verhalten, die als unsichtbarer Kodex der gesellschaftlichen Ordnung befolgt werden mussten. Ich kannte noch keine andere Welt, aber ich wusste, dass ich in dieser Welt nicht mehr gefangen sein wollte.

Vor mir lag das Unbekannte, das Versprechen auf ein neues Leben. Ich wurde von dem Gefühl getrieben, dass ich mich beeilen musste, dorthin zu gelangen, dass dieser Moment von größter Bedeutung war. Mit jeder Stufe, die ich erklomm, schien ich eine neue Welt voller Freiheit und Leidenschaft zu erobern.

Schritt für Schritt kletterte ich empor, die graue, verborgene Welt derer, die so hart arbeiteten, um dem Willen anderer zu dienen, hinter mir lassend. Ich umschlang mein Cinderella-Kleid und fühlte einen Schauer der Angst. Vielleicht würde ich am Ende einen hohen Preis für meine Freiheit bezahlen. Würde ich auf die Straße geworfen und dazu gezwungen werden, an einem solchen Ort zu leben, in einem winzigen Dachzimmer, ohne Geld?

Noch eine Stufe. Dann endlich, stand ich vor Richards Studentenwohnung. Ich öffnete die Tür und da stand er. Als ich ihn ansah, überflutete mich eine so große Freude, dass ich kaum aufrecht stehen konnte. Ihn zu sehen, war wie direkt in die Sonne zu blicken.

„Ich fühlte, dass du kommst!“, sagte er, öffnete seine Arme weit und umarmte mich. *Ich bin nach Hause gekommen*, sagte ich mir. *Ich kann meine Sorgen ruhen lassen und die Herrlichkeit auskosten, geliebt, bewundert, angenommen zu werden, und ich kann all das von Herzen zurückgeben*.

Richards winzige Wohnung war ein umgebautes Dienstmädchenzimmer – klein, aber hell. Ich war schon oft dort gewesen, um seine Gesellschaft zu genießen, seinen leidenschaftlichen Flamenco-Serenaden zuzuhören und mich in seinen Armen auszuruhen. Bis dahin hatten wir geflirtet und uns geküsst, aber ich hatte mich nicht ausgezogen und er hatte meine Grenzen respektiert.

Jedes Mal, wenn ich bei ihm zu Hause war und mich in seine Arme kuschelte, wuchs die Sehnsucht in mir nach Freiheit und Aufbruch. Aber auch die Angst vor dem Zorn meines Vaters. Warum konnte ich nicht das Beste aus beiden Welten haben: nach außen hin die wohlerzogene Debütantin und hinter den Kulissen eine ungehemmte Frau? War die Verkostung verbotener Früchte nicht das ultimative Abenteuer?

Ich spürte es gewiss in jenem Moment, als ich Richards Geruch einatmete: eine Mischung aus Farbe, Tabak und dem Schweiß eines Mannes, der vom Leben begeistert war. Sein Geruch war so sinnlich. Er öffnete seine Arme, ließ mich los und trat ein paar Schritte zurück.

„Lass mich dich ansehen“, sagte er.

Ich setzte das „hübsch-lächelnde“ Gesicht auf, das ich beim Ball zur Schau gestellt hatte, drehte mich herum und präsentierte mein Kleid. Warum fühlte ich mich in seiner Gegenwart so erhitzt und schüchtern? Bei den anderen fühlte ich mich nie so. Ich versuchte ihn mir im Smoking, als meine Begleitung auf dem Ball vorzustellen. Wie gerne hätte ich ihn dort an meiner Seite gehabt, anstatt mich zwischen zwei Welten hin- und hergerissen zu fühlen. Aber er hatte weder den Namen noch die familiäre Herkunft, das Geld oder die Manieren. Dafür war er sexy und so viel amüsanter.

Kapitel 1

„Du bist wunderschön“, sagte er. „Eine majestätische *Jeune File Bien Rangée.“*[1]

Er knickste, lachte und gab mir einen Kuss, der durch meinen Körper direkt in meine Lenden fuhr.

Er bot mir Wein an. Ich bat um Wasser. Er hieß mich hinzusetzen, spielte Gitarre und sang Flamenco-Serenaden, während er mir tief in die Augen sah. Ich sang mit ihm. Nach und nach begannen wir ein Duett im Flamenco-Stil, mit leidenschaftlichem Klagen und Stöhnen, wie zwei spanische Liebhaber, die sich aus der Ferne nach einander sehnen.

Wir waren wie zwei Instrumente, die sich vor einem Konzert auf die richtige Tonhöhe einstimmen. Jedes Mal, wenn wir einen gemeinsamen Ton erreichten und ihn auf eine Melodie ausdehnen konnten, wurden unsere beiden Stimmen eins, unsere Energien wurden freigesetzt in dieser spielerischen Vereinigung unserer Seelen. Richard war so aufgeweckt und leidenschaftlich, ich fühlte mich erregt und sehnte mich danach, ihn zu berühren.

Ich hatte ihm noch nicht gesagt, dass ich spätestens um Mitternacht zu Hause sein musste und es bereits zu spät war. Als ob er meine Gedanken oder mein Herz lesen könnte, legte er seine Gitarre beiseite und nahm meine Hand.

„Kannst du heute Nacht bleiben?“, fragte er.

Ich war überrascht. Er wusste, dass ich nach Hause musste. Das war bisher immer der Fall gewesen. Doch plötzlich erschien mir diese neue Idee unwiderstehlich reizvoll. Eine Nacht weg von zu Hause, jenseits von Regeln, jenseits von Grenzen.

„Vater würde mich umbringen“, sagte ich.

„Er muss es nicht wissen“, antwortete er.

„Was meinst du damit?“

---

[1] Ein braves und anständiges Mädchen.

„Nun, geh den Weg zurück, auf dem du hergekommen bist", antwortete er.

„Das könnte funktionieren", sagte ich. „Wir haben auch zu Hause eine Dienstbotentreppe. Ich könnte sie benutzen."

Nach weiterer Diskussion einigten wir uns auf ein Szenario, bei dem ich um 6:00 Uhr morgens zu Hause sein würde. Nicht auszudenken was passieren würde, wenn ich aufflöge. Inshallah, wie man im Nahen Osten sagt: „Ich legte es in die Hand Gottes."

Dann entspannte ich mich. Er nahm mich in seine Arme, aber das Korsett meines Kleides war straff und eng. Also fing er an, den Reißverschluss zu öffnen, während er mich küsste. Ich ließ es zu. Langsam, Kuss um Kuss, Liebkosung um Liebkosung, öffnete er geschickt mein Kleid vollständig und zog es bis zu meiner Taille herunter. Es war das erste Mal in meinem Leben, dass ich so nah bei einem Mann stand, während ich so spärlich gekleidet war. Wir zeigten in meiner Familie unsere Zuneigung nicht durch körperliche Berührungen. Meine Eltern umarmten sich nicht vor mir. Jetzt weckte dieser Kontakt eine solche Sehnsucht in meinem Körper, als wäre ich mein ganzes Leben lang durstig gewesen und hätte es nicht gewusst.

Als seine Hände über meine Haut glitten, fegte seine sanfte Berührung Jahre der Verunsicherung hinweg. Seine Zärtlichkeit heilte das Gefühl, „vor Gericht" zu stehen, beobachtet und bewertet von meinem Vater, dem Familienanwalt. Auch von meiner Mutter wurde ich selten umarmt oder berührt – sie hatte schon längst jeglichen körperlichen Kontakt aufgegeben. Ich war traurig, weil ich bei meinen Eltern lebte. Ich liebte sie, und es war diese Liebe, die es so schmerzhaft machte, bei ihnen zu sein. Meine Seele fühlte sich in ihrer Gesellschaft erstickt. Die Emotionen konnten nirgendwo hin: Ich wusste nicht, was ich mit ihnen machen, wie ich sie ausdrücken sollte.

Durch das Streicheln von Richards Hand wurde all dies gelöscht, geheilt, wieder in Ordnung gebracht. Ich ertrank in Richards lächelnden Blick. Da war so viel Akzeptanz in seinen Augen, dass ich das Gefühl hatte, dass nichts Böses im Herzen dieses Mannes lauern könnte. In seinen Armen war ich sicher. Ungeachtet der Vorhaltungen, die mir zu Hause drohten, konnte ich nur meinem Herzen und meinem Körper folgen, und beide wurden zu ihm hingezogen, näher, tiefer, alle Gedanken, alle Belange der Zukunft hinter sich lassend. In diesem Moment war das alles, was zählte.

„Ich liebe dich", flüsterte er.

„Ja", sagte ich, „und ich liebe dich."

Diese Worte. Wir hatten sie in jedem Lied gehört, im Radio, im Kino. Aber jetzt gehörten sie uns. Sie meinten: „Du bist derjenige, mit dem sich meine Seele und mein Körper verbinden wollen."

Die Freude, die sich in meinem Herzen ausbreitete, ließ mich entspannen und jeden letzten Rest von Zögern vergessen. Als ich meinen Kopf zum Fenster, neben dem Bett, auf dem wir lagen, drehte, sah ich einen runden silbernen Mond hereinscheinen.

„Heute Nacht ist Vollmond", flüsterte Richard, seine Lippen näherten sich meinen. „Es ist unsere Nacht."

Ich konnte seinen Atem schmecken. Seine Lippen legten sich an meine und sein Mund öffnete sich, genau wie meiner, und unsere Zungen trafen sich und wir tranken tief voneinander. Meine Wirbelsäule begann zu zittern und zu beben, als der Kuss einen elektrischen Reflex auslöste und ein Stromstoß meinen Rücken hinunter bis zu meinem Kreuzbein jagte. Jetzt wusste ich, dass es kein Zurück mehr gab. Ich hatte mein ganzes Teenagerleben lang auf diesen Moment gewartet und über die Umstände, die Zeit und die Art und Weise fantasiert, wie ich eine Frau werden würde.

Nun würde ich endlich auf diese so genannte kostbare Jungfräulichkeit verzichten, kostbar zumindest in den Augen meines Vaters, da er es liebte zu wiederholen: „Denk immer daran, bleibe Jungfrau, bis du heiratest, sonst verlierst du den Respekt der Männer." Was für ein lästiger Zustand, dieses Bemühen, eine Jungfrau zu sein, um die Anerkennung anderer zu erlangen. Wozu sollte ich schließlich den Respekt eines anderen brauchen? Ganz sicher war meine Selbstachtung genug.

Kapitel 1

Mit jedem köstlichen Kuss erwachte in mir etwas Unbekanntes und Mächtiges. Jede Liebkosung war eine Offenbarung, eine Befreiung. So wie Richard das Kleid von meinem Körper gestreift hatte, so durchbrach seine liebevolle Berührung den Schutzpanzer, der mein Herz abschnürte, heilte es und löste den Knoten in meiner Seele.

Plötzlich ein Zögern. Ich wusste, warum: Bis jetzt hatte ich einem anderen Mann gehört. Meinem Vater. Es war mein Vater, der mich mit sechzehn Jahren in das Pariser Nachtleben eingeführt hatte. Es war mein Vater, der mich zum Tanzen in die Diskotheken mitgenommen hatte. Wenn wir seine Freunde trafen, wies er mich an, ihn bei seinem Namen Boris zu nennen. Er wollte nicht, dass jemand wusste, dass ich seine Tochter war. Er mochte es, wenn die Leute dachten, ich wäre seine Freundin. Darin lag etwas Ungesundes und Einschüchterndes, und im Laufe der Jahre war Vater ungewöhnlich beschützend und besitzergreifend geworden, als wäre ich „sein Eigentum“, fast eine zweite, jüngere Frau.

Richard fuhr fort, mich auszuziehen. Ich erkannte, dass ich das gleiche Kleid trug, das ich auf meinem ersten Debütantinnenball getragen hatte, als Vater, mürrisch und schlecht gelaunt, seine „jüngere Frau“ offiziell in die Gesellschaft und in die Gesellschaft anderer Männer entlassen musste.

Es war eine prestigeträchtige Angelegenheit gewesen. Sie hatte im Palais de Versailles stattgefunden, der prächtigen Residenz von König Ludwig dem XIV., *le Roi Soleil*, dem „Sonnenkönig“. Als wir im majestätischen Innenhof von Versailles ankamen, stiegen wir aus der Limousine und traten auf einen roten Teppich. Wir schritten zwischen zwei Reihen Ehrengardisten hindurch, die im vollen Ornat auf ihren Pferden saßen. Das Schwert in der Hand *(sabre au clair)* salutierten sie der, zu dieser raren Gelegenheit komplett versammelten besseren Pariser Gesellschaft, „tout Paris“. Schließlich wurde ich Prinzessin Marie de Bonaparte, der Urgroßnichte Napoleons höchstpersönlich, vorgestellt und knickste.

In gewisser Weise waren es *dieses* Debütantinnenleben, *dieser* Abend, *dieser* Moment des Betretens des verheißungsvollen Landes der High Society, die Richard zusammen mit dem langen Ballkleid langsam von meinem Körper abstreifte. Der Kaiserin wurden die Kleider ausgezogen, ihre Nacktheit wurde langsam enthüllt.

Richard ließ sich Zeit. Ich mochte diese Langsamkeit. Ich konnte seinen Respekt spüren. Er wusste, dass ich noch Jungfrau war. Er wollte die Dinge nicht überstürzen. Ich konnte mir die Zeit nehmen, die ich brauchte, um jeden Schritt zu erspüren und meinen Körper daran zu gewöhnen. Oh, mein Körper stand in Flammen. Ich wollte ihn. Ich wollte ihn sofort. Ich wollte ihn schon seit Monaten. Mein Problem bestand darin, dass ich, als die Intensität unserer Erregung zunahm, in einige ziemlich unangenehme, aber aufschlussreiche Rückblenden verwickelt wurde, als ob seine Küsse die Erinnerung an einige der traumatischsten Ereignisse meines Lebens wachriefen. Vielleicht war unser Paarungsritual wie ein Seelentrip, eine Katharsis.

Ich stürzte mich tiefer in das Auf und Ab unserer Liebkosungen. Dann streichelte er meine Brüste, küsste meine Brustwarzen. Es war das erste Mal, dass jemand das tat. Lustschauer liefen meinen Bauch hinab. Ich atmete tiefer, ließ mich treiben und ließ es geschehen. Alles fühlte sich gut an, aber ich hatte Angst und war aufgeregt. Ich konnte spüren, wie sich mein Körper ausdehnte, verlangte, sich öffnete.

Dann zogen sich die Schlingen der Angst enger um mich zusammen und alles verkrampfte sich. Doch da umschloss er meine Brüste mit seinen Händen und flüsterte: „Ich liebe dich“, und wieder ließ mein Körper los, ließ sich davontragen von einem Strom heißer, fließender Energie. Das Herz schlägt schneller, das Blut rauscht, die Atmung geht stoßweise. Jede Zelle vibrierte und tanzte, als ob sie mit Strom aufgeladen wäre, und pulsierte vor Erwartung.

Dann zog Richard seine Kleider aus und schmiegte sich nackt an mich. Ich spürte seine Haut an meiner, seinen Geruch und sein Geschlecht, hart an meinem linken Oberschenkel. Ich versuchte mir vorzustellen, wie es sich in mir anfühlen würde. Plötzlich war ich zurückhaltend. Was ist, wenn es wehtut?

„Lass uns langsam machen“, flüsterte ich. Richard hielt mich fest. Ich erlebte eine weitere meiner schmerzhaften Rückblenden.

„Warte mal, ich habe Angst“, flüsterte ich.

„Es ist okay“, antwortete er. „Ich bin hier. Ich liebe dich. Alles ist in Ordnung. Wir müssen nicht weitergehen. Es gibt nichts zu tun, nichts, wohin wir gehen müssten.“

Ich gehe von der Schule nach Hause. Ich bin ungefähr elf Jahre alt. Es ist gegen fünf oder sechs Uhr abends, und der Herbst geht in den Winter über. Das Tageslicht verblasst schnell. Ich spüre jemand in meinem Rücken. Ich gehe schnell um die Ecke und betrete mein Haus. Ein Mann folgt mir. Ich steige in den Aufzug und drücke den Knopf für den vierten Stock, aber bevor der langsame, alte Fahrstuhl sich in Bewegung setzt, ist der Mann da, drückt die Aufzugstür auseinander und tritt ein. Die Fahrt nach oben beginnt. Ich schaue auf den Boden und tue so, als wäre alles in Ordnung. Der Mann lässt seinen Aktenkoffer fallen, öffnet seinen Mantel, öffnet seinen Hosenschlitz und holt seinen Penis heraus.

Zweiter Stock: Sein Geschlechtsteil ist hart und zeigt bedrohlich auf mich. Ich bin wie versteinert. Der Aufzug ist klein, geeignet für maximal drei Personen. Ich drücke mich in eine Ecke, aber ich kann nicht weiter zurückweichen.

Dritter Stock: Er kommt näher, keuchend, mit einem irren Ausdruck in seinen dunklen Augen. Ich merke, dass das Einzige, was mich jetzt noch retten kann, darin besteht, jemand auf meine Lage aufmerksam zu machen. Ich beginne, aus tiefster Kehle zu schreien, so laut, dass der Perverse zusammenzuckt. Meine Schreie hallen ununterbrochen durch den Aufzugsschacht.

Vierter Stock: „HILFE! VERGEWALTIGUNG! AU SECOURS! A L'AIDE!“ (Zu Hilfe!) Jetzt ist der Bann gebrochen, der Mann hat Angst. Der Aufzug hält an, er stürzt hinaus und ich laufe die letzte Treppe hinauf zu unserer Wohnung, betend, dass er mir nicht folgt. Das tut er nicht. Ich läute an der Tür, als gäbe es kein Morgen.

Meine Mutter kommt, erzürnt über den Lärm. Ich rase ins Wohnzimmer und breche zusammen. Mein Herz schlägt. Ich bin so verängstigt, schwitzend, steif gefroren. Noch ein paar Minuten und sein steifes Ding hätte mich umbringen können. Was für eine Waffe! Zu denken, dass es das ist, was Jungs mit Mädchen machen.

Wie seltsam. Ich brauche Schutz. Vater wird mich beschützen. Er kommt rein.

„Was ist los hier?", verlangt er zu wissen. Ich kann noch nicht sprechen. Schließlich erzähle ich. Ich weine. Ich bin mir so sicher, dass Vater mich jetzt endlich festhalten und mir Trost, Zuflucht und Sicherheit bieten wird.

Zu meinem Erstaunen lächelt er, als ob er von der Geschichte amüsiert wäre. Er wischt sie fast beiseite. Er tut so, als wäre es keine große Sache. Ich fühle mich ungeliebt, unverstanden, wieder allein. Es gibt niemanden bei mir zu Hause, der sich um mich kümmert.

Vorsichtig rückte Richard näher und die Rückblende verblasste. Als er mich festhielt, fühlte ich, dass ich endlich den Schutz erhielt, den ich nie bekommen hatte. Ich tauchte aus der Trance auf und behielt die unangenehme Erinnerung für mich. Ich erkannte, dass meine einzige Hoffnung, diese alten Traumata zu heilen, darin bestand, mich dem Vergnügen dieses Moments hinzugeben und mein Herz offen zu halten. Vergiss alles andere. Vertraue. Atme. Unbeabsichtigt stolperte ich über einen Weg der Heilung, den ich später als Teil meiner Arbeit weiterentwickeln würde und der zu einem der Eckpfeiler meines gewählten Handwerks werden würde: das Vergnügen zu begrüßen, tief zu atmen und den Empfindungen zu erlauben, das Denken zu vergessen.

Als Richard und ich sanft begannen, uns zu liebkosen und zu streicheln, entführte uns das Verlangen jenseits allen Denkens, ließ uns die Vergangenheit weit hinter uns lassen. Richard schob sich zwischen meine Oberschenkel, kniete dort nieder und sah mich anbetend an. Unter seinen Blicken dahinschmelzend, öffnete ich meine Arme und zog ihn zu mir. Er lag auf mir, sein starker, erigierter Penis gegen meinen Schambereich pressend. Als er meinen Körper mit Küssen bedeckte und meine Atmung tiefer und wilder wurde, brach ein Damm und eine Hitzewelle strömte hinab zwischen meine Beine, bis dahin, wo alles feucht wurde und wartete. Er berührte mich an dieser Stelle, und ich wollte ihn so sehr, dass nichts mich davon abhalten konnte, mich zu öffnen.

Kapitel 1

In der Intensität unserer Bewegungen verwischten sich die Emotionen, die Angst, die Sehnsucht, die Aufregung. Dafür erwachte etwas anderes in mir, eine so neue Empfindung, dass ich sie nicht begreifen konnte, ein Gefühl, leicht nach oben gehoben zu werden, über meinen Körper zu schweben.

Richard war zärtlich doch stark erregt. Sein Geschlecht kam immer näher, schob sich tiefer zwischen meine Beine. Etwas gab in mir nach, dort unten, Tränen flossen, und sein Penis schob sich tiefer und brannte wie eine Klinge, die die Vergangenheit durchschneidet. Was mich bis zu diesem Moment gefesselt hatte, wurde zu einem Damm, der brach und die Lebens- und Liebessäfte zum Fließen brachte, und die Unbesiegbarkeit unserer Freiheit kam zum Vorschein, die auf dem Grund meines Seins ruhte.

Wieder küsste und streichelte Richard mich und die Lust und das Vergnügen wuchsen und wuchsen. So vereinigten wir uns. Immer tiefer und tiefer drang er in mich. Ich wusste nicht, wo ich endete und er begann, wer er war, außerhalb von mir. Er wurde ich, wir verschmolzen, wild, größer werdend als das Leben, sich ausdehnend, anschwellend, pochend, zusammen atmend. Mein ganzer Körper kribbelte, Zellen pulsierten, flüssiges Licht durchströmte golden meine Glieder, während ich immer höher und höher stieg, angefüllt mit so viel Liebe und erotischer Lust. Eine wilde Energie rief, weinte, lachte, sang die Kraft des Orgasmus, das Lied des Lebens. Es war so heilsam, endlich wild zu sein.

Dann hob ich ab. Etwas noch nie Dagewesenes geschah. Ich verlor die Kontrolle, war vollkommen überwältigt, es war, als würde ich in den Weltraum katapultiert. Mein ganzes Wesen begann sich aufzulösen. Ich befand mich inmitten eines Strudels von Chaos, Aufregung, Lust, Erzittern und Erbeben, Schreien, eines nahenden Höhepunktes, bis plötzlich das Leben wie eine Flutwelle durch uns hindurchbrandete und wir den Höhepunkt erreichten.

Zeitgleich fiel alles von mir ab, als wäre ich ein schöner Ballon, der in den Himmel schwebt und leise über die Erde gleitet, leicht, weit weg – von allem.

Kapitel 1

Unerwartet herrschte eine intensive Stille, als ob der sexuelle Orgasmus ein Katapult gewesen wäre, um Energie und Bewusstsein über Zeit und Raum hinaus in ein Reich glänzender Strahlkraft und des Friedens zu schleudern. In diesem Moment war von dem „Ich“, das ich vorher gekannt hatte, nichts mehr übrig. Alle Gefühle von Schmerz und Trauma, alle Konflikte und Sehnsüchte hatten sich in Luft aufgelöst. Es existierte dort keine Person, die „Margot“ oder einen anderen Namen hätte tragen können. Dieses „Ich“ war verschwunden und war zu reiner Weite geworden. Mein Bewusstsein war irgendwie über alles hinausgetragen worden, was ich in diesem Leben je gekannt oder geschmeckt hatte.

„Es“ navigierte in einem leuchtenden Feld, in dem alle Dinge zu einem Ganzen miteinander verbunden waren. Kein Wesen war von irgendeinem anderen getrennt, auch nicht der Himmel von der Erde. Ich berührte und schmeckte und badete in jenem unendlichen Geist, der nie geboren wurde und nie sterben wird. Ich transzendierte die Zeit. Der Orgasmus hatte mich über den Körper hinaus in das Reich des reinen Bewusstseins projiziert, und ich wusste ohne jeden Zweifel, dass meine wahre Natur Freiheit war – und diese Freiheit existierte jenseits der Regeln der Gesellschaft, der Gebote meiner Eltern, jenseits dessen, was ich in der Schule gelernt hatte, oder jeder anderen Erfahrung. Ja, meine wahre Natur war reines, unberührbares, unveränderliches Bewusstsein, das Teil der göttlichen Schöpfung war, ein Geheimnis, im Wesentlichen nicht benennbar.

Erstaunlicherweise brauchte ich einen Orgasmus, um dorthin und noch darüber hinaus zu gelangen.

In diesem gesegneten Moment wusste ich, dass ich eins war. Dass ich Gott bin. Ein immenses Gefühl der Dankbarkeit breitete sich in meinem Herzen aus, als ich in den Armen meines Geliebten lag. Diese Weite, dieses leuchtende Gewahrsein erfüllte mich mit Freude und der Leichtigkeit einer Wahrheit, die immer da gewesen, aber vergessen worden war. Ich hatte das Licht berührt, das ich war, bevor ich mich in diesen Körper inkarnierte, zu dem ich nach dem Verlassen dieses Körpers zurückkehren würde. Ich wusste es damals und würde es nie wieder vergessen.

Für eine Weile ruhten wir uns aus, bis das schrille Klingeln von Richards Wecker unsere Schläfrigkeit durchbrach und mich daran erinnerte, dass es Zeit war, in mein bisheriges Leben zurückzukehren. Mein Leben vor der Befreiung, vor der „Entjungferung". Die neue „Frau" musste zurückgehen und die Jungfrau spielen.

Langsam stand ich auf und zog mein Kleid an. Es würde komisch aussehen, wenn ich um 5:00 Uhr morgens in einem Ballkleid durch die Straßen wandern würde, also brachte mich Richard zur Taxistation. Eine letzte Umarmung und ich war auf mich allein gestellt. Ich würde das nächste Manöver perfekt durchführen müssen. Ich erreichte die Eingangstür meines Elternhauses und folgte unserem Plan. Ich nahm die Dienstbotentreppe und raffte mein weißes Kleid hoch, damit es nicht beschmutzt wurde. Leise, langsam, heimlich drehte ich den Schlüssel im Schloss und hoffte, betete, dass niemand mich hörte. Zum Glück funktionierte es. Ich war in Sicherheit!

Was ich gelernt habe

Wenn Sie denken: „Das liest sich wie ein romantischer Roman, den Sie am Flughafen kaufen, um sich die Zeit auf einem langen Flug zu vertreiben", dann kann ich nur zustimmen. Doch zufällig ist es wahr – jedes Wort davon. Dieses Ereignis wurde zu einem Wendepunkt in meinem Leben. Ich fragte mich, ob es angebracht war zu denken, dass ich in diesem Moment der Erleuchtung Gott begegnet war. Eine interessante Antwort auf diese Frage fand ich in *Shantaram*, dem Buch von Gregory David Roberts:

„Willst du damit sagen, dass Licht Gott ist?"

„Nein", antwortete er. „Ich glaube nicht, dass Licht Gott ist. Ich denke, es ist möglich, und es ist vernünftig zu sagen, dass Licht die Sprache Gottes ist. Das Licht mag der Weg sein, auf dem Gott zum Universum und zu uns spricht."[2]

---

[2] Gregory David Roberts, Shantaram, (New York: St. Martin´s Press 2003), S. 731

Auf jeden Fall war dieser kosmische Orgasmus, wie ich ihn jetzt nenne, in meinem Leben von einzigartiger Bedeutung, denn seit dieser Erfahrung weiß ich ohne Zweifel, dass Sexualität für mich die Tür zur Spiritualität ist. Ich weiß, dass beides eng miteinander verbunden ist – und das offenbarte mir eine neue Welt der unendlichen Möglichkeiten.

Es gibt einen Orgasmus des Körpers und einen Orgasmus des Geistes. Vereint man beides, bedeutet das reine Glückseligkeit. Für mich ist es der Beweis, dass „Gott Orgasmen hat". Seither weiß ich, dass Vergnügen und Glückseligkeit kein Luxus sind, sondern die Belohnung derer, die es wagen, ihrer Wahrheit zu folgen, jenseits der anti-ekstatischen Einstellungen, die Gesellschaft und Erziehung in unserem Gewissen verankert haben.

Diese Nacht der Offenbarung geschah zum Teil, weil ich mich bewusst dafür entschieden hatte, die Regeln zu brechen. Ich blieb die ganze Nacht von zu Hause weg, ohne Rücksicht auf die Folgen, und ich bot meine Jungfräulichkeit dem Göttlichen dar. Das war es definitiv wert.

Die Rebellion gegen meine Eltern und die Gefahr, entdeckt zu werden, machten den Moment des verbotenen Vergnügens noch intensiver. All diese Faktoren führten zu einem unvergesslichen Erlebnis der Befreiung.

In dieser Nacht habe ich mir geschworen, dass ich mein Leben, alsbald ich das gesetzliche Alter der Unabhängigkeit erreicht habe, nach meinen eigenen Regeln leben werde. Einen Schwur, den ich bis heute gehalten habe.

Diese Nacht war auch in weiterer Hinsicht bahnbrechend für mich. Aufgrund dieser schönen ersten sexuellen Erfahrung vertraute ich dem Sex, vertraute meinem Körper, und fühlte mich darin bestätigt, dass Männer großartige Liebhaber sein können. Ich hatte eine positive Prägung erfahren. Später, als ich mit Menschen auf der ganzen Welt arbeitete, wurde mir klar, welchen großen Einfluss die erste sexuelle Erfahrung auf das Leben haben kann. Ich bin Richard dankbar, dass er so ein makelloser Shiva ist.

Aber es gab ein Geheimnis in dieser Erfahrung, und es dauerte dreißig Jahre, bis ich es verstanden hatte. Ich erzähle diese Geschichte später in diesem Buch. Meine erste Liebe führte zu meinem ersten Orgasmus, der sich als Sprungbrett zu etwas viel Stärkerem und Überwältigendem erwies. Ich erlangte einen Bewusstseinszustand, der jenseits des Körpers und seiner angenehmen Empfindungen liegt, zu meiner Überraschung sogar jenseits des Gefühls der Intimität mit meinem Liebhaber.

Stellen Sie sich dieses Paradoxon vor: Wir hatten so lange auf diesen Moment gewartet, es hatte sich wie eine Ewigkeit angefühlt. Wir waren so begierig, doch als wir uns durch die Tür des Orgasmus bewegten, verschwanden er und ich auf der anderen Seite und wurden – unwichtig.

Wie erstaunlich! Es waren nicht unsere Körper, nicht unsere Sinne, nicht die Tatsache, dass wir ein Mann oder eine Frau waren, nicht unsere Verliebtheit, die zählten. Was wir erlebten, war universell, expandierend, grenzenlos, zeitlos.

Diese Erfahrung, wie ich später entdecken sollte, ist Tantra. Es ist das Verweben von Energie und Bewusstsein, das uns zu unserer wahren Natur führt, die unendlich und ewig ist, die Licht ist.

Es mag für die meisten Liebenden unerreichbar erscheinen, aber diese Art von Erfahrung ist nicht so ungewöhnlich, wie es erscheinen mag. Als Lehrerin für Tantra habe ich Tausende von Menschen darin eingeführt und angeleitet, ihre Sexualität zu erforschen, und ich weiß, dass viele Menschen im Moment des Orgasmus einen Blick auf meditative Zustände erhaschen, in denen die Zeit stehen zu bleiben scheint, der Geist still und geräumig wird und körperliche Empfindungen über die Grenzen des Körpers hinaus zu expandieren scheinen.

Was in meinem Fall ungewöhnlich war, war, dass alles auf einmal geschah: mein erster Geliebter, meine erste sexuelle Erfahrung, mein erster Orgasmus und mein erster Blick auf das reine Bewusstsein.

Damals hatte ich keine Ahnung, wie so etwas passieren konnte. Später wurde mir klar: Es bedarf keines vorherigen Trainings, um sich dem Vergnügen und den ekstatischen Erfahrungen hinzugeben und diese Zustände als Meditation willkommen zu heißen, losgelöst vom physischen Körper. Es erfordert einfach Gelegenheit, Mut und das Verständnis, dass jeder von uns ein orgastisches Wesen ist mit unendlichem orgastischem Potenzial.

Warum Mut so wichtig ist?

Weil die Entscheidung, sich der Erforschung der Geheimnisse der sexuellen Energie zu widmen, vielleicht nicht einfach zu realisieren ist. Es kann alle Arten von sozialen Barrieren geben. Sie können in einer Beziehung mit jemandem sein, der nicht an einer solchen Erkundung interessiert ist. Sie sind vielleicht besorgt über Ihren Ruf, Ihre Nachbarn, Ihren Job, Ihre Familie, Ihre Kinder.

Es kann viele potenzielle Hindernisse geben, die es zu überwinden gilt. Dazu gibt es keine einzige, vorgefertigte Lösung, die für alle gilt. Ich kann Ihnen zum Beispiel nicht sagen: „Verlassen Sie diese Frau! Finden Sie einen anderen Partner! Nehmen Sie an diesem Tantra-Workshop teil! Schließen Sie dich dieser Gruppe an!“ Es liegt an uns selbst, als Individuen, aus der eigenen Situation heraus, Wege zu finden, die uns dazu führen, unser Potenzial als ekstatische und orgastische Wesen zu erreichen. Ich verbrachte Jahrzehnte damit, nach der Glückseligkeit des kosmischen Orgasmus dieser ersten Nacht zu suchen. Das war es, was mich dazu motivierte, Tantra zu erforschen.

Tantra beginnt damit, der Führung des Seins zu folgen, sich zeigen zu lassen, wie man wachsam wird und präsent für das, was einen Vorgeschmack von Spiritualität in das Liebesleben bringt. Auf diese Weise wird Sexualität zum Sakrament – ein Sakrament, das zum inneren Heranreifen des Erwachens zu sich selbst beitragen kann. Dies ist der Beginn der Suche. Dies ist das große Abenteuer auf dem Weg zur Glückseligkeit.

Die Praxis: Das Dasein genießen

Besondere Anlässe, Überraschungen, unerwartete und gefährliche Situationen. Sie alle haben etwas gemeinsam. Sie verschaffen uns eine kraftvolle Erfahrung des Lebens hier und jetzt, wobei unsere Aufmerksamkeit auf diesen, den gegenwärtigen Moment gerichtet ist.

Stellen Sie sich zum Beispiel vor, Sie gehen eine vertraute Straße in Ihrer Nachbarschaft entlang, wobei Sie innerlich so mit einem Problem beschäftigt sind, dass Sie weder merken, wo Sie sich befinden, noch Ihre Umgebung wahrnehmen oder den Spaziergang an sich genießen.

Sie biegen um die Ecke und plötzlich finden Sie sich von Angesicht zu Angesicht mit einem großen schwarzen Bären wieder. Plötzlich steht alles still. Alle seelischen Besorgnisse sind vergessen. Sie sind erschrocken, verblüfft, erfüllt von einer Mischung aus Angst, Neugierde und Abenteuer. Ist der Bär freundlich? Ist er gefährlich? Eines ist sicher: Diese unerwartete Situation hat Ihre ganze Aufmerksamkeit und Energie spontan in das *Hier und Jetzt* transferiert – in diesen einen gegenwärtigen Moment.

Bergsteiger erleben das gleiche Phänomen der totalen Präsenz auf eine andere Weise. Sie bringen sich in gefährliche Situationen, in denen sie sich keine Ablenkungen erlauben können – das wäre einfach zu riskant.

Mein erstes Mal mit Richard hatte eine ähnliche Qualität. Alles war so riskant, so unbekannt, so aufregend, so voller Wunder. Ich hatte keine andere Wahl, als jeden Moment präsent zu sein.

Präsenz ist eine magische Alchemie in dem Sinne, dass sie in beide Richtungen wirken kann. So wie eine spannende Situation Präsenz erzeugt, so kann auch die totale Präsenz eine gewöhnliche Situation spannend machen. Erfahrene Meditierende wie Zen-Meister kennen dieses Geheimnis. Sie sind in der Lage, ihre ganze Aufmerksamkeit auf einen einfachen, gewöhnlichen Vorgang zu richten, beispielsweise eine Tasse Tee zu trinken und ihn so in einen heiligen Akt zu verwandeln.

Mit dieser Idee im Hinterkopf lade ich Sie dazu ein, sich in der Kunst zu üben, präsent zu sein, während Sie Sex haben. Ich schlage nicht vor, dass Sie dies zu einer allgemeinen, kontinuierlichen Aktivität machen, die einen langen Zeitraum umfasst, denn wenn Sie kein erfahrener

Meditierender sind, werden Sie wahrscheinlich bald Ihre Übungen vergessen.

Treffen Sie vielmehr die Entscheidung, sich für kurze Zeit auf einen bestimmten Aspekt des Liebeslebens zu konzentrieren. Genießen Sie beispielsweise die zarte Liebkosung der Hand Ihrer Geliebten auf Ihrem Rücken. Erlauben Sie, sich auf dieses Gefühl einzulassen, sich darauf zu konzentrieren. Ganz ohne zusätzliches mentales Gepäck, ohne zu bedenken, was ihr Partner von Ihnen erwartet oder was Sie als Nächstes tun sollen.

Eine weitere Gelegenheit bietet der erste Moment, in dem Sie sich von jemandem sexuell angezogen fühlen, wenn Sie das erste Kribbeln sexuellen Verlangens wahrnehmen. Widerstehen Sie der Versuchung, gedanklich in die Zukunft zu eilen und sich vorzustellen, was folgen könnte. Genießen Sie stattdessen dieses Gefühl um seiner selbst willen. Fühlen Sie es. Kosten Sie es völlig aus. Reiten Sie auf der Welle Ihres Atems bis zum Ursprung Ihres Vergnügens. Spüren Sie es in jeder Zelle Ihres Körpers. Bleiben Sie bei Ihrer Atmung.

Dies kann hilfreich sein, da das Atmen immer eine „Hier und Jetzt"-Erfahrung ist, so dass das Bewusstsein für den Atem Ihnen helfen kann, im jetzigen Moment zu bleiben. Lassen Sie Ihr Gewahrsein Zeuge der Erfahrung dieses Augenblickes sein, ohne zu erwarten, dass mehr passiert, ohne zu antizipieren, was als Nächstes passieren wird. Entspannen Sie sich. Suchen Sie nicht nach etwas. Erwarten Sie kein Ergebnis. Seien Sie bei dem, was ist. Präsenz ist der Schlüssel zu einer lebendigen, dynamischen Existenz.

So wie ein Verlangen auftaucht,
Und du nimmst sein Aufleuchten wahr, den Glanz,
Verlasse sein Spiel, und bewahre deine Achtsamkeit
An diesem klaren und glänzenden Ort,
an dem alle Wünsche entspringen.[3]

---

[3] Lorin Roche, *The Radiance Sutras* (Boulder, Colorado, USA: Sounds True, 2014), Sutra 73

Kapitel 2
Das Dunkle und das Tiefe

Wozu das Ganze? Die Frage kam aus einem Dutzend verschiedener Richtungen. Fast jeder bei Quaesitor, einem Institut für persönliche Entwicklung in London, war überzeugt, dass eine Woche, in der er nichts tat, Zeitverschwendung wäre. Obwohl wir uns als mutige Entdecker sahen, die sich einer Reise der Selbstverwirklichung verschrieben hatten, rümpften die meisten die Nase und schüttelten den Kopf.

Es war eine typisch westliche Einstellung. Wir waren bereit, alles zu tun: unseren Körper über die Grenzen von Schmerz und Belastbarkeit hinaus zu quälen, uns gegenseitig in Begegnungsmarathons anzuschreien, bei Gestaltübungen in die Haut unserer Mütter und Väter zu schlüpfen. Aber wir waren nicht bereit, nichts zu tun.

Paul Lowe war jedoch entschlossen, das, was er als „sensorisches Entzugsexperiment" bezeichnete, durchzuziehen. Als Direktor von Quaesitor war er gerade von einem Besuch in Indien zurückgekehrt, wo er sich mit Gurus, Sadhus und heiligen Männern getroffen hatte, und es war mir klar, dass er ein anderer Mensch geworden war.

Der Mann mit der englischen steifen Oberlippe war mit höflichen Manieren von London aus aufgebrochen. Zurückgekehrt war er mit einem Gefühl für Intensität, Wildheit und – ja – Tiefe. Er war etwas auf der Spur, so viel konnte ich sehen. Als er vor uns saß, gekleidet in ein bodenlanges Gewand, mit seinem langen Tolstoi-Bart und einem humorvollen Funkeln in seinen Augen, und uns geduldig das neue Experiment erklärte, konnte ich ein Ja in meinem Herzen spüren. Ich wollte es tun.

Schließlich war dies die Motivation gewesen, die mich von Paris nach London geführt hatte, ich wollte meine innere Welt erkunden. Nach zwei Jahren Psychologie-Studium an der Sorbonne fühlte ich mich frustriert von trockenen akademischen Theorien über die Funktionsweise des menschlichen Geistes. Ich wollte aus erster Hand wissen, was in meinem Geist und in meinem Körper vor sich ging.

Quaesitor, ein Institut, das Kurse über die neuesten Methoden der experimentellen, humanistischen Psychologie anbietet, versprach mir genau das. Also zog ich nach London und schrieb mich in einen neunmonatigen Kurs ein.

Die Idee des sensorischen Entzugs war für mich nicht neu. Ich hatte gerade *The Center of the Cyclone* gelesen, ein Buch des amerikanischen Neurowissenschaftlers John Lilly, in dem er beschreibt, wie er einen Isoliertank baute – einen abgedunkelten, schalldichten Tank mit warmem Salzwasser, in dem er stundenlang schwamm. Er benutzte den Tank, um zu untersuchen, was mit seinem Verstand geschah, wenn er keinen externen Input bekam.

Am Ende hatten sich acht Personen bei Quaesitor, darunter ich, für diese „außerschulische Aktivität" angemeldet, zusätzlich zu unserem regulären Studienprogramm.

Pauls Vorschlag basierte auf dem, was er in Indien gelernt hatte: Eine Woche lang sollten wir uns jeder Form von sensorischem Input verwehren. Dies sollte das englische Äquivalent zum Sitzen in einer Höhle im Himalaya sein.

Unsere Anweisung war, als Gruppe mit Paul in ein Hotel an der englischen Küste zu reisen. Dort sollte jeder ein Einzelzimmer nehmen, Fensterläden und Vorhänge schließen, Augenbinden und Ohrenstöpsel anbringen und sich eine Woche lang mit nichts beschäftigen, nichts tun. Jeden Tag würde uns ein Mitarbeiter des Hotels Wasser und ein Kilo Trauben bringen. Das war alles, was wir essen oder trinken würden.

Ich fühlte mich bereit. Ich wusste, dass dieser Rückzug mir in einer radikalen Art und Weise die Möglichkeit bieten würde, meiner Seele gegenüberzutreten, ohne meinen persönlichen Dämonen ausweichen zu können. Ich wusste nicht, wie diese „Dämonen" aussehen würden, aber ich spürte, dass dieses psychologische Ausgrabungsprojekt, das tief in meiner inneren Welt schürfen würde, eine Auseinandersetzung mit ihnen erforderte.

Ich wusste auch, dass ich als Westlicher endlos von der Außenwelt abgelenkt war und wirklich keine Ahnung hatte, wer dieses „Ich" in meinem Inneren in Wahrheit sein würde. Vielleicht war es an der Zeit, dies herauszufinden.

Schwierigster Teil meiner Abreise aus London war der Abschied von Jakov Lind, einem bekannten österreichisch-britischen Schriftsteller, der in den letzten Monaten mein Liebhaber gewesen war. Am Ende spielte Jakov unerwartet eine wichtige Rolle bei meinem Rückzug. Die Erfahrung wäre ohne seinen überraschenden Beitrag nicht vollständig gewesen, also muss ich noch etwas Hintergrundwissen liefern, um ihn vorzustellen.

Jakov und ich hatten uns ein paar Monate zuvor in Paris getroffen. Ich aß eines Tages im Speisesaal von La Coupole, einer der größten Pariser Brasserien zu Mittag. Das Restaurant ist ein Treffpunkt für Schriftsteller, Künstler und Philosophen, die sich dort allesamt mit einem signierten Bild an den Wänden verewigen.

Ich war dort mit dem Literaturdirektor eines französischen Verlages verabredet und genoss den neuesten Klatsch über die Pariser Literaturwelt, während ich saftige Austern schlürfte und die illustren Gäste beäugte. Als ein kräftiger Mann an unserem Tisch vorbeiging, blickte mein Freund plötzlich auf und rief: „Jakov!" Der Mann blieb stehen, sah uns beide an und lächelte. Er hatte einen dicken Schnurrbart, strähniges Haar und war von mittlerer Größe, mit einem leicht vorstehenden runden Bauch. Er war mindestens dreißig Jahre älter als ich – eindeutig nicht jemand, den ich jemals als potenziellen Liebhaber in Betracht ziehen würde. Nicht eine junge Frau wie ich. Nicht nach meiner wunderbaren Affäre mit Richard, der leider in die Vereinigten Staaten zurückgekehrt war, um sein Studium fortzusetzen.

Richard und ich hatten zusammengewohnt und eine Wohnung in Paris geteilt, nachdem ich kurz nach meinem achtzehnten Geburtstag aus dem Haus meiner Eltern ausgezogen war. Ich hatte mein Psychologiestudium an der Sorbonne begonnen, als wir noch ein Liebespaar waren, und es war schwer für uns gewesen, uns von unserem symbiotischen Studentenleben zu verabschieden.

Jakov hatte leuchtend grüne Augen mit einem so schelmischen Funkeln, als ob er beim Anblick gleichzeitig meinen Geist entblößen und meinen Körper entkleiden würde, tief durchdringend und provokant.

Wir schüttelten uns die Hände und sofort spürte ich einen starken Magnetismus zwischen uns. Ich vergaß meinen Begleiter neben mir und konnte nicht aufhören in diese grünen Augen zu starren, während Jakov ebenfalls wie festgeklebt stehenblieb. Es folgte Stille. Es gleicht einem Klischee, wenn ich sage: „Ich hatte noch nie zuvor so etwas empfunden", aber exakt so war es. Ich hielt den Atem an, und mein Herz schlug so schnell, dass ich davonlaufen wollte.

Nach einem langen Moment holte uns die Höflichkeit ein. Wir setzten die Begrüßung fort, Jakov reichte mir seine Karte, ich gab ihm meine Telefonnummer und kurz darauf verabschiedeten wir uns.

Bald darauf begann ein koketter Tanz zwischen Jakov und mir. Er rief jeden Tag an und akzeptierte kein Nein als Antwort. Obwohl ich nicht gerade für ältere Männer schwärmte, fand ich Jakov unwiderstehlich. Bald gab ich nach und wurde seine Geliebte.

Zu meiner Überraschung erwies er sich als wahrer Künstler, wenn es um das Liebesspiel ging. Er führte mich über meine Grenzen hinaus. Er forderte mich auf, die dunklen, geheimen Ecken meines sexuellen Wesens zu betreten. Tabus waren für ihn nur eine Gelegenheit, verbotene Freuden zu erkunden, was die Tür zu neuen erotischen Dimensionen öffnete.

Jakov lebte in London, und so war er natürlich sehr erfreut über meine Entscheidung, von Paris nach London zu ziehen, um am Quaesitor-Institut zu studieren. Er war aufgeschlossen und immer bereit, mich dabei zu unterstützen, den nächsten Schritt auf meinem Weg zur Selbstfindung zu tun. Er war mit vielen Pionieren des *Human Potential Movement* persönlich bekannt, darunter John Lilly, Alan Watts, dem

Zen-Mystiker, und R. D. Laing, dem radikalen Psychiater und Autor des wegweisenden Buches *Knoten*.

Jakov verstand die Bedeutung des Experiments des sensorischen Entzugs und hatte kein Problem damit, dass ich sieben Tage lang in einem Hotelzimmer am Meer verschwinden würde. „Ich rufe dich an, wenn es vorbei ist“, sagte er, als er mich zum Abschied küsste.

Der Rückzugsort, das Hotel am Meer an der Küste von Suffolk, war leer. Das Wetter grau. Das Meer roch nach Sole, Seegras und feuchter Natur. Das Hotelpersonal, zunächst überrascht von unserem seltsamen Experiment, akzeptierte bald, dass wir „eine neue Form von Yoga und Meditation“ erforschten, und war mehr als glücklich darüber, uns Wasser und Trauben zu servieren, da dies ihre Arbeitsbelastung stark reduzierte. Sie waren neugierig, freundlich und als Engländer natürlich immer höflich.

Ich ging in mein Zimmer, packte meine Kleider aus, machte mich fertig und warf einen letzten langen Blick auf die felsige Küste und den Ozean unter meinem Fenster. Dann zog ich meine Augenbinde über, steckte meine Ohrstöpsel ein und das Experiment begann.

Nun, hier bin ich. Ich liege auf meinem Bett und warte, wie die Figur in Becketts Stück, auf Godot. Liege hier und warte. Nur auf was? Durch meine Ohrstöpsel dringen dumpfe Geräusche von dem Teilnehmer nebenan, der auf und ab zu gehen und Shakespeare-Verse zu rezitieren scheint:

Noch einmal stürmt, noch einmal, liebe Freunde!
Sonst füllt mit toten Englischen die Mauer.

Es scheint, dass mein Nachbar noch nie die Erfahrung einer Meditation gemacht hat. Er denkt, dass er sich die ganze Zeit beschäftigen muss. Aber wir werden hier für, oh mein Gott, EINE WOCHE sein! Das sind einhundertachtundsechzig Stunden voll von *nichts*. Keine Gerüche, keine Berührung, kein Essen, kein Licht, und wenn mein Begleiter nebenan es satthat, den Barden zu rezitieren, auch keine Geräusche.

Um sich nicht von der Zeit, die vor mir liegt, entmutigen zu lassen, richte ich meinen Blick auf die positive Seite. „Was ist der angenehme

Aspekt dieses Experiments?“ Genau das frage ich mich und beschließe, diesen Moment als willkommenen Urlaub zu begrüßen. Nichts zu tun, keine Arbeit zu erledigen, zu entspannen. Bei jedem Ausatmen lasse ich meinen Körper tiefer in das Bett sinken.

In der Tat, das Einzige, was mich interessiert, ist, etwas über die Natur des Bewusstseins und den Prozess des Erwachens herauszufinden. Wenn nur dieser flüchtige Moment der Transzendenz, der sich mir bei meiner ersten Liebesnacht in Paris mit Richard offenbarte, stabilisiert werden und zum Dauerzustand gemacht werden könnte, zum allgegenwärtigen Hintergrund aus Licht, zum Leuchten in meinem Wesen!

Hier ist er wieder, der spirituelle Ehrgeiz: Die Sehnsucht nach den Gipfeln und der Versuch, die Täler zu ignorieren, sich an die Höhen zu klammern und die Tiefen zu leugnen. In der Vergangenheit zu wühlen, um die Gegenwart zu verlagern.

Ich entspanne mich immer mehr und konzentriere mich für einen Moment auf die simple Normalität des Liegens auf meinem Bett. Dann kommt mir ein anderer Gedanke in den Sinn.

„Erinnerst du dich, was mit John Lilly passiert ist“, fragt mein Verstand?

Ich hatte gerade *„Das Zentrum des Zyklons“,* das von Lillys Experimenten mit sensorischem Entzug handelte, gelesen. In diesem Buch erzählt er, wie er sich nach Stunden in seinem Isolationsbecken fühlte, wie sein Bewusstsein von seinem Körper weggetrieben wurde, über der Erde schwebte und zwei Engelswesen begegnete, die ihn durch viele Ebenen des Zweifels und der Angst in das Licht des reinen Bewusstseins führten.

Ich gehe davon aus, dass auch ich solche Geistführer treffen werde. Wenn sie zu John Lilly gekommen sind, werden sie sicher auch für mich erscheinen. Ich fange an, sie zu rufen, sie zu visualisieren und verbringe Stunden mit mentaler Akrobatik, um „die Geistführer anzuziehen“. Sie erscheinen nicht.

Frustriert begreife ich, dass ich mich von dieser Erwartungshaltung lösen muss. Ich konzentriere mich auf meine Atmung und versuche „einfach zu sein“.

Doch das Thema Geistführer hat sich nicht erledigt, bald manifestiert sich eine neue Stimme, diesmal scheint sie etwas strenger. Spontan erinnert sie mich an eine meiner Lehrerinnen aus dem Kindergarten, die mich wegen eines Vergehens tadeln.

„Warum versuchst du, die Erfahrung eines anderen zu kopieren?“, fragt die Lehrerin in mir. „Du bist nicht John Lilly. Warum solltest du die gleichen Führer haben? Lass das, sei DU selbst!“

Leicht gesagt, aber nicht so leicht getan. Ich möchte wirklich diese Geistführer treffen. Es scheint, dass ich mich von etwas verabschieden soll, was ich noch nicht einmal gefunden habe, sich aber direkt um die nächste Ecke befindet. Hartnäckig setzt sich die Idee durch: Ich muss einen Lehrer, einen Liebhaber oder irgendjemanden finden, der mir hilft, in diese schwer fassbaren ekstatischen Zustände zu gelangen.

„Ach, du willst also immer noch Miss Seligkeit sein und guten Zeiten nachjagen?“, sagt meine innere Lehrerin. „Nun, das kannst du vergessen. Denke daran, dass Lilly auf LSD war, also zählt nicht, was er erlebt hat. Wenn du Drogen nimmst, kannst du sechshundert Führer haben, die alle mit Karten und Kompassen bestückt sind, die alle wie die Kellner im La Coupole gekleidet sind und die Marseillaise singen.“

Ich kichere über die lächerliche Vision, die ich geschaffen habe, und gebe zu: „Okay, sie hat recht.“ Vielleicht lauert in dem Wunsch nach Führern das Gefühl, nicht gut genug zu sein, um dieses Ziel alleine zu erreichen. Diese Erkenntnis macht es etwas einfacher, die Führer loszulassen – die sowieso nie gekommen sind.

An der Tür klopft es, aber ich muss nicht öffnen. Es ist einer der Hotelbediensteten, der wie verabredet Wasser und ein Kilo Trauben bringt, unsere Ration für die Woche. Es muss also Abend sein.

Der Umgang mit dem Bewusstsein und seinen Anforderungen ist mühsam, und ich beginne zu ahnen, dass die „Dämonen“, die ich auf dieser Reise treffen werde, keine gruseligen Bösewichte mit Hörnern und Schwanz sind. Nein, sie sind viel alltäglicher. Es sind Gefühle wie Ungeduld, Frustration, Langeweile, Verlangen. Die Dinge, die mich rastlos halten, immer auf der Suche nach etwas, was nicht hier ist, aber woanders.

Ich stehe aus meinem Bett auf, taste blind herum, berühre Wände und Türen und schaffe es, ins Badezimmer zu gelangen. Zum Waschen meines Gesichts nehme ich die Augenbinde ab, halte meine Augen aber geschlossen und putze dann meine Zähne. Zurück ins Bett und schlafen.

Gerade als ich wegdrifte, erscheint ein Gesicht. Ich habe diese Person noch nie zuvor gesehen. Er scheint Ostasiate oder Inder zu sein. Er hat große, runde Augen, blickt amüsiert, unendlich sanft und sagt: „Die Ekstase ist bereits in dir. Du brauchst nicht draußen nach ihr zu suchen.“ Dann verschwindet die Erscheinung.

Das ist gigantisch. Ich denke an die vielen Male, in denen ich nach einem Lehrer, einem Führer, einem Liebhaber gesucht habe. Jemanden, der mir eine Anleitung gibt, die mir den Zugang zur Glückseligkeit verschafft. Ich war mir sicher, das Rezept irgendwo draußen in der Welt zu finden.

Jetzt kann ich diese Idee fallenlassen. Dieser Bote, wer auch immer er sein mag, hat mir gerade gesagt, dass alles, was ich suche, hier ist, direkt vor meiner Nase. Sogar noch näher: in meinem Gehirn, meinem Körper.

Als ich am nächsten Morgen aufwache, ist es für mich offensichtlich, dass mir ein Übungsplan dabei helfen wird, die Meditation zu vertiefen. Also beginne ich damit, mich zu dehnen und Yoga-Asanas zu machen. Dann meditiere ich. Daraufhin esse ich Trauben. Dann lege ich mich auf mein Bett, tue nichts und beobachte, wie sich mein Gedankenkarussell immer weiterdreht.

Im Laufe der Stunden werde ich von der uninteressanten, sich ständig wiederholenden und automatischen Natur meines inneren Dialogs gedemütigt. Meine Gedanken bewegen sich wie eine Wüstenrennmaus in ihrem Laufrad, wiederholen die gleichen Geschichten, beanspruchen die gleiche Aufmerksamkeit, beackern die gleichen

„Probleme“: meine Beziehungen zu Männern, Geldsorgen, eine vage Sehnsucht nach Glück und jede Menge unerledigter Dinge. Zusammen erzeugen sie eine familiäre mentale Atmosphäre, die den Stimmungen meiner Kindheit entspricht und mich zurück zu den Begegnungen, Gedanken und Gesprächen im Haus meiner Eltern führt.

Bald fühle ich Ärger aufbrodeln. „Will mir mein Verstand sagen, dass sich im Grunde nichts geändert hat, seitdem ich ein Kind war?“, frage ich mich. Dass ich ein soziales Klima, eine Denkweise von meinen Eltern übernommen habe und jetzt dazu verdammt bin, diese für den Rest meines Lebens endlos zu wiederholen?

Diese Idee behagt mir ganz und gar nicht. In meinem jugendlichen Enthusiasmus hatte ich mir immer vorgestellt, dass mein Verstand ein origineller Fundus an Brillanz sei, voller glitzernder Edelsteine der Weisheit, Einsicht und Erleuchtung.

„Jetzt sieh ihn dir an!“, sage ich verächtlich. „Eine rostige alte Maschine, die Jahr für Jahr die gleichen alten Gedanken produziert!“

Ich ringe jetzt mit meinem Verstand. Ein Teil von mir sagt zu meinen Gedanken: „Lasst mich in Ruhe! Ihr habt kein Recht, hier zu sein. Ihr seid ein Ärgernis. Geht weg!“

Der Kampf in meinem Kopf währt den ganzen Tag. Ich bemerke, dass ich die Gegenwart meines Verstandes ablehne, er sich aber noch energischer in den Vordergrund drängt, und komme zu einer weiteren Erkenntnis: Ein Teil meines Verstandes ringt mit dem anderen, so dass jede Vorstellung, dass der Verstand irgendwie geleugnet oder weggeschoben werden kann, absurd ist. Wer will ihn wegschieben? Der Verstand!

Es ist auch ein wenig unfair von mir, so auf meinen Verstand loszugehen. Schließlich managt er meinen Zeitplan, vereinbart Termine, hilft mir neue Dinge zu lernen.

„Ich habe einen Job zu erledigen“, erklärt er. „Ich muss mich um dich kümmern und dich beschützen. Hör auf mich!“

Trotzdem, frage ich mich: Gibt es eine Erfahrung außerhalb des Verstandes? Und da fange ich an, mich für die Lücken zwischen den Gedanken zu interessieren.

Das ist etwas Neues, und ich denke stundenlang darüber nach, liege im Dunkeln auf meinem Bett, tue nichts außer gelegentlich aufzustehen, mich zu dehnen, ins Badezimmer zu gehen, einen Schluck Wasser zu trinken und an einer Traube zu kauen.

Der Verstand scheint die Lücken zwischen meinen Gedanken nicht zu verstehen. Er kann nicht mit ihnen umgehen. Ein seltsamer Gedanke kommt mir in den Sinn: Vielleicht weiß er nicht einmal von ihnen! Schließlich, wenn er von einer Lücke wüsste, dann würde diese Lücke zu einem Gedanken an eine Lücke werden und sofort aufhören, eine Lücke zu sein! Ha!

Ich mag diese neue Entdeckungsreise. Ich beobachte die Lücken und merke, dass sie nicht lange andauern, denn sobald eine Lücke entsteht, kommt der nächste Gedanke und füllt sie auf.

Die Stunden vergehen. Ich langweile mich schließlich mit diesem Spiel mit den Gedanken und Lücken, und die Ungeduld kommt mit Nachdruck zu mir zurück. Das ist, wie ich sehe, meine größte Herausforderung, dieses ständige nagende Gefühl, dass noch mehr passieren muss.

Vielleicht hat es etwas mit meiner Geburt zu tun. Ich wurde mit Hilfe einer Zange geholt. Meine Mutter konnte nicht fest genug pressen, also zog mich der Arzt mit einer Zange heraus, die meinen Kopf umfasste. Auch heute noch, wenn etwas nicht schnell genug in meinem Leben passiert, fühlt sich ein Teil von mir an, als würde ich ersticken.

Am nächsten Morgen wache ich auf, wasche mich, mache meine morgendlichen Übungen und setze mich auf mein Bett. Ich weiß, dass es eine Wiederholung von gestern sein wird: Gedanken und Lücken, ein kontinuierlicher Strom inneren Verkehrs mit ein paar leeren Stellen. Es fühlt sich wie Routine an. Langeweile wird heute das dominierende Thema sein.

Plötzlich habe ich die Vision, auf einer Cocktailparty zu sein. Die ganze Familie ist da. Wir halten Champagnergläser in unseren Händen. Die Familienmitglieder wünschen mir alles Gute und bemerken, dass ich ihrer Meinung nach die Situation aus der falschen Perspektive betrachte.

Mein Vater sagt: „Liebling, du hast den falschen Blickwinkel! Es ist das, was man im Leben tut, was zählt!“ Er erklärt weiter, dass Erfolg durch Leistung, durch „Tun“ gemessen wird und dass „Sein“ nur ein Spiegel dafür ist, inwieweit man seine Ziele erreicht.

Er scheint sich so sicher zu sein, dass es fast schon nervtötend ist. Als Nächstes kommt Mama. Zu meinem Erstaunen sagt sie: „Hör nicht auf deinen Vater, Liebes, genieße deine Sinnlichkeit, während du jung bist. Hebe dir die Meditation für später auf.

Jeder lebende Verwandte und Vorfahre besucht mich und teilt mir seine Meinung mit. Mir ist klar, dass ich dieses Irrenhaus verlassen muss. Ich habe Cocktailpartys sowieso noch nie gemocht und auf einmal ist er da: der Heureka-Moment. Das ist es!

Bis jetzt habe ich meinen Verstand wie einen Feind behandelt, warum ihn nicht als Verbündeten anerkennen, der versucht zu helfen. Ja, jeder Gedanke ist ein Ausdruck meines Verstandes, der versucht zu helfen. Ich muss mich bei ihm bedanken, wann immer er mir Gedanken und Bilder liefert. Ich darf ihn NICHT bekämpfen.

Jetzt sehe ich die amüsante Seite meiner inneren Cocktailparty. Diese Stimmen sind immer da, in meinem Unterbewusstsein, und bestimmen, wie ich sein sollte, was ich tun sollte, wie man meditiert, wie man liebt. Sie wünschen mir alles Gute. Sie wissen Bescheid. Sie haben Erfahrung. Sie haben das alles vor mir ausprobiert.

Diese „Maya“, diese Illusion von familiärer Unterstützung, ist überzeugend, denn sie beginnt, wenn wir sehr klein sind. Jeder versucht, uns zu helfen, uns zu beraten, uns zu sagen, was wir tun sollen. Es wird zur Gewohnheit, anderen zu folgen, und wir vergessen, dass wir einzigartige Individuen sind – dass wir unsere eigene innere Stimme entdecken, darauf hören und uns selbst treu sein müssen.

Ich danke meinen Verwandten für ihre guten Absichten und verabschiede mich von ihnen und genieße die Leichtigkeit, jetzt, da ich nicht mehr gegen meinen Verstand kämpfe. Der Tag vergeht schnell, am Abend gleite ich in einen angenehmen Zustand zwischen Wachen und Schlafen. In diesem ruhigen Zustand wird mein Atem langsamer, bis er fast verschwindet, dann kommt der Schlaf, mit seiner Decke des Vergessens, die alles überzieht.

Am Morgen wache ich mit dem dringlichen Gedanken auf, dass etwas sehr Wichtiges passiert ist, gerade als ich einschlief. Was war es? Ah, ja, der Atem. Was ist damit? Verlangsamen Sie ihn und sehen Sie, was passiert.

Noch halb im Schlaf beginne ich zu beobachten, wie weit ich es schaffe, „nicht zu atmen", indem ich meine Atmung tatsächlich sehr flach halte. Am Ende glaube ich zu ersticken, zu ertrinken. Es ist unangenehm. Ein Teil von mir will schneller atmen, mehr Luft schlucken, aber wenn der Atem flacher wird, setzt eine Art „Alpha-Wellen"-Gehirnzustand ein. Ich fühle mich immer entspannter und allmählich werde ich von dem Gefühl überwältigt, im Raum zu schweben, sorglos selig und doch sehr wach und aufmerksam für das, was geschieht.

Durch diese „Alpha-Atmung" bekomme ich einen Vorgeschmack auf das, was ich später von mehreren Yogis und Mystikern hören werde: Meditation führt zu einem glückseligen, zeitlosen Zustand – man kann ihn *Samadhi* oder *Nirvana* nennen, in dem man kaum noch atmen muss.

In diesem Niemandsland fühlt es sich an, als wäre ich auf einen Berg gestiegen. Die Luft ist dünner, der Körper leichter. Tatsächlich ist kein Körper zu spüren, nichts.

Die letzten Tage des Rückzugs sind leuchtend und leicht. Meistens bin ich in der Lage, bei der weichen, langsamen Atmung zu bleiben. In diesem Zustand kann ich den Gedanken zusehen, die mir durch den Kopf gehen, ohne dass ich mich in ihnen verfange, und einfach danke sagen und weitermachen, wobei ich immer an dem reduzierten Atmen festhalte.

Tag für Tag besuche ich die „Lücke“, die nun zu einer leuchtenden, einladenden Weite geworden ist – ein allwissender, wohlwollender Raum der Weisheit. Ich entdecke das Darshan[4], wie sie es im Osten nennen. Ein höheres Selbst, das beobachtet, wie alles geschieht. Ich kann jede Frage stellen, und sofort enthüllt sich mir die kluge Antwort, die wirkliche Lösung. Mir fällt ein, dass mich ein Londoner Magazin gebeten hatte, einen Artikel über die Erfahrung dieses Retreats zu schreiben.

Das Schreiben in Englisch ist nicht einfach für mich, meine Muttersprache ist Französisch. Nun stelle ich mir die Frage: Wie schreibe ich den Artikel? Zu meinem Erstaunen schreibt er sich von einem tiefen Ort in meinem Inneren heraus wie von selbst: Satz für Satz, Lektorat eingeschlossen. In der Weite jenseits der alltäglichen Betriebsamkeit des Geistes ist alles verfügbar. Die Grenzen sind aufgehoben. Ein unendliches kreatives Potenzial wird offenbart. Ich werde das nicht vergessen.

Die Tage vergehen. Ich verliere jegliches Gefühl für die Zeit, aber ein gewisser intuitiver Sinn sagt mir, dass der Rückzug bald vorbei sein wird. Eines Tages wird es passieren. Es gibt keine Eile. Ungeduld hat sich in die Akzeptanz dessen, was ist, aufgelöst.

Schließlich, eines Morgens, ertönt ein Gong in der Ferne, dann höre ich ein Telefon klingeln und eine Stimme den Anruf entgegennehmen. Es klopft an der Tür und ich spüre eine sanfte Berührung an meiner Schulter. Als ich meine Ohrstöpsel entferne, sagt ein Hotelmitarbeiter zu mir: „Das Retreat ist vorbei. Jemand ist für Sie am Telefon.“

Es ist Jakov. Woher wusste er, dass gerade jetzt der Zeitpunkt gekommen ist, mich anzurufen? Niemand hat ihm gesagt, wann das Retreat enden würde. Ich atme tief und langsam ein. Mein Geliebter hat auf die Sekunde genau gewusst, wann er anrufen soll.

Ganz sanft sagt er: „Wie geht es dir, Liebes? Ich will dich sehen. Ich habe eine Dinnerparty bei mir zu Hause geplant. John Lilly, Alan Watts

---

[4] *Darshan* ist ein „Treffen mit den Weisen“.

und R. D. Laing werden dort sein. Sie sind gespannt darauf, dich zu treffen."

Die sinnliche Wirkung seiner tiefen Stimme, die Zärtlichkeit in ihr, weckt plötzlich ein Gefühl der Sehnsucht. Ich werde von einer schmerzlichen, überwältigenden körperlichen Sehnsucht erfüllt. Sieben Tage lang lebte ich wie eine Nonne im Kloster – ohne Berührung, ohne Liebe, ohne Zärtlichkeit. Ich war „beschäftigt" auf der Suche nach etwas in meinem Inneren, aber zwischenzeitlich hat sich mein Körper isoliert und vergessen gefühlt. Ich will diesen Mann wieder neben mir spüren.

Instinktiv aber schrecke ich davor zurück, zu einer Dinnerparty mit einer Schar schillernder Gäste zu gehen, die alle darauf warten, meine Geschichte zu hören. Es fühlt sich an, als wäre man der Truthahn bei einem Thanksgiving-Abendessen, von dem sich jeder etwas nehmen kann.

Watts und Lilly sind meine Helden, meine Vorbilder, aber ich brauche eine Akklimatisationszeit und die vertrauten Anblicke und Geräusche von zu Hause.

„Danke, Jakov", flüstere ich ins Telefon. „Ich weiß nicht, ob ich schon bereit bin, Menschen gegenüberzutreten. Ich war so tief in meinem Inneren. Ich brauche Zeit. Lassen wir es offen."

Jakov besteht darauf, liebevoll, aber entschlossen. „Komm", sagt er. „Dieses Treffen ist wichtig und ich will dich sehen."

Später, zurück in London, beschloss ich, zu dem Dinner zu gehen. Ich zog ein einfaches weißes Kleid an, um die Reinheit zu bewahren. Kein Make-up. Mein blondes Haar ließ ich locker über meine Schultern fallen. Dann meditierte ich, um zu sehen, ob ich aus mir heraus zugestimmt hatte, oder nur, um Jakov zu gefallen.

Ein Taxi brachte mich zu Jakov. Dort angekommen bezahlte dieser den Fahrer und nahm mich an die Hand. Seine Wohnung in Regent's Park war ein alter umgebauter Pferdestall mit dunklen Balken, erfüllt von rustikaler Gemütlichkeit, die durch ein gemütliches Feuer im Kamin verstärkt wurde. Manuskripte, Schreibmaschinen und Bücher bedeckten zwei Schreibtische, auf der anderen Seite waren fünf Personen um einen langen ovalen Tisch versammelt. Im Raum wurde es komplett still, als ich hereinkam.

Jakov führte mich zu einem freien Platz und setzte sich rechts neben mich. Zu meiner Linken saßen John Lilly und seine Frau Antoinette. John hatte ein sommersprossiges Gesicht mit einer langen Nase, durchdringende blaue Augen und eine dicke graumelierte Mähne. Er wirkte weise, seine Frau Antoinette bezauberte mit einem warmen Wesen. Sie hatte lockiges, kurzes schwarzes Haar, dunkle Augen und einen hellen Teint mit leuchtenden rosa Wangen.

Als Nächstes stellte Jakov mir Alan Watts vor, der als einer der Pioniere der spirituellen Ost-West-Revolution gilt und den Zen-Buddhismus in die Vereinigten Staaten brachte. Alan paffte zufrieden an seiner Pfeife. Er war in seinen Fünfzigern, klein von Statur, mit braunen Augen, harmonischen Gesichtszügen und einer dominanten Präsenz. Darauf folgte Hector, ein Arzt, der eine Ausbildung bei Ida Rolf, der Erfinderin der Tiefengewebsmassage, absolviert hatte und eine der führenden Persönlichkeiten an der Arica School of Mysticism in New York war. Neben ihm saß Ronald Laing, Psychiater und Autor. Ich hatte ihn kurz vor meinem Retreat getroffen und er hatte mich enthusiastisch bei dem unterstützt, was er „ein Grabungsexperiment in deinen inneren Wahnsinn“ nannte.

Stellen Sie sich die Szene vor: Ich saß da am Tisch und hatte eine ganze Woche lang kein einziges Wort gesprochen. Die bloße Vorstellung, das Geschehene zu beschreiben, fühlte sich befremdlich an.

Während ich sprach, fühlte es sich gut an, unter Kartografen zu sein, die Erfahrung in der Navigation durch die Zonen und Schichten des menschlichen Bewusstseins hatten. Als ich geendet hatte, ermutigte mich Alan Watts, bei dem Gefühl des „Nichtwissens“ zu bleiben.

„Du hast die Vergangenheit und die Zukunft fallen lassen“, sagte er. „Bleib an diesem Ort der Gegenwart des Unbekannten. Bleib in diesem Moment. Ich werde dich dort treffen. Wir werden hier spielen.“

In der Tat, das haben wir. Kurz darauf reisten wir gemeinsam durch New Mexico und erlebten viele großartige Momente, die mich später in meiner Arbeit als Psychotherapeutin inspirierten.

John Lilly erklärte, dass die Reise, die ich während des Retreats unternommen hatte, zu einer Erforschung der verschiedenen Ebenen der Evolution führen könnte, die ich durchlaufen hatte, bevor ich eine menschliche Person wurde.

„Die Bestätigung deiner Reise durch andere Kartenmacher der inneren Welten ist hilfreich und kostbar", fuhr er fort. „Sonst ist man allein und einsam. Ohne Zustimmung ist man unsicher, verloren."

Ich antwortete: „Ich erwartete, dass die Führer auftauchen würden, so wie sie es für dich taten, aber stattdessen wurden mir andere Räume offenbart."

John warnte mich: „Selbst wenn wir denken, dass wir wissen, wissen wir nicht wirklich." Dann erinnerte er mich an seine Aussage im *Zentrum des Zyklons*: „In der Region des Geistes wird, innerhalb gewisser Grenzen, die durch Erfahrungen und Experimente gefunden werden müssen, das wahr, was man für wahr hält. Diese Grenzen sind weitere Formen des Glaubens, die zu überwinden sind. In unserem Gedankenraum gibt es keine Begrenzungen."

„Ja, aber es ist schwer, das zu akzeptieren und zu vertrauen", antwortete ich.

Hector Prestera kommentierte, dass wir, solange der Körper Spannungen in sich trägt, die den Fluss der menschlichen Energie blockieren, nicht zu unserem vollen Potenzial erwachen können.

Ich versuchte mir vorzustellen, zehn Sitzungen extensiver Körperarbeit über mich ergehen zu lassen, Rolfs primäres Betätigungsfeld. Es erschien mir jenseits meiner Schmerzgrenze. Ich ahnte nicht, dass mir genau das sechs Monate später in New York passieren würde, zusammen mit Hector.

Ronald Laing sagte, dass wir auf dem spirituellen Weg alle durch eine „dunkle Nacht der Seele" gehen müssen, in der wir uns ohne Karte in unbekanntem Gebiet verirren.

„Einige Leute schaffen es nicht, zurückzukommen. Deshalb müssen wir hingehen und sie dort treffen, wo sie sind“. Damit erklärte er seine radikale Herangehensweise, scheinbar genauso verrückt wie ein Verrückter zu werden, sich in seine Welt zu begeben und dort Freundschaft zu schließen, um ihn zu heilen und zurückzubringen. Einige Jahre später, als wir während des Woodstock-Festivals ein paar durchgedrehte Menschen zurückholen mussten, würde ich mich an Laings Worte erinnern.

Später, nachdem alle Gäste gegangen waren, fand mein Körper in den liebevollen Armen von Jakov in die Welt der Sinne zurück. In dieser Nacht entdeckte ich die Erotik der Langsamkeit und der völligen Entspannung. Jakov nahm sich die Zeit, in meinen „geheimen Garten“ einzudringen, ruhte in mir, wartete und bewegte sich wieder. Erst ganz am Ende erwachte mein inneres Feuer, und die Leidenschaft verlangte nach Bewegung. Ich hatte keine Ahnung, dass dieser Ansatz Jahre später als tantrische Praxis namens Slow Sex immens in Mode kommen würde.

Was ich gelernt habe

Dunkelheit-Retreats mit vollständigem Reizentzug sind heute keine Seltenheit mehr. Mantak Chia, der taoistische Meister, führt sie zum Beispiel in seinem Tao Center in der Nähe von Chiang Mai, Thailand, durch. Er behauptet, dass das Gehirn nach einigen Tagen im Dunkeln verschiedene Biochemikalien herstellt, darunter ein „spirituelles Molekül“, das auf natürliche Weise transzendente Erfahrungen universeller Liebe und Mitgefühl ermöglicht.

Jasmuheen, der umstrittene in Australien geborene „Atmungsaktivist“, bietet solche Retreats an und auch die Oneness University in Andhra Pradesh, Südindien, hat sie in ihre Programme aufgenommen.

In den frühen siebziger Jahren, zu der Zeit, als wir in dieses Experiment eintauchten, hatte allerdings noch niemand in der Psychologieabteilung der Sorbonne oder in den neu gegründeten Zentren für Humanistische Psychologie in London von etwas Ähnlichem gehört.

Einige Menschen hielten solche Experimente sogar für gefährlich und warnten davor, dass wir verrückt werden könnten.

Für mich bleibt diese Woche an der englischen Küste eine der eindrucksvollsten Erfahrungen meines frühen spirituellen Lebens. Es war das erste Mal, dass ich Quality Time mit mir selbst auf solch fokussierte und intensive Art und Weise verbrachte.

Im Laufe des Dunkelheit-Retreats wurde mir klar, dass die Ekstase weder ein Ziel ist, das es zu erreichen gilt, noch dass sie durch geheime mystische Lehren erreicht werden kann. Nein, die Ekstase ist bereits hier, in uns, und wartet nur darauf, enthüllt zu werden. Sie ist für jeden in jedem einzelnen Moment verfügbar.

Während meines Retreats erhaschte ich nur einen flüchtigen Einblick. Erst während der letzten Tage in der Ruhe und Gelassenheit der Alpha-Atmung verstand ich, dass Frieden entsteht, wenn ich mich nicht danach sehne, dass der gegenwärtige Moment anders ist, als er ist.

Indem ich nicht darum kämpfte, dieses oder jenes zu verbessern oder zu erreichen, wurde ich frei, all dem zu begegnen, was ist, in diesem Augenblick. In den Momenten, in denen ich friedlich auf dem Kissen saß und langsam atmete, fand ich mich in einer tiefen Zufriedenheit wieder. Ich sah, dass alles „was ist" für sich allein vollkommen ist – und ich darin vollkommen bin.

Seitdem habe ich diese einfache Wahrheit tausend Mal vergessen und bin den Verlockungen endloser Wünsche erlegen. Nichts in unserer Kultur lehrt uns, uns mit dem zufriedenzugeben, was ist.

Im Gegenteil, wir werden in Versuchung geführt, immer wieder dazu verführt, neue Bedürfnisse zu entdecken, die befriedigt werden müssen, neue Wünsche, die erfüllt werden müssen, um endlich „glücklich" zu sein.

Damit komme ich zum häufigsten Einwand, an solchen Experimenten teilzunehmen: Wir denken, dass wir einfach keine Zeit dafür haben.

Seien wir ehrlich: Die meisten von uns haben nicht die Zeit zum Sein! Wir laufen herum wie kopflose Hühner, mit To-Do-Listen, die länger sind, als wir realistisch annehmen können, sie jemals abzuarbeiten. Wann immer ich mir mehr Zeit für mich selbst nehmen wollte, war da diese Stimme: „Du musst verantwortungsbewusst sein, deine Miete bezahlen, dies und das tun."

Hier ist die von mir entwickelte Strategie: Ich nehme mir drei Tage frei, aber ich verspreche, danach erledige ich alles, was zu tun ist. Vielleicht muss ich einen zusätzlichen Helfer in mein Leben einladen oder meinen Assistenten bitten, Überstunden zu machen. Danke für die Warnung. Ich werde mich nicht im Stich lassen.

Das Ergebnis: Ich habe mir die Zeit genommen und es gab keinerlei Probleme. Das nächst Mal habe ich die Zeit von drei Tage auf eine Woche verlängert, bald auf einen Monat oder auf drei Monate ausgedehnt. Es ist alles nur eine Frage der Vorbereitung und Verhandlung – und der Entwicklung neuer Strategien zur Bewältigung der Arbeit. Alles ist machbar.

„Was ist mit den Rechnungen, die bezahlt werden müssen?", wird jemand fragen. Nun, wie wäre es, wenn Sie Ihre Ausgaben reduzieren und jemand suchen, der Ihre Wohnung in der Zwischenzeit mietet? Denken Sie daran, wo ein Wille ist, ist normalerweise auch ein Weg.

Heute sagen mir immer mehr Freunde: „Wir haben uns ein Sabbatical genommen. Wir konnten den Stress nicht mehr ertragen."

Die Gründe für ein spirituelles Retreat sprechen für sich. Es bietet die Chance, sein wahres Wesen zu berühren, die Quelle des Seins, herausfinden, wer man wirklich ist – jenseits der Egopersönlichkeit. Dazu kommt der Eindruck einer neuen Freiheit, man begreift, dass man nicht die Person sein muss, die andere in dir sehen wollen.

Vielleicht erkennen wir auch, dass die meisten unserer religiösen und moralischen Überzeugungen wie die heiligen Kühe sind, die in den Straßen Indiens leben. Sie sind da und nagen an unserer Energie, weil wir sie für wahr halten. Sie kontrollieren und begrenzen uns, und wir sind uns dessen nicht einmal bewusst. Aber sie sind nicht heilig; sie sind eine Illusion.

Einige Beispiele: „Wir sind mit der Erbsünde geboren“, „Wir sollten nicht zwei Liebhaber zur gleichen Zeit haben“, „Eine Frau muss Jungfrau bleiben, bis sie heiratet“, „Meine Eltern waren arm, also werde ich arm bleiben“.

Wir machen ein Retreat, um zu erkennen, dass die meisten von uns in einer anti-ekstatischen Gesellschaft leben, die uns zwingt, gegen den Strom der Glückseligkeit zu schwimmen, der genau hier, unter der Oberfläche, liegt.

Ein Retreat ist der nächste Schritt. Es geht nicht nur darum, dass wir uns auf uns selbst besinnen müssen, um entspannt und nicht mit der Welt identifiziert zu sein. Wir müssen den Schlüssel finden, um in dieser inneren Ruhe zu *bleiben*, um diese innere Loslösung von allem zu stabilisieren, was uns im Stresszustand hält.

Die Praxis: Das Dunkelheits-Retreat

Die Vorbereitung

Bevor Sie „in sich gehen“ und Ihr Retreat starten, sollten Sie festlegen, wie lange dieser Rückzug dauern wird. Beginnen Sie mit einem Tag, später erweitern Sie ihn auf drei Tage und so weiter.

Schalten Sie alle elektronischen Geräte aus. Sie haben sich zu einer schwierigen Sache entschlossen: den Ausstieg aus dem Netz unserer kollektiven globalen Technosphäre, die durch das Internet, Mobiltelefone, Computer, Fernsehen, Radio, Zeitungen usw. gespeist wird.

Wir verfangen uns in diesem Netz, denken, Informationen bringen Erleuchtung. Dem ist nicht so. Also lassen Sie die Finger davon, nur für eine Weile. Es ist an der Zeit, in Ihren natürlichen Zustand zurückzukehren und Ihrem Nervensystem eine Pause zu gönnen.

Nun, der Deal ist, dass Sie den Rückzugsraum während der ganzen Zeit nicht verlassen. Das ist Ihre heilige Verpflichtung.

Was Sie brauchen

Bevor Sie beginnen, besorgen Sie sich eine Augenbinde und Ohrstöpsel, Decken, viele Kissen, Früchte und Wasser. Stellen Sie sicher, dass Ihr Raum Vorhänge, Jalousien oder Rollläden zur Verdunklung hat. Wichtig ist auch eine Toilette in der Nähe.

Reinigen Sie den Retreat-Raum. Verbrennen Sie Weihrauch, lassen Sie Glöckchen erklingen und singen Sie heilende Klänge, um alte Energien zu vertreiben, die dort noch verweilen könnten, wie z. B. die Stimmung, als Sie deprimiert waren oder schlechte Nachrichten erfuhren oder letzte Woche einen Streit dort hatten.

Beseitigen Sie das alles. Verabschieden Sie sich schließlich von Ihren Lieben.

Wie Sie sich zurechtfinden

Hier ein paar hilfreiche Vorschläge für Ihren Retreat:

1. Stellen Sie sicher, dass Sie genügend Kissen haben, damit Sie bequem sitzen, oder wählen Sie einen komfortablen Sessel.
2. Konzentrieren Sie sich auf Ihren Atem. Wussten Sie, dass es fast unmöglich ist, gleichzeitig auf Ihren Atem und Ihre Gedanken zu achten? Seit Jahrtausenden werden besondere Atemtechniken für die Meditation genutzt, um wachsam und präsent zu bleiben.
3. Lassen Sie Ihren Verstand außen vor. Stellen Sie sich vor, er ist wie ein kleines Kätzchen. Setzen Sie es in Ihrer Vorstellung in eine schöne kleine Schachtel mit Löchern, damit es atmen kann. Binden Sie die Schachtel mit einem roten Band zu und positionieren diese auf einer Fensterbank oder im Garten. Sagen Sie Ihrem Verstand: „Bitte mach eine Pause. Es ist gut für dich. Geh schlafen, ich bin gleich wieder da."
4. Entspannen Sie sich, tiefer und tiefer. Wenn die Gedanken kommen, sagen Sie „Danke" und „später" und

konzentrieren Sie sich dann wieder darauf, Ihren Atem zu beobachten und Ihren Körper zu entspannen.

5. Hören Sie auf die Stille zwischen Ihren Gedanken. Erweitern Sie die Stille. Beobachten Sie sie. Können Sie unterscheiden, wann Sie beobachten und atmen und wann Sie denken? Was wählen Sie? Nähern Sie sich der Stille geschickt, nicht kämpfend, sondern annehmend und weitergehend.
6. Atmen Sie langsam und sanft ein und visualisieren Sie, dass Sie *Prana*, Lebensenergie, in sich aufnehmen. Wie fühlt sich diese Energie in Ihnen an? Hat sie eine Farbe? Ist sie ein Geräusch? Erlauben Sie dem Prana, Ihren ganzen Körper auszufüllen.
7. Atmen Sie ein und halten dann den Atem für einige Sekunden an. Spüren Sie, dass Sie in die Ewigkeit eintreten. Sie sind jetzt jenseits des Lebens, gehen über den Tod hinaus, keine Vergangenheit, keine Zukunft. Nur dieses unaufdringliche JETZT. Überschreiten Sie die Grenzen des Tuns und Denkens, während Sie sich zwischen dem eingehenden und dem ausgehenden Atem entspannen.
8. Beim Ausatmen stellen Sie sich den Atem vor, der in Ihre Lungen und dann durch Ihren ganzen Körper fließt, bis hinunter zu Ihren Füßen und in die Erde unter Ihnen. Atmen Sie aus und lassen Sie all Ihre Spannungen und Sorgen los.
9. Es kann sein, dass Sie für eine Weile absolut nichts tun wollen. Legen Sie sich auf Ihr Bett und entspannen Sie sich und seien Sie einfach.
10. Nehmen Sie sich jeden Tag Zeit für eine sanfte körperliche Betätigung wie Stretching oder Yoga.
11. Fragen Sie sich bei jedem Schritt: „Ist es das? Fühle ich mich wohl dabei, mich hier zu entspannen und diese Atmosphäre zu genießen?“ Hören Sie auf Ihre innere Führung, die intuitive Stimme, die Sie führt.

12. Wenn Sie all diese Dinge regelmäßig und ernsthaft tun, wird sich die Weite jenseits der geistigen und körperlichen Grenzen offenbaren. Hier ist der Ort, an dem man in Dankbarkeit verweilen kann. Konzentrieren Sie sich mühelos, hinter Ihren geschlossenen Augen, auf die Mitte Ihres Kopfes. Warten Sie, entspannen Sie sich, lassen Sie los. Sobald sich dieser Raum stabil anfühlt, stellen Sie die Fragen, die Ihnen wichtig sind, und warten auf Antworten.
13. Nach dem Ende des Retreats gehen Sie die Dinge erst einmal sehr langsam an. Verbringen Sie noch ein paar Stunden damit, so wenig wie möglich zu reden, und schreiben Sie alle Erkenntnisse auf, die Sie erhalten haben.

Der Verstand stürzt sich auf die Stille
und fordert, eingelassen zu werden ...
Aber die Stille bleibt unbewegt.
Sie bittet nur um nichts.
Nichts.[5]

---

[5] Adyashanti, My Secret is Silence (Los Gatos, CA: Open Gate Publishing, 2003, S. 30).

Kapitel 3
Offenbarungen auf Acid in Shambhala

Ich hatte noch nie zuvor ein grünes Pferd gesehen. Auch kein rotes. Aber als ich im Hinterland von New York einen Waldweg entlangspazierte, auf dem es nach dem vorausgegangenen Regenfall nach feuchten Flechten und Farnen roch, begegnete ich beiden.

Es war ein guter Auftakt zu meiner Begegnung mit Timothy Leary, ehemaliger Dozent an der Harvard University. Er war der Guru der Revolution auf Acid geworden, die eine ganze Generation hipper junger Menschen in den Vereinigten Staaten inspirierte, der Mainstream-Gesellschaft den Rücken zu kehren, die Fesseln des anti-ekstatischen Establishments abzuschütteln und eine Gegenkultur auf der Grundlage von Liebe und „Flower Power" zu erschaffen.

Leary hatte auf einem weitläufigen Anwesen in der Nähe von Millbrook, unweit von New York City, eine Kommune gegründet, die er „psychedelisches Boot Camp" nannte, und ich traf ihn dort, weil ich LSD selbst einmal ausprobieren wollte. Ein Freund in Paris hatte mir einen Kontakt in Manhattan vermittelt, der wiederum mit Leary bekannt war, so dass es relativ einfach war, einen Termin zu vereinbaren, um ihn zu besuchen.

Es war das Jahr 1967. Ein Artikel im Paris Match Magazin über LSD, die Hippiegegenkultur und den „Summer of Love" hatte meine Aufmerksamkeit erregt. Ich wollte LSD selbst ausprobieren.

Ich wusste, dass die Einnahme dieser neuen Droge riskant war. Ich hatte Geschichten von Leuten gehört, die dachten, sie könnten fliegen und sich dann aus dem Fenster stürzten. Ich hatte aber auch gehört, dass LSD starke Erfahrungen mystischer Zustände bot, und das war für mich enorm attraktiv. Nach dem, was ich gelesen hatte, versprach LSD innere Offenbarung, eine tiefere Selbsterfahrung, eine tiefe Verbindung mit dem Göttlichen.

Die Suche nach Glückseligkeit war eine treibende Kraft in mir, etwas, was ich nicht wirklich erklären konnte, aber als geheime Leidenschaft anerkennen musste. Ich sehnte mich danach, die Momente des Lichts und der Weite, die ich während des Liebesaktes mit Richard kurz erleben durfte, auf eine neue und erweiterte Art und Weise zu erforschen oder erneut zu durchleben.

Die mystische Dimension ist seit langem Teil unseres menschlichen Potenzials, vor allem bei den Suchenden, darunter die heilige Teresa von Avila, Yogananda, Ramakrishna, Ramana Maharshi und Sri Aurobindo, sowie Meera, die singende und tanzende Verehrerin von Krishna, ganz zu schweigen von Johannes, dem unbekannten jüdisch-christlichen Propheten, der das Buch der Offenbarung schrieb.

Ich war begierig darauf, solche mystischen Zustände zu erkunden, aber auch vorsichtig, und ich hoffte, dass Timothy Leary mir den Namen eines Führers geben würde, der mich auf meiner ersten LSD-Reise begleiten und beschützen könnte.

Timothy empfing mich vor dem herrschaftlichen Anwesen und war freundlich, locker und charmant. Er war damals Ende vierzig. Sein langes markantes Gesicht mit dem quadratischen Kiefer war von widerspenstigen braunen Haaren umrahmt. Seine lachenden Augen blitzten, er war sehr wortgewandt und hatte eine sympathische Leichtigkeit an sich. Kein Wunder, dass er von Beruf Dozent war!

Er stellte mir seine beiden psychedelischen Pferde vor, die, wie er erklärte, während eines kürzlichen Acid-Trips angemalt worden waren. Sie schienen sich in ihren grünen und roten „Kostümen“ überraschend wohlzufühlen. Tim lud mich zum Tee in die Villa ein. Ich erzählte ihm von meinem Wunsch, LSD zu erleben, und zwar mit einem Begleiter.

Er sprach ausführlich über die Bedeutung der Droge und sagte Dinge wie: „Die Erfahrung höherer Bewusstseinszustände ist notwendig für das Überleben der menschlichen Spezies“ und „LSD ist die Droge, die diese Transformation bewirken kann“.

Dann überreichte er mir ein Geschenk: ein kleines Quadrat Löschpapier, das eine mittlere Dosis „reines Sandoz“ oder Lysergsäure enthielt, von der er mir versicherte, dass sie vom Schweizer Unternehmen hergestellt worden sei und frei von jeglichen Zusatzstoffen sei.

„LSD ist ein großes Sakrament, also behandeln Sie es mit Respekt“, riet er mir. „Bereiten Sie sich gut vor und nehmen Sie sich danach Zeit, um über Ihre Erfahrungen nachzudenken.“

Er gab mir die Telefonnummer eines Freundes in New York City, der mich mit einem Führer für meine Reise zusammenbringen würde. Learys Freund verband mich am Telefon mit jemandem, der mich mit jemandem verband, bis ich schließlich mit Asat Mitra sprach. Mir war gesagt worden, dass dieser Mann gerade aus Indien angekommen war und in New York an der Lower East Side lebte und „ein erfahrener Yogi“ war.

Als ich nach Manhattan zurückgekehrt war, suchte ich nach der Adresse von Herrn Mitra und war überrascht, ihn in einem ziemlich verfallenen Viertel mit Häusern in schlechtem Zustand zu finden, die Straßen säumten, die verlassen wirkten.

Ich kletterte zwei Stockwerke hoch zu seiner Wohnung, die an eine exotische Höhle erinnerte. An den Wänden hingen Gemälde von indischen Göttern und bunte Teppiche, die mit kleinen Spiegeln besetzt waren. Räucherstäbchen brannten und der Raum roch nach Sandelholz.

Niemand war da. Ich hatte jedoch einen Termin, also wartete ich einige Minuten lang und nahm alles in mich auf, erfüllt von Neugierde, wobei ich fast erwartete, dass eine Art Genie wie aus Aladdins Lampe aus dem mit Blumen und Kerzen geschmückten Altar auftauchen würde. Ich hustete, um meine Anwesenheit kundzutun.

Eine Tür neben dem Altar öffnete sich und in ihr erschien ein schmächtiger indischer Mann in einer traditionellen Kurta, einem knielangen Seidenhemd, das lose über pyjamaähnliche Baumwollhosen hinabfällt. Er begrüßte mich mit einem freundlichen Lächeln. Sein glänzendes schwarzes Haar fiel in losen Wellen auf die Schultern. Auf der schmalen spitzen Nase trug er eine Brille, die ihm das Aussehen eines Universitätsprofessors verlieh. Wir schüttelten uns die Hände, nannten unsere Namen und verbeugten uns in der indischen Namasté-Begrüßungsform voreinander, die Hände vor der Brust zusammengepresst.

Dann lud er mich ein, mich auf einem Kissen in der Nähe des Altars niederzulassen, und servierte mir süßen, würzigen indischen Tee, den ich später als Chai kennenlernen sollte.

Asat erklärte, er sei ein frommer Yoga- und Tantraschüler und studiere bei Meister Harish Johari, einem tantrischen Meister in Indien. Er zeigte mir Harish Joharis Bücher über die „Chakren“, die, wie Asat erklärte, eine Reihe von Energiewirbeln im Körper waren, die das „alchemistische Potenzial“ enthielten. Die Bücher waren wunderschön illustriert, und ich begann vage zu verstehen, dass es etwas mit spiritueller Transformation zu tun hatte.

Ich erzählte ihm, was ich suchte: einen vertrauenerweckenden Reiseleiter für meine LSD-Reise, der es mir erlaubte, meine eigenen Erfahrungen zu machen, ohne mich in einen Vogel zu verwandeln und aus dem Fenster zu fliegen.

Asat Mitra versicherte mir, dass er der Mann für diese Aufgabe sei. Er sagte mir, dass er bestimmte Siddhis oder psychische Kräfte besaß, wie Telepathie und das Lesen der Energie der Menschen aus der Ferne. Er bestätigte, dass er bereit sein würde, diese Kräfte zu nutzen, um mich auf meiner Reise zu schützen.

„Ich werde immer bei Ihnen sein“, sagte er, „psychisch immer auf Sie eingestimmt, aber in einem anderen Raum.“

Wir einigten uns auf folgendes Szenario: Ich würde sein Wohnzimmer für meine Reise benutzen, während er in seinem Schlafzimmer, welches im Flur lag, in telepathischer Verbindung mit mir meditieren würde.

Ich hatte meine Zweifel an der Existenz solcher Kräfte, aber ich wollte ihm glauben und versuchte in meinem Kopf, eine Art rauchige Präsenz-Wolke zu visualisieren, die wie eine Nabelschnur von seinem Gehirn zu meinem entlang des Korridors wogte.

Auf einer praktischeren Ebene sagte er, er würde mir eine Glocke geben, damit ich klingeln konnte, falls ich ihn brauchte.

Asat Mitra schien gut informiert und hilfsbereit zu sein. Er bot mir an, kostenlos mein Führer zu sein. Ich willigte ein, etwas überrascht, und fragte mich, ob er das tat, weil er Hintergedanken oder geheime Motive hatte, vielleicht hinsichtlich dieser seltsamen blonden Französin, die in sein Leben getreten war.

Im Laufe der Unterhaltung wurde mir dieser Mann immer sympathischer, aber ich vertraute ihm nicht wirklich. Aber ich fühlte mich stark genug, das Experiment zu wagen.

Zwei Tage später fuhr ich zu seiner Wohnung und brachte ein weißes festliches Kleid mit, das ich auf der Reise tragen wollte. Wie angewiesen hatte ich nichts gegessen und nur Wasser getrunken – keinen Tee oder Kaffee. Ich fühlte mich mehr als aufgeregt. Dieser Moment fühlte sich wie Schicksal an, wie etwas aus einem vergangenen Leben, als ob ich einen alten Tempel wieder besuchen und mich auf eine lebensverändernde Initiation vorbereiten würde.

Ich wurde von einem strahlenden Asat empfangen. Wir überprüften, ob alles bereit war: Wasser, Obst, keine scharfen Gegenstände – Messer oder Scheren, die herumlagen. Taschentücher, falls ich weinen wollte, weiche Schals, falls mir kalt war, eine Menge Kissen, Weihrauch und ein paar Fotos von spirituellen Mystikern, sowohl Männer als auch Frauen.

Im Nebenraum zog ich alle einengende Unterwäsche aus und ein lockeres weißes Baumwollkleid an. Als ich das Wohnzimmer wieder betrat, segnete Asat Mitra mein drittes Auge mit ätherischem Sandelholzöl, mein Kronenchakra mit Rosenöl, mein Herz mit Jasmin und meinen Bauch mit Lavendel. Er sang Mantras auf Hindi, während ich zuhörte.

Ich widmete meine Reise dem Erlangen eines tieferen Verständnisses der wahren Bedeutung des Tantra, nicht nur für mich, sondern für alle Wesen. In den zwei Tagen seit meinem ersten Besuch bei Asat hatte ich eifrig Bücher über diese uralte Wissenschaft der Erleuchtung gelesen und fühlte mich stark von ihr angezogen.

Das Tantra wies einen Weg, um das Ego oder die Persönlichkeit zu transzendieren, indem es die Lebensenergie durch die Chakren leitete. Während sie durch den Körper aufstieg, fächert sich diese Energie in immer feinere und höhere Frequenzen auf und verwandelt sich schließlich in eine Erfahrung der Lumineszenz am Kronenchakra.

War es das, was passiert war, als ich zum ersten Mal mit Richard Liebe gemacht hatte? Meine Frage oder besser gesagt meine Mission war: Könnte Tantra diesen erwachten Zustand stabilisieren? Könnte es ein universelles Erwachen für alle werden?

Zurück im Hier und Jetzt verbeugte ich mich vor dem Geist von LSD. Ich dankte dem Mutterkorn, dem Getreidepilz, aus dem es gewonnen wurde. Ich dankte Albert Hofmann, dem Schweizer Wissenschaftler, der 1938 die synthetische Lysergsäure entdeckte. Ich stimmte mich auf meinen Geist ein und entspannte mich.

Die Zeit war gekommen. Asat gab mir ein Glas Wasser und ich holte das Löschpapier, das Tim Leary mir gegeben hatte, aus meiner Tasche. Ich segnete es mit einem „Aum“ und schluckte seinen Inhalt. Asat verbeugte sich und ging in sein Zimmer. Etwa vierzig Minuten später, mit geschlossenen Augen, entwickelte ich eine innere Vision von bunten Lichtfraktalen, die sich in zelluläre Bewegungen in meinem Körper verwandelten.

Ich werde nicht versuchen, all die Dinge zu beschreiben, die mir auf dieser ersten LSD-Reise passiert sind, aber es begann – wie viele Menschen vor mir berichtet haben – mit der Intensivierung der Farben im Raum, verbunden mit einer herrlichen Vitalität, denn alles, selbst feste Objekte, pulsierte nun vor Lebendigkeit.

Ebenso wichtig war, dass mein Verstand seine routinemäßige Gewohnheit aufgab, das, was ich um mich herum sah, zu interpretieren, zu bewerten und zu kategorisieren, so dass ich unschuldig wurde, offen für das, worauf sich mein Bewusstsein konzentrierte, angefüllt mit Staunen über die gewöhnlichsten Dinge.

Am deutlichsten erinnere ich mich daran, dass ich irgendwann auf der Reise spürte, wie ich mich über die Grenzen meines Körpers hinaus ausdehnte und in eine ganz andere Dimension schlüpfte.

Wechseln wir auf dieser Reise zum „Jetzt".

Ich befinde mich in einer neuen Welt, einer sehr realen, sinnlichen, fühlbaren, sichtbaren Welt. Eine Welt, die reich an Farben leuchtet, jedes Teilchen in der Luft reflektiert die Farbtöne eines Regenbogens. Ich habe ein starkes Gefühl von Déjà vu. Ich war schon mal hier. Tatsächlich war ich hier sehr glücklich. Ich weiß nicht, warum ich diesen Ort jemals verlassen musste.

Ich bin in einem Garten. Man könnte es den Garten Eden nennen. Die Natur ist üppig und vielfältig, so satt, so lebendig. Vögel, Insekten und alle anderen Tiere sind freundlich. Hohe Bäume blühen und erheben sich über bunten Blumen und wilde Gewächse, die ihre Schönheit und ihren Duft zu unserer Freude entfalten.

Es sind viele von uns hier, aber nicht die Menschen, wie man sie kennt, sondern eine Art von Wesen. Diese Menschen scheinen vollkommen zufrieden zu sein. Ich nehme keine Dualität, keine Negativität, kein Unglück wahr. Diese Menschen scheinen jenseits des Egos zu existieren. Sie sind in einem Zustand der Einheit zwischen Geist und Körper. Einheit mit allem und jedem und der Natur.

Ihre Herzen sind voller Freude. Sie haben eine Art „inneren Glanz", eine Anmut, die übermenschlich zu sein scheint. Ich wage nicht, göttlich zu sagen, aus Angst zu religiös zu klingen, aber ich meine es im Sinne einer Einheit zwischen dem Schöpfer und der Schöpfung. Sie sind beides gleichzeitig. Sie lächeln, wirken unschuldig und simpel. Ihre Welt ist spielerisch, ganz ohne Mühsal.

Ich laufe umher, staune über die Möglichkeit, dass eine solche Welt existiert, und weiß doch irgendwie, dass es immer so war. Denn ich bin eine von ihnen. Tief in meinem Herzen weiß ich, dass ich hierhergehöre, dass ich schon früher hier war, vor langer Zeit. Ich komme nach Hause. Das ist meine Familie. Das hier ist mein Heiligtum meine Heilung, mein Shambhala.

Es ist eine Offenbarung des tantrischen Lebensstils, der keine Trennung zwischen Körper und Seele, dem Göttlichen und dem Gewöhnlichen, dem Spirituellen und dem Materiellen vornimmt. Er vermittelt ein totales Ja zum Leben in all seinen Facetten.

Nach langem Aufenthalt im „Garten" scheine ich für eine Weile ins Nirgendwo zu verschwinden, fast wie beim Schlafen. Dann, als ich aufwache, noch high von der LSD-Reise, befinde ich mich auf Asat Mitras Schoß.

Er sitzt ganz still, in der YabYum-Position, die Beine gekreuzt in Halblotushaltung, wobei ich auf seinen Oberschenkeln ruhe, meine Beine um seine Taille. Es ist alles in Ordnung, außer, dass in meiner Vagina, meiner Yoni, ein „Besucher" zu sein scheint. Ich konzentriere mich und merke, dass sein Penis in meinem Körper ist. Es fühlt sich ziemlich interessant an, aber irgendwie losgelöst von meiner momentanen Situation.

Ich habe das Gefühl, dass da etwas ist, was nicht da sein sollte, wie ein nicht eingeladener Gast, der auf einer Party auftaucht. Wie gehe ich mit dieser Situation um?

Was macht er hier? Auch wenn ich high bin, bin ich mir bewusst, dass es an mir liegt, wie ich diese Situation handhabe: mitmachen, es akzeptieren oder mich zurückziehen. Ich schließe die Augen, aber bevor ich etwas entscheiden kann, öffnet sich eine neue Dimension.

Fraktale von Gefühlszuständen präsentieren sich in rascher Folge: Frauen werden missbraucht und vergewaltigt. Bin ich das jetzt? Werde ich vergewaltigt?

„Nicht wirklich", kommt meine eigene Antwort. „Es tut nicht weh."

Aber, muss es wehtun, um eine Vergewaltigung zu sein? Schließlich hat mich niemand gefragt.

Ich werde ergriffen von der traurigen Erkenntnis, dass es in unserer menschlichen Welt unmöglich scheint, sich der Vollkommenheit von Shambhala hinzugeben, ohne dass irgendein Perversling die Situation ausnutzt. Oder ist das vielleicht eine Art tantrische Initiationszeremonie?

Vielleicht kann ich meine Aufmerksamkeit nach unten in mein Geschlecht konzentrieren und mich amüsieren, allerdings reagiert mein Körper nicht wirklich auf dieses Objekt in mir. Es fühlt sich fremd und unbelebt an wie ein kalter Fisch, der bewegungslos in einem Aquarium herumschwimmt.

Ja, ich sehe ein Aquarium da unten. Es gibt viele Fische in meinem Aquarium, die herumschwimmen und warten. Jetzt verwandeln sie sich in Penisse mit Kiemen, kleine, lange, große – alle schwimmen in diesem Aquarium in meiner Vagina.

In diesem Moment identifiziere ich mich völlig mit der Vision dieses Aquariums. Ich beobachte diese Penisse, die gemächlich schweben und kaum ihre Kiemen bewegen. Es ist so überraschend und unerwartet, dass ich noch ein zweites Mal hinsehen muss und plötzlich ist diese Vision wirklich, wirklich lustig. Es ist urkomisch!

Unerwartet breche ich in Gelächter aus, das anschwillt und so überwältigend wird, dass es mich schüttelt und mein ganzer Körper bebt. Das Lachen wird noch intensiver, wenn ich den verwirrten Ausdruck meines Besuchers sehe, dessen kleiner Fisch jetzt aus mir herausrutscht. Zweifellos wird das Aquarium zu stark erschüttert, als dass seine Fische in Ruhe herumschwimmen könnten.

Asat Mitras Mundwinkel verziehen sich zu einem künstlichen Lächeln und er entfernt sich langsam aus dem Raum. Ich bin wieder allein und immer noch auf dem Trip. Glücklicherweise bin ich weiterhin von der Schönheit meiner Shambhala-Erfahrung durchdrungen, von der Dankbarkeit und der Erkenntnis, dass es einen solchen Ort gibt, dass ich dorthin gehöre, dass es meine Mission ist, ihn wieder zu entdecken und „nach Hause“ zurückzukehren.

Und nun zurück zur Vergangenheitsform.

Als ich aus dem LSD-Trip erwachte, befand ich mich wieder im Wohnzimmer von Asat Mitra. Wie zu erwarten war ich leicht verwirrt und erholte mich langsam von der Intensität der Erfahrung.

Mein Gastgeber war höflich und sachlich. Ich war nicht sicher, ob der „penetrierende Besuch" seines Penis-Fisches nur Bestandteil meiner Vision war, also verlor ich kein Wort darüber. Als ich mich letztendlich bereit fühlte, brachte er mich zu einem Taxi und wir vereinbarten, dass ich bald wiederkommen würde.

Zu Hause gönnte ich mir ein heißes Reinigungsbad und zehn Stunden erholsamen Schlaf. Kaum aufgewacht trank ich literweise Wasser und nahm, wie von Leary empfohlen, eine Extra Dosis Vitamin C zu mir, damit sich der Körper von dem enormen Energieverlust erholen konnte. Ich fühlte mich glücklich und erfrischt und reservierte mir den nächsten Tag, um noch einmal über das Erlebte nachzudenken und darüber zu schreiben.

Ich hatte meine Reise dem Ziel gewidmet, ein tieferes Verständnis der Bedeutung des Tantra zu erlangen, nicht nur für mich – sondern für alle Wesen.

Es fühlte sich an, als hätte ich einen Initiationsritus in die Welt des Tantra durchlaufen, welches für mich zwei Dimensionen hatte, eine alte und eine neue. Asat Mitras ungebetenen Besuch meiner Yoni sah ich als Teil des „alten Tantra", das von Männern geschrieben worden war, die nach jungen Partnerinnen suchten, vorzugsweise Jungfrauen, mit denen sie ihren Geist und Körper verjüngen konnten.

In diesem alten Paradigma waren Frauen nur Objekte, aber es gab noch eine andere Dimension, ein neues Tantra, in dem auch Frauen ihr Recht auf ekstatische Erfahrungen geltend machen konnten.

Ich dachte über meine Vision von Shambhala nach. Es schien mir, dass ich in einem früheren Leben dort gewesen sein muss, oder vielleicht war es eine Botschaft aus dem Jenseits, um mir zu zeigen, dass eine solche Lebensweise durch Meditation und spirituelle Praxis, so wie die Lehre des Tantra, durchaus möglich ist. Erst viel später wurde mir klar, dass ich versuchte, das Shambhala-Erlebnis in jeder meiner Tantra-Gruppen nachzubilden. Ich wollte den Menschen den Raum geben, Unschuld und Harmonie zu finden, indem sie ihre Herzen füreinander öffneten.

Als ich meinen „normalen" Geisteszustand wiedererlangte, wurde mir klar, dass Asat mich tatsächlich irgendwann auf meiner LSD-Reise besucht hatte, obwohl er versprochen hatte, in seinem Zimmer zu bleiben. Stattdessen ist er sexuell in mich eingedrungen. Doch da mein Bewusstseinszustand verändert war, konnte mein Verstand diesem Besuch keine „Bedeutung" zuordnen. Für mich war alles nur eine Abfolge farbiger Fraktale, gefolgt von unerwarteten Visionen von Fischen. Es gab in diesem Moment keine Vergangenheit, keine Zukunft, keine Rebellion, kein Urteil. Seltsam war auch, dass ich jetzt erst erkennen konnte, was tatsächlich abgelaufen war.

Heute würde man diesen Vertrauensmissbrauch als Vergewaltigung bezeichnen. Da ich auf einem LSD-Trip war, fühlte sich der sexuelle Akt auf sensorischer Ebene fast neutral an. Nicht akzeptabel war, dass mich niemand um Erlaubnis gebeten hatte. Angenehm oder nicht, der Sex war nicht im gegenseitigen Einvernehmen geschehen.

Ich habe diesen Punkt sorgfältig bedacht. Nichts hätte die Angelegenheit ungeschehen gemacht. Hätte ich einen großen emotionalen Wirbel mit Schuldzuweisungen veranstaltet, dann hätte dies nur das Gefühl für die Schönheit meiner LSD-Reise herabgesetzt. In Wahrheit war ich durch die Meditation in der Lage, mit der Situation Frieden zu schließen und Asat Mitra in die Kategorie „Schurke" einzuordnen. Ich besuchte ihn nie wieder.

Wenn ich zurückblicke, konnte ich ein Verhaltensmuster feststellen. Wenn sich jemand als Betrüger herausstellte, neige ich dazu, diesen aus meinem Leben auszuschließen, während ich das Problem in Angriff nahm. Funktionierte das nicht, entschied ich mich für den Weg der Konfrontation.

Dies war der Beginn eines langsam aufkeimenden Gefahrenbewusstseins auf vielen Ebenen. Ich wusste jetzt, aus eigener Erfahrung, dass eines der schönen Geschenke von LSD darin besteht, dass es

Menschen unschuldig, kindlich, verletzlich und ungemein beeinflussbar macht. Genau dieser Aspekt öffnet aber auch die Tür für Manipulation, Kontrolle und Ausbeutung. Asats Verrat an seiner Rolle als Beschützer, seine ungebetene sexuelle Intervention, hätte meinen Trip in einen hässlichen Albtraum verwandeln können, wäre da nicht die rechtzeitige Rettung durch die lustigen Penis-Fische gewesen.

Ich war in einer verwundbaren Position. Er nutzte diese aus. Das ist es, was bei Date-Vergewaltigungen passiert. Ein solcher Missbrauch kann sehr gefährlich sein. Ich habe Glück gehabt, dass neben der Penetration keine körperliche Gewalt stattgefunden hat.

Heute würde ich anders handeln. Ich würde sicherstellen, dass ich den Tripführer gut kenne und der Person absolut vertrauen kann, und möglicherweise würde ich eine solche Reise in Anwesenheit von „Mitreisenden“ unternehmen.

Trotzdem schätze ich mich glücklich. Durch meine sorgfältige Auseinandersetzung mit dem Vorfall und der Anerkennung der möglichen schmerzhaften Folgen eines solchen missbräuchlichen Ereignisses hinterließ meine Erfahrung keine tiefe Wunde. Damals wurde ich durch die komischen Visionen der Penisfische und dem daraus resultierenden Lachanfall aus der Situation mit Asat Mitra errettet. Wie Sie feststellen werden, bietet dieses Buch viele Möglichkeiten, von traumatischen sexuellen Erfahrungen geheilt zu werden, denn dieses Thema liegt mir am Herzen. Eine der mächtigsten Heilungen fand in der Geschichte von Kapitel acht statt.

Diese Vergewaltigung bei einem Date markierte auch den Beginn meines Verständnisses, wie Tantra als Weg zur Glückseligkeit angenommen oder umgekehrt missbraucht werden kann. Es kann ein heiliger Weg zu höherem Bewusstsein sein oder als billige „spirituelle“ Strategie benutzt werden, um junge Frauen zum Sex zu verführen: „Lass mich dich in das Tantra einführen, Baby.“

Diese beiden Optionen und alle Grautöne dazwischen sind ein charakteristisches Merkmal des Tantra seit seiner Einführung in die westliche Welt.

Doch die Geschichte meines LSD-Abenteuers war noch nicht vorbei. Nach einem Besuch in den Vereinigten Staaten kehrte ich nach Paris zurück und begann eine Karriere als Journalistin. Bald war ich erfolgreich als Freelancerin für mehrere internationale Zeitschriften tätig.

Wenn wir zwei Jahre bis 1969 vorspulen, finden wir diese junge Frau in New York wieder, diesmal für Paris Match schreibend, der beliebten französischen Illustrierten. Der Direktor des New Yorker Büros des Magazins hatte einen zweisprachigen Journalisten gesucht, der sich in Französisch und Englisch ausdrücken konnte.

Nachdem ich einige Monate für das Magazin gearbeitet hatte, fühlte ich mich durch die Tendenz des Pariser Büros, meine Artikel stark zu kürzen, sehr verunsichert.

Ich musste etwas Substanzielleres für mich finden. Mit Begeisterung und einem Gespür für neue Trends machte ich das obere Management auf mich aufmerksam und schlug mich als Direktorin einer neuen Abteilung vor, die sich der amerikanischen Gegenkultur widmen sollte: der Flower-Power-Revolution.

Tatsächlich bekam ich meine eigene „Abteilung" und wurde ab sofort dafür bezahlt, um den außergewöhnlichsten kulturellen Durchbruch des Jahrhunderts zu erkunden. Ein Traum wurde wahr. Mein erstes großes Happening war die Woodstock Music and Art Fair, die vom 15. bis 18. August 1969 auf einer Milchfarm im Hinterland von New York stattfand.

Einer der Initiatoren, Michael Laing, organisierte mir einen Presseausweis und einen Stehplatz direkt vor der Bühne. Was geschah, ist Geschichte: Das Festival, mit dem man maximal 200.000 Teilnehmer anziehen wollte, brachte mehr als 400.000 begeisterte junge Menschen auf Max Yasgurs Farm in den Catskills. Das ganze Feld und der Hügel waren zugeparkt. Eine ganze Stadt schoss in wenigen Stunden in die Höhe.

Es war gigantisch. Stoßstangenverkehr. Kein Weg rein, kein Weg raus. Es war ein Ereignis, das den Veranstaltern eher passierte, als dass es organisiert worden wäre. All die jungen Menschen, die so glücklich und bunt aussahen mit ihren langen Haaren, Batikhemden und Schlaghosen, zeigten der Welt, dass etwas Neues und unglaublich Spannendes geschah. Sie veränderten die Kulturen und Werte der Welt.

Sie zeigten, dass es möglich war, in liebevoller, fürsorglicher Atmosphäre zusammen zu sein, fernab der ständigen Sorge um Regeln, Polizei, Genehmigungen und so weiter. Man konnte den Kampf gegen den Mainstream einstellen und stattdessen eine Flut von freudigen Vibes erzeugen, von denen jeder mitgerissen wurde.

Am Nachmittag des ersten Tages schnappten Michael Laing und seine Freunde sich einen Lautsprecher und baten um eine Schweigeminute und einen Segen für das Ereignis in Form des Klangs „Om".

Spontan standen alle auf, nahmen die Hand ihres Nachbarn und begannen einen Kreis zu bilden, einen immer größer werdenden Kreis, der sich immer weiter ausdehnte bis jenseits des Hügels und schließlich bis zu den Grenzen des Festivalgeländes.

Ich fühlte mich wie eine Teilnehmerin, nicht wie eine journalistische Beobachterin. Ich hatte meine Kleider im Auto verstaut und war nackt bis auf einen hauchdünnen Sarong, den ich um meinen Körper drapierte und im Nacken band. Ich hatte nichts anzuziehen, nichts, wo ich hingehen konnte, keinen Platz zum Schlafen, und doch war ich absolut glücklich.

Dieses kollektive Om war ein heiliger Moment. Mein Herz floss über. Tränen der Dankbarkeit strömten über meine Wangen. Jetzt, in diesem Moment, in dem der Klang von Om unsere Seelen vereinte, waren wir eins. Was für eine Ehre, daran teilzunehmen.

Als ich dort stand und die Hände meiner Nachbarn hielt, beschloss ich an Ort und Stelle, Europa zu verlassen und aus seiner alten Geschichte und arroganten Kultur auszusteigen. Stattdessen beschloss ich, mich völlig auf diese brandneue amerikanische Gegenkultur einzulassen. Sie fühlte sich frisch, unschuldig und bewusstseinserweiternd an. Alles konnte ausprobiert und erforscht werden.

Kapitel 3

Das Konzert begann, und die musikalische Besetzung war atemberaubend: Richie Havens, Jefferson Airplane, Joan Baez, The Who, Janis Joplin, Carlos Santana, Jimi Hendrix. Die Liste der Bands und Sänger ist bis heute legendär.

Während die Musik spielte, wartete ich auf Philippe, einen professionellen Fotografen, der aus Paris geschickt worden war, um über das Festival zu berichten. Schließlich fand ich ein Telefon und konnte ihn kontaktieren. Er war zu spät.

„Was ist los?“, fragte ich.

„Ich kann nicht kommen“, sagte er. „Auf der einzigen Straße, die zum Festival führt, stauen sich die Autos auf drei Meilen. Niemand kommt mehr rein oder raus. Ich habe versucht, einen Hubschrauber zu bekommen, aber das ist chancenlos, denn jede Zeitschrift auf dem Planeten versucht gerade das Gleiche! Wo soll ich Sie treffen? Wie wäre es irgendwo außerhalb des Festivals?“

„Ich gehe nirgendwo hin“, erklärte ich ihm. „Ich stecke auf der Happening-Seite fest! Wenn Sie es schaffen, hierherzukommen, gehen Sie zum Pressebüro und lassen Sie sich akkreditieren. Es ist der Wohnwagen auf halbem Weg den Hügel hinauf, links neben der Bühne, ich habe dem Team dort Ihren Namen gegeben. Kommen Sie zur Stehtribüne vor der Bühne. Ich trage einen leuchtend gelben Sarong und habe ein Tonbandgerät auf meiner Schulter. Viel Glück!“

Ich habe Philippe bis zum Ende des Festivals nicht gesehen, aber er hat es geschafft, einige sensationelle Fotos zu machen. Mich daran erinnernd, dass ich Journalistin war, die Informationen sammeln und einen Artikel schreiben sollte, wanderte ich den Hügel hinauf zu einem großen Zelt, das von der Hog Farm aufgestellt worden war. Das war ein New-Age-Stamm von etwa achtzig Menschen, die zusammen lebten und reisten, meist in großen Bussen, die mit bunten, psychedelischen Airbrushprints bemalt waren.

Ich wurde Wavy Gravy, alias Hugh Romney, dem Anführer des Stammes und nüchternen Friedensaktivisten, vorgestellt. Ich erfuhr, dass er in seiner langen Karriere verschiedene Inkarnationen als Radiomoderator, Nachrichtensprecher, Group-Leader und Community-

Leiter durchlaufen hatte. Hier beim Woodstock-Festival war er zum „Sicherheitschef“ ernannt worden.

Er hat einen hervorragenden Job gemacht. Jeder weiß, dass Wavy und die Hog-Leute die Lage in Woodstock gerettet haben, indem sie eine kostenlose Küche aufgebaut haben und die Menschenmengen mit Essen versorgt haben, als es unmöglich war, das Gelände zu betreten oder zu verlassen.

Spät am Freitagabend schlief ich in einer Ecke des Hog Zeltes auf einem Teppich, und Wavy hatte sogar eine zusätzliche Decke für mich organisiert.

Den nächsten Tag verbrachte ich zwischen der Bühne und dem Hog-Farm-Zelt. Die Musik war sensationell. Ich interviewte viele Leute. Jeder wollte das Eintreten in ein Zeitalter der Liebe und Freiheit feiern. Ich fühlte mich, als wäre ich ein Teil davon, und genoss das Gefühl, dass wir zu denen gehören, die vielleicht „die Welt verändern“.

Sollte dieses Festival zu einem gigantischen Shambhala werden? War meine Acid-Reise eine Vorahnung gewesen? Waren wir jetzt in eine tantrische Welt der Liebe und Harmonie ohne Ende eingetreten?

Kurze Zeit später bat mich Wavy Gravy, in den Zelten zu helfen, die für Menschen mit schlechten LSD-Trips vorgesehen waren. Die Leute kamen in Scharen zu diesen Zelten. Die Hauptursache schien das „braune Acid“ zu sein, dessen Träger braunes Löschpapier war.

Wavy musste auf die Bühne gehen und die Leute warnen. Zuerst vermutete man, dass dieses braune Acid mit schlechtem Stoff versetzt war, später erfuhr ich, dass einfach zu tiefe Züge gemacht wurden. Junge Leute, die zum ersten Mal LSD rauchten, halluzinierten wie verrückt und flippten aus. Ich half so gut ich konnte. Es war wie in einem Hieronymus-Bosch-Gemälde: Menschen klagend und jammernd mit Wahnvorstellungen, in denen sie grün und lila wurden, ihr Alter veränderten oder in eine andere Zeit oder Inkarnation versetzt wurden. Die wussten weder wer noch wo sie waren, überall sahen sie schreckliche Fratzen, Monster und Teufel – sogar in ihrem eigenen Gesicht.

Kapitel 3

Eine junge Frau Anfang zwanzig, völlig zerzaust, kam in das Zelt, völlig verloren in der Unterwelt ihrer eigenen privaten Hölle. Wavy bat mich zu helfen, also hielt ich ihre Hand und schaute ihr in die Augen, aber sie nahm mich nicht einmal wahr. Sie sah nur ihren persönlichen Film vor ihrem inneren Auge ablaufen.

Sie murmelte: „Du kannst mich jetzt nicht verlassen. Du kannst mich jetzt nicht verlassen."

Konfrontiert mit ihrer Wahnvorstellung erinnerte ich mich daran, was der geniale Psychiater Ronald Laing, den ich in London getroffen hatte, zu mir gesagt hatte: „Man muss tief in die Welt einer psychisch gestörten Person eindringen und sich mit ihr zusammen dort ihrer privaten Hölle stellen."

„Handle und rede wie einer von ihnen", hatte er geraten. „Sei einer von ihnen. Werde Teil ihrer Welt."

Dr. Laing vertrat die Meinung, dass sein Ansatz weitaus besser wäre, als die Verabreichung von Medikamenten. Also begleitete ich diese verwirrte Frau in ihren Alptraum.

Ich hielt sie fest und sprach ständig mit ihr, beruhigend und mit ihren eigenen Worten: „Ich bin für dich da. Du bist diejenige, die mich verlässt. Bitte lass mich nicht allein", und so weiter. Ich wiederholte ihre Klagen, so als verhielte es sich genau umgekehrt, als ob sie diejenige wäre, die all diese Handlungen ausgeführt hätte, die ihre Trauer verursachten.

Langsam schien dieses Vorgehen zu funktionieren. Meine Reaktion verblüffte sie dermaßen, dass sie aufhörte, um den abwesenden Partner zu trauern, und stattdessen versuchte, all das, was mit ihr hier und jetzt in diesem Zelt passierte, zu verstehen.

Dies war der Beginn ihrer Heilung.

Unglaublich! Wer kann schon sagen, wer wirklich verblendet ist und wer von uns in dieser verrückten Welt eingeschränkt oder gesund ist?

Schließlich konnte ich die junge Frau wieder in die Menge entlassen. Als ich aus dem Zelt trat, sah ich die vielen Menschen, und erst jetzt wurde mir klar, wie idealistisch und blind ich gewesen war. Ich hatte die gute Stimmung des Festivals als natürlichen Ausdruck der Vollkommenheit der menschlichen Natur interpretiert, in der Vorstellung, dass die Menschen, wenn sie in der Natur allein gelassen werden, um unter freiem Himmel zur Musik zu grooven, auf natürliche Weise high werden würden.

Obwohl ich schockiert war von den Szenen in den Bad-Trip-Zelten, muss man einräumen, dass nur ein kleiner Prozentsatz der Festivalbesucher diese vernichtenden Visionen hatte.

Es gab Verwirrung und Chaos, als die Organisation unter dem Druck so vieler Menschen zusammenbrach, aber es gab keine Kämpfe, keine Verbrechen, keine Verhaftungen, keine Polizei. Stoned oder nicht. Woodstock hat der Welt gezeigt, wie Liebe aussehen kann.

Was ich gelernt habe

Nach Woodstock fragte ich mich: Ist es möglich, eine harmonische Gesellschaft, ohne die Hilfe von Drogen zu schaffen? Mir wurde klar, dass Drogen tückisch sind oder zur Gefahr werden können.

Es ist ein seltsamer Zufall, dass nur wenige Tage vor Beginn des Woodstock-Festivals an der Ostküste eine Reihe makabrer Morde die Westküste Amerikas erschütterte. Es sollte noch weitere Monate dauern, bis Charles Manson und seinen Schülern wegen dieser Verbrechen der Prozess gemacht wurde, und es sollte sich zeigen, dass Manson LSD benutzte, um seine jungen Anhänger irrezuleiten und gefügig zu machen. Manson war bei weitem nicht der Erste, der LSD als Köder benutzte, um andere unter Kontrolle zu bringen. Die Droge war in den Fünfzigern und frühen sechziger Jahren von der CIA gründlich erforscht worden.

Laut einem Kongressbericht des Church Committee von 1975 führte man heimlich Experimente zur „Gedankenkontrolle“ an mehr als dreißig Universitäten und Institutionen durch. Unter dem Code-

Namen Project MKUltra wurde die Droge Hunderten von Probanden verabreicht, oftmals ohne ihr Wissen, manchmal in schädlich hohen Dosen.

Am Ende dieses speziellen Kapitels blieben gemischte Gefühle. LSD hatte sich als Denkanstoß und Mittel zum Zweck, um verborgene Dimensionen zu entdecken, erwiesen. Das Problem von LSD und jeder anderen Droge bleibt der Mensch. Es ist schwierig, Gelegenheiten zu finden, in denen man sich so sehr entspannen kann, oder Menschen zu finden, die unser volles Vertrauen genießen.

So gesehen gestalten sich die Möglichkeiten des Missbrauchs vielfältig. Durch die Episode mit Asat Mitra wurde ein tiefsitzender Glaube in mir gesät, dass man Männern nicht trauen kann. Es dauerte lange, bis ich mich daran erinnerte, dass ich die Quelle dieses Vorurteils war und ich es ändern konnte. Es lag an mir. Es hängt alles von der Linse ab, durch die wir die Realität betrachten.

Das letztendliche Resümee meiner Drogenerfahrungen war, dass ich herausfinden wollte, ob ich diese erweiterten Bewusstseinszustände auf natürliche Weise erreichen konnte.

So machte ich mich daran, verschiedene Methoden der Selbsterforschung auszuprobieren, und ließ in meinem Bestreben, Shambhala wieder zu entdecken und neu zu erschaffen, nicht nach.

Im Grunde war dies aber auch der Auslöser, der mich dazu veranlasste, mein Love and Ecstasy Training[6] zu entwickeln, welches in Kapitel zehn ausführlich beschrieben wird.

Ich wollte neue Wege finden, um sexuelle Traumata zu heilen. Über die radikalste und tiefgreifendste Methode, die ich entdeckte, lesen Sie in Kapitel acht. Sie wurde zum ersten einwöchigen Zyklus des Love and Ecstasy Trainings. Ich glaube, dass es für uns alle wichtig ist, „unser Souterrain zu reinigen", uns mit dem durch sexuellen Missbrauch hinterlassenen Trauma zu konfrontieren und es freizusetzen. Ich bin fest davon überzeugt, dass dies möglich ist, wenn man die

---

[6] Siehe www.skydancingtantra.org.

freigesetzte traumatische Erinnerung mit freudigen und ekstatischen Zuständen in Einklang bringt.

Das ist die gute Nachricht. Ich habe mit Tausenden von Frauen gearbeitet, die Opfer von sexuellen Traumata geworden sind, und ich habe die Erfahrung gemacht, dass Heilung möglich ist.

Die Praxis: Erkundung natürlicher Highs

Heute konsumiert jeder Zehnte in wohlhabenden Ländern Antidepressiva, die von unseren Ärzten freizügig verschrieben werden. Es ist also in Ordnung, Drogen zu nehmen, um nicht mehr deprimiert zu sein, aber es ist illegal, Drogen zu nehmen, die es uns ermöglichen, ekstatisch zu sein.

Was mich zu der Frage bringt: Wenn es den Menschen erlaubt wäre und sie ermutigt würden, sich ekstatisch zu fühlen, gäbe es dann eine Nachfrage nach Antidepressiva?

In alten hinduistischen Texten, wie dem Rigveda und dem Kamasutra, wurde ein ekstatischer Trank namens Soma gelobt und er war weit verbreitet. Es heißt, dass Leute Soma als Hilfsmittel für alles benutzten, von der Liebe über die Meditation bis hin zum Kampf.

Historiker, Ethnobotaniker[7] und andere Forscher haben sehr unterschiedliche Meinungen über die Inhaltsstoffe von Soma. Eines steht außer Zweifel: Soma war damals sozial akzeptiert und seine Verwendung wurde gefördert. Warum also nicht diese alten Werte übernehmen? Warum nicht nach modernen Formen des Somas in der heutigen Welt suchen?

LSD mag illegal sein, genauso wie Ecstasy, aber es gibt viele Pflanzen, mit denen man veränderte Bewusstseinszustände erforschen

---

[7] Ethnobotanik ist die wissenschaftliche Untersuchung der Beziehung zwischen Pflanzen und Menschen. Eine gute Quelle zu diesem Thema ist: *Plants of the Gods: Their Sacred, Healing, and Hallucinogenic Powers* von Richard Evans Schultes, Albert Hofmann und Christian Rätsch (Rochester, VT: Healing Arts Press, 2001).

kann. Warum nicht die Länder und Kulturen besuchen, in denen solche Pflanzen gebräuchlich sind?

Wenn Sie in einem Land sind, in dem diese Naturdrogen als Sakrament verwendet werden und Sie eine sichere Umgebung für Ihre innere Erforschung geschaffen haben, bitten Sie den Geist der Pflanze, Ihnen die Antwort auf Ihre persönliche Suche zu geben, Ihre Vision zu leiten.

Ich habe es versucht. Es funktioniert. Die Natur ist unser Freund und Heiler. Wir sind nicht dazu geboren, „normal“ zu sein. Es ist nicht unsere ultimative Bestimmung, uns an alltägliche soziale Paradigmen anzupassen. Das sind psychologische Kollektivgefängnisse, die uns in bequemen Illusionen gefangen halten.

Durch das Fernsehen, soziale Medien, Filme, Computerspiele usw. werden wir von der Erfahrung einer höheren Wahrheit abgelenkt.

Wir sind gefangen in der Technosphäre, dem Internetnetz der elektromagnetischen Strahlung, in dem wir unser ökologisches Potenzial vergessen und stattdessen von virtuellen Informationen abhängig werden – und uns einbilden, dass diese Ablenkungen uns glücklich machen werden.

In der Zwischenzeit vergessen wir, dass Glückseligkeit auf natürliche Weise verfügbar ist. Wir vergessen, dass das gesamte Körper-Geist-System eine biologische Fähigkeit zum Vergnügen hat, die auf vielfältige Weise stimuliert werden kann. Wir sind in der Tat ein wandelndes Labor, in dem sich jede Minute Millionen von Chemikalien austauschen.

Vor diesem Hintergrund lade ich Sie ein zu erforschen, wie die in Ihrem eigenen Körper natürlich vorkommenden Drogen Ihre Stimmung beeinflussen können. Aus chemischer Sicht ist Liebemachen zum Beispiel wie der Gang in eine Apotheke, wo man eine „Glückspille“ aus dem Regal nimmt.

Als allgemeiner Motivator fördert Testosteron den Sexualtrieb und die Aggression. Dies ist das Hormon, das Männer suchen, jagen und eindringen lässt. Es ist wichtig für die männliche Libido und bewirkt sexuelle Erregung, kurz gesagt, es turnt Männer an – aber in geringerem Maße tut es dasselbe für Frauen.

Adrenalin setzt ein, wenn eine Verbindung zwischen Mann und Frau hergestellt ist und der Flirt beginnt. Es erhöht die Herzfrequenz und steigert den Blutfluss. Inzwischen sendet Adrenalin auch Weckrufe, um das Nervensystem und seine Stressreaktion zu aktivieren. Jetzt gerät Ihr ganzer Körper in Aufruhr: Sie fangen an zu schwitzen, Ihr Herz rast und Ihr Mund wird trocken – Nebeneffekte, die unsere oft praktizierte Strategie, „einen auf cool zu machen“, etwas schwierig gestalten.

In diesem Stadium verlieben Sie sich vielleicht. Wenn Sie dies tun, werden hohe Mengen des Neurotransmitters Dopamin in Ihrem Gehirn freigesetzt, was zu einem intensiven Glücksrausch führt. Forscher sagen, dass er eine ähnliche Wirkung auf das Gehirn hat wie Morphium, da Endorphine wie z. B. Dopamin an Opiatrezeptoren andocken, wodurch Schmerzen reduziert und Glücksgefühle verstärkt werden. Es überrascht nicht, dass dies die Hirnareale unterdrückt, die es uns ermöglichen, rational und logisch zu denken. Deshalb machen zwei verliebte Menschen oft auf andere einen verrückten Eindruck. Das Paar kann nicht klar denken – Liebe macht blind.

Der Energielevel ist erhöht und es besteht weniger Bedarf an Schlaf oder Nahrung. Unter Drogen gesetzt durch ihre eigene Gehirnchemie, neigen die Liebenden dazu, ihre Aufmerksamkeit ausschließlich aufeinander zu richten und sich an den kleinsten Details dieser neuen Beziehung zu erfreuen.

Beim Liebesspiel wird Dopamin durch den Neurotransmitter Serotonin ergänzt, der einen Extraschuss an Wohlbefinden und Glück beisteuert, besonders während des Orgasmus. Übrigens enthalten fast alle heute verschriebenen Antidepressiva Serotonin.

Oxytocin ist als „Kuschelhormon“ bekannt und wird im männlichen und weiblichen Körper während des Orgasmus freigesetzt. Es intensiviert die Gefühle der Verbundenheit, die Partner fühlen sich nach dem Sex einander näher, was ihnen hilft, ihre Verteidigungsmechanismen fallen zu lassen und sich gegenseitig zu vertrauen. Einige Ergebnisse deuten darauf hin, dass je mehr Sex ein Paar hat, desto tiefer die Bindung zwischen den beiden wird. Wenn das Liebesspiel zu einer bewussten tantrischen Übung wird, kann es aufgrund all dieser biochemischen Verbindungen, die unseren Geist und Körper durchfluten, die Tür zur Glückseligkeit öffnen.

Wenn wir diese Energie bewusst an das Gehirn, insbesondere an die Zirbeldrüse, zurückleiten, ist es möglich, dieses ekstatische Gefühl in einem ruhigen, freien, friedlichen und erweiterten Meditationszustand zu stabilisieren.

Es gibt eine Welt der natürlichen Substanzen, sowohl in uns als auch außerhalb, die uns auf unserem Weg zur Erleuchtung helfen kann. Mit Verantwortung, Sorgfalt und Intelligenz können wir diese Welt erkunden.

Wenn du Ambrosia nippst,
erhebe dein Glas, schließe die Augen, stoße auf das Universum an. –
Die Sonne und der Mond und die Erde tanzten zusammen,
um dir diese Freude zu bereiten.
Empfange diesen Nektar auf deiner Zunge als Kuss des Göttlichen.[8]

---

[8] Lorin Roche *The Radiance Sutras* (Boulder, Colorado, USA: Sounds True, 2014), Sutra 49

Kapitel 4
Liebe auf den ersten Blick

Es regnete in New York und ich war deprimiert. Nichts in meinem Leben fühlte sich zu diesem Zeitpunkt richtig an. Meine Beziehung zu einem eher zurückhaltenden und selbstbezogenen Psychotherapeuten in Brooklyn hatte traurig geendet. Wir mussten uns eingestehen, dass es keine Liebe mehr zwischen uns gab, nur Bequemlichkeit. Zeit, weiterzuziehen.

Der romantische Traum, den Richtigen zu finden, war ausgeträumt. Es war alles eine Illusion.

Ich war dazu bestimmt, mein Leben allein zu verbringen und mich wieder einmal auf Meditation und spirituelles Erwachen zu konzentrieren.

Mit 28 schien es mir offensichtlich, dass ich in puncto menschlicher Liebe keine Freiheit finden würde. Ich traute den Männern nicht. Sie benutzten mich, oder ich benutzte sie.

Nichts hielt dem Vergleich zu der mystischen Erfahrung meiner ersten Liebesnacht mit Richard stand. Ich genoss den Sex, verband ihn aber mit Abhängigkeit und unerfüllter Sehnsucht. Neunzig Prozent Unzufriedenheit standen zehn Prozent Glück gegenüber.

Noch am selben Tag führte ich zu Hause eine Meditation durch, um den letzten Faden zu durchschneiden, der mich noch auf die eine oder andere Weise in meiner Seele mit der Männerwelt verband. Es schien notwendig, denn in jeder Beziehung war eine besondere Verbindung zwischen unseren Energiezentren geschaffen worden: dem Herzen, dem dritten Auge, dem Sexzentrum usw.

Neben der Energie, die ausgetauscht worden war, wurden Worte, Ideen, Probleme und Träume getauscht. All dies sind Fäden, die nach Ansicht vieler Schamanen beide Partner verbinden – selbst nach einer Trennung.

Denken Sie an die Zeiten, in denen Sie von jemandem besessen waren, ständig an ihn denken mussten, ihn nicht aus Ihrem Kopf bekamen. Nach schamanischer Sichtweise ist dies ein unzerschnittener Energiefaden.

An diesem Morgen stellte ich mir vor, wie jeder der Männer, die ich geliebt hatte, vor mir saß. Ich dankte jedem Einzelnen für die Geschenke, die er mir gemacht hatte, und als es sich vollendet anfühlte, schnitt ich die Verbindungen zwischen jedem unserer Energiezentren, dem Herzen, dem dritten Auge, dem Bauch und dem Geschlecht durch. Ich ließ jeden von ihnen gehen. Einen nach dem anderen, wie ein Vogel im Flug, der sich in den Himmel zurückzieht, ließ ich sie aus meiner inneren Landschaft verschwinden.

Nach dieser Befreiungszeremonie fühlte ich mich leichter und offener für die neuen und unbekannten Dimensionen, die das Leben noch offenbaren könnte. Ich erkannte an, dass ich in Wahrheit nicht genug über die Liebe wusste. So machte ich mich auf zu einer Arica-Meditation, die in der 57. Straße, in der Nähe der Fifth Avenue, abgehalten wurde.

Ich nahm ein Taxi zu der Adresse und fuhr auf einer Rolltreppe, die von einem kobaltblauen Stofftunnel überspannt war, in den ersten Stock. Unsichtbare Lichter leuchteten durch den Stoff und verliehen dem Tunnel einen Hauch von romantischem Geheimnis, als ob man ein Wunderland betreten würde.

Es war John Lilly, der mir von Arica erzählt hatte. Zusammen mit einer Gruppe vom Esalen-Institut in Kalifornien hatte dieser bei einem bolivianischen Mystiker namens Oscar Ichazo eine lange spirituelle Ausbildung in Südamerika absolviert. Ichazo nannte seine Schule Arica, nach der gleichnamigen Stadt in Chile, wo seine Erstausbildung stattgefunden hatte. Ichazo war nach New York umgezogen und ich hatte begonnen zu recherchieren. So war dies mein zweiter Besuch.

Der Flur mündete in einem modernen großen Raum, der mit Teppichen ausgelegt war. Pastellfarben und das gedämpfte Licht der indirekten Beleuchtung ließen diesen elegant, aber auch anheimelnd wirken. Obwohl ca. fünfzig Menschen auf Meditationskissen auf dem Boden versammelt waren, hatte das Ambiente Zen-Anklänge.

Ich setzte mich auf ein unbesetztes Zafu[9], brachte meine Beine in eine Halblotushaltung, holte tief Luft und entspannte mich. Ich hatte es gerade noch rechtzeitig geschafft. In wenigen Sekunden würde das Licht gedimmt werden. Ich sah mich kurz um, erkundete den Ort und die Gesichter und erdete mich.

Plötzlich verschmolz mein Blick mit dem eines dunkelhäutigen Mannes. Seine Blicke schienen sich in meine zu bohren. Es waren dunkle, braune Augen in einem kraftvollen Gesicht mit hohen Wangenknochen, feinen äthiopischen Gesichtszügen und einer schmalen Nase über einem markanten Kinn. Die hohe Stirn war von dicken schwarzen Haaren umrahmt.

Er war zweifellos ein gutaussehender Mann, aber es waren seine Augen, die bis tief in meine Seele vordrangen. In meinem Herzen wusste ich, dass er dasselbe empfand. Es war Liebe auf den ersten Blick, als hätte uns ein Blitz getroffen, genau wie bei meinem ersten Treffen mit Jakov in Paris, nur mit doppelter Intensität.

Die Lichter gingen aus. Die Meditation begann, aber ich bekam dieses Gesicht nicht aus meinem Kopf. Meine innere Stimme erinnerte mich leise daran, dass ich mich gerade noch dazu entschlossen hatte, die Männer loszulassen.

Wenige Stunden später erlebte ich eine regelrechte Liebesattacke, sogar im Dunkeln. Die pure Anwesenheit dieses Mannes ließ mich jegliche Vernunft vergessen. Es gab nichts, was ich dagegen tun konnte. Die Stimmen wüteten in mir. Eine sehr strenge sagte: „Es wird das gleiche wie jedes Mal passieren. Du mit deinen Erwartungen, Hoffnungen und Träumen. Du lässt dich wieder einwickeln.“

---

[9] Ein rundes mit Kapok gefülltes Meditationskissen aus reiner Baumwolle.

„Diesmal ist alles anders“, sagte eine andere Stimme. „Ich weiß, dass das Gefühl auf Gegenseitigkeit beruht. Er fühlt es auch. Warum also nicht sehen, wohin das Ganze führt?“

„Nirgendwohin, wie immer. Es ist nur eine weitere Affäre, ein Nervenkitzel, ein schneller Orgasmus, dann bricht die Realität über dich herein und du wirst wieder enttäuscht.“

„Komm schon, sei nicht so zynisch!“, haderte ich mit mir.

Es dauerte lange, bis ich mein Zentrum fand. Ich hasste diese übertrieben romantische schwärmerische Ader in mir, aber ich schien nicht in der Lage zu sein, sie zu unterdrücken.

Als die Lichter 45 Minuten später wieder angingen, standen die Menschen langsam auf, streckten sich und begannen Kontakte zu knüpfen. Ich tat es ihnen nach, scheinbar willkürlich, aber ich verlor den Mann mit dem hypnotischen Blick nicht aus den Augen.

Würden wir uns treffen? Ich bemerkte, dass wir uns in getrennten Kreisen bewegten, aber so, dass sich unsere Bahnen schließlich überschneiden mussten. Zentimeter um Zentimeter bewegten wir uns auf den Punkt unserer Begegnung zu.

Dann stand er vor mir. „Hallo“, sagte er. „Ich bin Miles.“

„Ich bin Elise“, antwortete ich, das war damals mein Spitzname.

Er hatte einen starken Händedruck und er war groß. Ich musste hochblicken, um ihn anzusehen. Eine Seltenheit für mich, da ich selbst nicht gerade klein bin. Er war gut gebaut und strahlte Selbstsicherheit und Stärke aus. Seine Augen schienen direkt in meine Seele zu lächeln.

Er kam näher und mir fiel sofort seine lässige Eleganz auf. Als ich in seine Augen schaute, fühlte ich mich entblößt, sprachlos. Ich stand da wie angewurzelt. Miles rettete mich charmant aus meinem hilflosen Zustand.

„Willst du dich uns heute Abend anschließen?“, fragte er und zeigte auf eine kleine Gruppe von Leuten in der Nähe. „Ich habe ein paar Freunde zu einer kleinen Party eingeladen.“

„Ja, gerne“, erwiderte ich.

Kapitel 4

Miles lebte an der Upper West Side in einer großen Erdgeschoßwohnung, deren Keller zu einem Tonstudio umgebaut worden war. Er war Musiker und Performer. Sein Atelier war voller Musikinstrumente: ein großes Klavier, ein Schlagzeug, Djemben, Saxofone, Keyboards und Computer. Dahinter befand sich ein weiterer Raum mit Kameras, Stativen und Leuchttischen. Wie ich bald erfahren sollte, war Miles auch Amateurfotograf. Später am Abend bezeichnete er sich selbst als „Bilderjäger“. Tatsächlich zierten die Wände seiner eleganten Wohnung Fotos von exotischen Landschaften und Gesichtern.

Der Abend verging wie im Flug. Miles erzählte mir, dass die New Yorker Schule kaum ein Jahr alt sei, schnell expandiere und häufig neue Programme auflege. Zu meiner geheimen Enttäuschung sagte Miles, dass er sich mehr für Musik als für stille Meditation interessiere. Er hatte nicht vor, an den Arica-Programmen teilzunehmen, obwohl er dort viele Freunde hatte und manchmal in der Schule Musik machte.

Dann sprach ein anderer schwarzafrikanischer Mann über eine Jazzband, die in einem Club in der Innenstadt auftreten sollte.

„Sollen wir hingehen?“, fragte er mich.

Ich mochte die Art und Weise, wie er mich in seine Pläne einbezog und gleich zu einem Teil seines Lebens machte.

Wir begannen uns häufig zu sehen. Er war optimistisch und überschwänglich, mit einem jungenhaften, humorvollen Charme, der ihm eine gewisse Popularität einbrachte. Er war Mitglied der Jazzband „Mockingbird“, die in verschiedenen Cafés in New York auftrat. Wenn er spielte, dann war er unglaublich sexy. Winzige Explosionen entluden sich dann entlang meiner Wirbelsäule im Rhythmus der Musik. Es war wie ein Liebesspiel. Ich wollte ihn – hier und jetzt. In seiner Gesellschaft fühlte ich mich beschützt, weiblich, unbefangen. Unsere Energien ergänzten sich perfekt.

Meine Faszination war so stark, dass ich bewusst so neutral und doch so empfänglich wie möglich blieb. Ich würde unter keinen Umständen den ersten Schritt machen.

Kapitel 4

Zwei Wochen später waren wir in seinem Musikstudio unten im Keller. Es wurde spät und ich wollte gerade gehen. Widerwillig ging ich auf die Treppe zu. Sogar nur an einen anderen Ort in der gleichen Stadt zu fahren, erschien mir wie eine herzzerreißende Trennung, aber ich behielt diese Gefühle für mich.

Plötzlich zog mich Miles zu sich, hielt mich fest in seinen Armen und sagte: „Bleib bei mir!"

Ein Sturm widersprüchlicher Gefühle wütete in mir. Eine Kakofonie von Stimmen, die ihre Meinung äußerten.

„Endlich!", sagte die eine.

„Denk nicht mal dran", rief eine andere.

„Aber das ist genau das, was du willst", entgegnete eine dritte.

„Sei nicht zu einfach zu haben, das macht einen billigen Eindruck", mischte sich eine weitere ein.

Am Ende gewann das Herz. So einfach war das. Von diesem Tag an begann ein neues Leben für mich. Ich lernte auf eine neue Weise zu lieben. Ich entdeckte die weibliche Freude an der Hingabe aus dem Herzen heraus.

Es war das erste Mal in meinem Leben, dass ein Mann mich mit seiner Männlichkeit so beeindruckte, dass ich mich in meiner weiblichen Präsenz entspannen konnte. Ich musste nicht das Sagen haben. Ich ließ los und fiel in einen tiefen Brunnen der Liebe. Sexuell gesehen passten Miles und ich perfekt zusammen. Wir waren beide unersättlich.

Es war sicherlich nicht Tantra im eigentlichen Sinn, da es keinen Versuch gab, die Energie auf höhere, meditativere Ebenen zu heben. Es war Leidenschaft und Lust. Genau hier habe ich aber etwas Wichtiges gelernt: Wenn die Leidenschaft dich überwältigt, ist es gut, den ersten Rausch zu genießen, ohne zu versuchen, die Energie einzudämmen und zu kanalisieren. Genießen Sie es einfach! Später, wenn sich das Feuer etwas abgekühlt hat, ist es an der Zeit, tantrische Praktiken einzuführen.

Als Amateurfotograf drückte Miles seine Liebe vor allem auch durch die Kamera aus. Er folgte mir ständig und er machte mir viele Komplimente: „Du bist schön! Zeig mir dein Profil! Lächle! Ich liebe dich, du bist die schönste Frau, die ich je geliebt habe", so ging das den ganzen Tag lang, Tag für Tag.

Er respektierte auch meine Zurückhaltung und bat nie um Nacktbilder. Seine Art, mich „einzufangen", war, mich mein Ding machen zu lassen. Er wollte mein ungekünsteltes Ich.

Zuerst fühlte ich mich bei all dem völlig unwohl. Hinter der Fassade glaubte ich nicht, dass ich etwas Besonderes war – meine Selbstachtung war nicht groß. Ich hatte noch nicht gelernt, mich selbst zu lieben, also tat ich so, als würde ich tun, was die Welt von mir erwartete, und darin war ich gut. Tief im Inneren war ich aber der Überzeugung, dass sich der eigene Wert nur durch Taten und Leistung definiert, definitiv war dies dem Einfluss meines Vaters geschuldet.

Miles bot mir das kostbare Geschenk der Selbstliebe an. Er überschüttete mich mit Zuneigung und Aufmerksamkeit und zeigte mir tausend Reflexionen meines schönen Ichs. Jedes Bild schien zu schreien: „Siehst du? Das bist du! Bist du nicht reizend, unschuldig, verträumt, aristokratisch, sexy? Sieh, wie liebenswert, wertvoll, perfekt du bist."

Die vielen Fotos prägten sich langsam in meine Psyche ein und brachten eine erstaunliche Erkenntnis mit sich: „Nur zu sein, wer ich bin, ist genug. Es besteht keine Notwendigkeit, etwas zu tun, etwas zu beweisen."

Miles ging es darum, ein Bild von Elise festzuhalten, das seine Freude an ihr zum Ausdruck bringen würde. Es war seine Art, den Blick für eine Schönheit zu öffnen, die nicht oberflächlich war, sondern tief in die Seele reichte. Stellen Sie sich mal vor, die ganze Zeit über fotografiert zu werden! Natürlich war ich verkrampft, aber Widerstand zu leisten war zwecklos. Also ließ ich los. Ich akzeptierte es. Ich teilte seine Begeisterung und genoss es, gejagt, geschätzt, geliebt und noch mehr geliebt zu werden.

Kapitel 4

Eines Tages, drei Monate später, als ich allein in unserer Wohnung war, sah ich mich im Spiegel an und hörte eine Stimme flüstern: „Ich liebe dich." Es war meine Stimme. Zum ersten Mal spürte ich diese Anerkennung tief und aufrichtig. Ich fühlte, wie sich ein warmes Glühen der Akzeptanz in meiner Brust ausbreitete. Ja, ich konnte mich selbst lieben, einfach dafür, dass ich bin, wer ich bin. Ich war in Ordnung, so wie ich war.

In diesem Moment, in einem Augenblick der Offenbarung, sah ich sowohl die Schönheit des Woodstock-Festivals als auch den Grund für das Scheitern der Flower-Power-Bewegung. Inspiriert von drogenbedingten Visionen hatten wir geglaubt, dass eine äußere Erklärung von Frieden und Liebe alles war, was nötig sei, um eine soziale Revolution herbeizuführen.

Doch die eigentliche Arbeit war längst noch nicht getan: die harte, oft schmerzhafte Aufgabe, in sich selbst hineinzublicken, als Individuen die Wunden zu heilen, den Schmerz zu lindern, unser Herz zurückzuerobern. Vielleicht war dies der Hauptgrund, warum die Menschen Drogen brauchten – sie beherrschten vieles, doch die Kunst, sich selbst zu lieben, gehörte meist nicht dazu.

An einem glorreichen Montagmorgen im Bett bat mich Miles, „für immer sein" zu sein. Ich wollte „Ja" sagen, aber bevor ich das tat, musste ich noch einer wichtigen Sache auf den Grund gehen.

Ich küsste ihn leidenschaftlich und sagte: „Wow! Warte hier! Ich bin gleich wieder da." Dann rannte ich nach unten in sein Büro und rief einen Freund von mir an, der Anwalt in New York war.

„Hey, Robert", flüsterte ich, „wie lange dauert eine Scheidung in New York und wie viel kostet sie?"

„Zwei Tage und zweihundert Dollar", lautete die Antwort.

Danach ging ich wieder ins Bett, umarmte Miles, schenkte ihm einen innigen Blick und murmelte: „Ja, aber nicht offiziell und nicht New York." Es mag seltsam klingen, aber ich war allergisch gegen den Gedanken, auf eine Weise zu heiraten, bei der eine juristische Person ein Mitspracherecht haben würde. Auch lehnte ich den Status „Ehefrau" ab, da ich die Ehe meiner Eltern vor Augen hatte und diese deshalb mit einem goldenen Käfig gleichsetzte. Es kam mir vor, als ob ich einen Deal mit dem Teufel machen müsste: Ich sollte meinen Freiraum für ein Gefühl von Sicherheit aufgeben, zahllose Kompromisse eingehen und auch noch die endlosen Regeln der High Society befolgen.

Doch bald wurde mir klar, dass mein selbstkonstruiertes Modell des Ehefrauseins vollkommen falsch war, denn ich hatte das wichtigste Element ausgelassen: die Liebe! Die Liebe war die Anziehungskraft, die alles miteinander verband. In einer Liebesbeziehung gab es keine Pflichten, sondern nur Verständnis. Keinen goldenen Käfig, sondern nur die erweiterte Dimension der Gegenseitigkeit.

Miles und ich machten alles gemeinsam. Wir gehörten zusammen. Es war einfach, ihn zu bewundern, ihn zu akzeptieren und als Teil von mir zu begreifen, denn ich wusste ohne jeden Zweifel, dass er mich erwählt hatte und ich diejenige war, die er wollte. Einer Heirat stand also in Wahrheit nichts im Weg.

Unsere gemeinsame Erkundung der New Yorker Musik- und Jazzszene war ein doppelter Bonus. Wir entdeckten nicht nur die Welt des anderen, wir erfuhren auch neue Dimensionen von uns selbst. Ich liebte es, mit anderen schwarzen Musikern zusammen zu sein. Ich beneidete sie um ihre Sinnlichkeit, ihre Fähigkeiten und ihr Talent zur Improvisation; es schien, als spielten sie aus dem Bauch heraus. Vor allem das Saxofon.

Ich ging weiter in die Arica-Schule. Es war nicht Miles Welt. Er hatte versucht zu meditieren, gab es aber schließlich auf.

Ichazos Lehre stütze sich auf zahlreiche spirituelle Traditionen, darunter Buddhismus, Sufi-Tantrismus und griechische Philosophie. Das dreimonatige Training, das in Chile begonnen hatte, war zu vierzig Tagen zusammengefasst worden, und ich meldete mich dafür an.

Das Training lehrte uns die Einheit von Körper, Herz und Geist, so dass alle menschlichen Energien gesammelt werden konnten, um das zu erwecken, was Oscar den „spirituellen Körper" nannte.

Jeden Morgen nach dem Aufstehen übte ich Psychokalisthenik – das Arica Fitnesstraining – und dann saß ich in einer rituellen Meditation, um den Tag zu segnen. Abends überredete ich Miles, mit mir eine neue und sehr intime Meditation zu praktizieren: die Traspaso-Meditation, eine Übung, bei der man sich in die Augen blickt. Manchmal starrten wir uns so lange gegenseitig an, dass sich die Realität veränderte und wir begannen, ein ganzes Kaleidoskop aus verschiedenen Gesichtern zu sehen: alt, jung, faltig, frisch, männlich, weiblich.

In solchen Momenten fragte ich mich manchmal: „Kann ich diesen Mann lieben?“ Mir wurde eine neue Vision vermittelt, worum es bei bedingungsloser Liebe geht. Um all die verschiedenen Aspekte in einem Menschen: das Kind in ihm, den alten Mann, aber auch das Tier in ihm. Es war eine Herausforderung und ein Abenteuer, dem wir uns leidenschaftlich widmeten.

Ich traf Oscar zum ersten Mal persönlich, als er das Enneagramm der Ich-Fixierungen lehrte. Heutzutage ist die Verwendung des Enneagramms weit verbreitet, da es sowohl in der Therapie als auch im Business und Life-Coaching als Tool zur Selbsterkenntnis eingesetzt wird. Damals allerdings galt es als vollkommen neuer Ansatz. Oscar war meines Erachtens der Erste, der dieses Wissen in die Vereinigten Staaten brachte. Die Idee war, die Persönlichkeitstypen jedes Ego-Typs aufzuschlüsseln, um dann bewusst Muster wahrnehmen zu können.

Bei der Präsentation zeigte Oscar der Gruppe einen neunzackigen Stern in einem Kreis, der die Übereinstimmung zwischen menschlichen Energien, Bewusstseinszuständen und Persönlichkeitstypen aufzeigt.

Zuerst war ich mehr daran interessiert, den Lehrer zu studieren als sein Fach. Für mich sah Oscar überraschend „normal“ aus. Er war elegant gekleidet in schwarzen Hosen und einem passenden Rollkragenpullover aus Kaschmir. Er war mittelgroß, mit hellem Teint. Auffallend waren die leuchtenden Augen und der intensive Blick.

Über seiner Oberlippe trug er einen dünnen schwarzen Schnurrbart. Er wirkte dynamisch, als würde kontinuierlich eine starke Energie durch ihn strömen, selbst wenn er sich nicht bewegte. Wie Lilly es ausdrückte: „Wenn er spricht, dann tut er es mit einer vollkommenen Gelassenheit, dabei erobert er sofort den Raum für sich, solch eine starke Präsenz hat seine Aura."

Am ersten Tag des Trainings mussten wir uns aufstellen, um fotografiert zu werden. Dies waren Nahaufnahmen oder „Verbrecherfotos", die sich auf das Gesicht konzentrierten.

Am zweiten Tag wurde das Gesicht jedes Teilnehmers in Übergröße auf eine Leinwand projiziert. Mit einem langen Holzstab, wie ihn die Universitätsdozenten benutzen, zeigte uns Oscar, wie wir nach unserem Ego-Fixierungstyp suchen können, indem wir die Spannungspunkte in unseren Gesichtszügen analysieren.

Es war eine Herausforderung, das Ego mit all seinen unattraktiven Tendenzen so auf dem Präsentierteller zu sehen. Mir schien es schlimmer, als sich in der Öffentlichkeit nackt auszuziehen.

Die Namen, mit denen die insgesamt neun Typen tituliert wurden, machten es auch nicht unbedingt besser: Groll, Flach, Geh, Melan (dunkel), Stachel, Kuh, Platt, Rache, Träge.

Später vergab die Schule neue Namen, die etwas milder mit dem eigenen Ego umgingen, aber ganz am Anfang kannte Oscar keine Gnade. Schließlich musste das Ego erkannt und transzendiert werden, nicht geschützt.

Als ich an die Reihe kam, wurde verkündet, dass ich eine „Rache" bin, die Nummer acht im Enneagramm-Modell. Oscar zeigte auf die verräterischen Anzeichen in meinem Gesicht: Spannung in der Nasenfalte unten an der linken Wange. Während Oscar sprach, wäre ich am liebsten im Boden versunken. Er erklärte, dass der Intellekt der Rache zwischen zwei extremen Einstellungen schwankt:

Ich muss die von anderen festgelegten Regeln befolgen, und wenn ich die Regeln befolge, werde ich in den Himmel kommen.

Ich rebelliere! Lasst mich in Ruhe! Ich mache meine eigenen Regeln und befolge keine Auflagen.

Die Rache war erstaunlich tiefgründig. Zum Beispiel verfolgte ein geheimer Teil meines Egos jede Person und Situation mit der Besessenheit, versteckte Unfairness oder Ungerechtigkeiten aufzudecken. Folglich war da ein starker Drang, für Gerechtigkeit zu kämpfen, ich schätzte Stärke, hatte einen ausgeprägten Beschützerinstinkt, war rechthaberisch und wollte mein eigener Chef sein. Letzteres erklärte wohl auch, warum ich beim Paris Match Magazin meine eigene Abteilung leitete.

Peinlicherweise wies Oscar auch auf eine extreme sexuelle Laszivität beim Rache-Typ hin. So konnte dieser sozusagen Tag und Nacht Liebe machen, was ich nicht bestreiten kann! Letztendlich ist dieser Typus äußerst zwiegespalten. Er schwankt zwischen Leichtgläubigkeit und Selbstverleugnung, aber auch zwischen Übermaß und Askese.

Die Zielsetzung von Oscars Arbeit war es, das Ego all seiner Verteidigungsmechanismen zu berauben, seine ungeschminkte Wahrheit offenzulegen, so dass es „zurückgedrängt" werden konnte, und so allmählich den „göttlichen menschlichen Prototyp" zu enthüllen, der in uns allen über das Ego hinausstrahlt.

Eines Tages, als ich in Aricas Hauptbüro half, fand ich eine Kopie von Oscars Schriften über Tantra und entdeckte zu meiner Bestürzung, dass er nicht davon begeistert war, zumindest nicht in sexueller Hinsicht. Er erklärte, dass er früher versucht habe, sexuelle tantrische Praktiken in Arica zu unterrichten, sich aber davon distanziert hätte, weil es ein „riskanter und gefährlicher Weg" sei.

Er unterschied mehrere Arten von Tantra, darunter das Tantra, in dem der sexuelle Orgasmus bis an einen Punkt kultiviert wird, an dem jegliche Bindung an einen Partner bedeutungslos ist. Das bedeutete, mit vielen verschiedenen Partnern eine Art „Stammes-Tantra" zu praktizieren. Die Partner steigern die ekstatische Energie des sexuellen Vergnügens bis zu einem Punkt der „göttlichen Vereinigung" und werden zur Verkörperung von Shiva und Shakti – Shiva als reines Bewusstsein, Shakti als reine Energie –, die durch ihre göttliche Vereinigung das Universum neu erschaffen haben.

Oscar war aber davon überzeugt, dass die westliche Welt sich nicht vom Einfluss der christlichen Moral befreien könne, die Sex mit Sünde gleichsetzte. Seiner Ansicht nach resultierte daraus eine Atmosphäre von Unterdrückung, Schuld und Scham, die eine Tür zu „Perversionen und den dunkelsten sexuellen Leidenschaften“ öffnen könnte.

Ich habe das nie geglaubt, bis ich auf die Perversionen stieß, die ich in Kapitel 11, welches von den Schattenseiten des Tantra handelt, beschreibe.

Eine weitere Form des Tantra, die in Oscars Notizen erläutert wird, konzentrierte sich ebenfalls auf die Kultivierung von sexueller Energie und Vergnügen, erforderte aber, dass der sexuelle Orgasmus von beiden Partnern unterbrochen und absorbiert wird. So wird die enthaltene sexuelle Energie über eine komplexe innere Alchemie in höhere Schwingungen umgewandelt. Auf diese Weise werde die sexuelle Energie als kraftvolle Vitalität durch die Chakren geleitet, um schließlich im Kronenchakra zu strahlendem Licht zu werden. Dies wiederum könnte eine außergewöhnliche Kraft für das spirituelle Erwachen hervorbringen.

Allerdings ist die Praxis der sexuellen Alchemie extrem schwierig zu erlernen und verlangt von beiden Partnern ein gleiches Trainingsniveau, eine eher seltene Begebung.

Oscar warnte darüber hinaus, dass der Missbrauch dieser tantrischen Methoden zu Aberglauben, spiritueller Unreinheit und sexueller Sklaverei führen könnte. Ichazos eigene Version des Tantra, die er später entwickelte, förderte die Umwandlung von Energie im Körper ausschließlich mit nicht-sexuellen Methoden.

Zu Hause besprach ich mich mit Miles. Natürlich wollte ich, dass wir ein „tantrisches Paar“ werden, allerdings hatten wir keine Ahnung, wie unser Weg aussehen sollte. Wir probierten eine Vielzahl von Übungen aus, in der Hoffnung, die Schwingung von „Kundalini Shakti“ in unseren Wirbeln zu erwecken und diese nach oben zu leiten, um weißes Licht in unseren Kronenchakren freizusetzen.

Ohne Erfolg. Alles, was wir erreichten, war ein schwaches Zittern in unserem Rücken, oft begleitet von unkontrollierbaren Lachanfällen.

Offensichtlich erschien „Madame Kundalini" nicht auf Verlangen. Aber wir genossen das spielerische Erforschen sehr. Mehr denn je fühlte ich mich zum tantrischen Weg hingezogen, und meine Intuition sagte mir, dass es noch viel mehr zu entdecken gab.

Nach einigen Jahren in New York beschlossen Miles und ich nach Paris zu ziehen. Wir fanden ein kleines, aber romantisches Appartement in der Rue Saint-Séverin im Herzen der Stadt mit Blick auf die Kathedrale Notre-Dame. Ich begann, die Lehren verschiedener tantrischer Traditionen zu erforschen, und Miles und ich experimentierten selbst mit tantrischen Praktiken.

Wir wurden sehr kreativ bei der Entwicklung neuer Ansätze zur Verbesserung der Intimität und Steigerung der Sinnlichkeit, wie z. B. das Yin-Yang-Spiel[10]. In dieser Übung wird die Zeit in zwei gleiche Abschnitte aufgeteilt. In der ersten Hälfte erhält ein Partner die gesamte Macht – als König oder Königin –, während der andere ohne Frage gehorchen muss. In der zweiten Hälfte werden die Rollen getauscht.

Als wir dieses Spiel zum ersten Mal spielten, waren wir in Frankreich auf dem Land, in der Normandie, an einem sonnigen Sommertag.

Miles übernahm die Rolle des Königs und sagte zu mir: „Von nun an bist du meine Sklavin. Schau nicht direkt in meine Augen oder mein Gesicht, sondern halte deinen Blick immer auf den Boden gerichtet. Wir machen ein Picknick. Bereite den Picknickkorb vor und trage ihn. Ich möchte, dass du meinen Lieblingsrock trägst, den weißen mit rosa Blumen. Keine Unterwäsche, bitte."

Miles packte seine Kameras zusammen und los ging's.

„Geh voraus, langsam. Schau auf den Boden. Schwinge deine Hüften", befahl er.

Sklavin zu sein ließ mich sehr unsicher werden, und das machte überraschenderweise sogar einen einfachen Akt wie das Gehen zu

---

[10] Die vollständige Praxis des Yin-Yang-Spiels finden Sie in meinem Buch *The Art of Sexual Ecstasy* (New York: Jeremy P. Tarcher/Putnam, 1989), S. 257

einer erotischen Meditation. Ich war mir bewusst, wie mein Fuß auf dem Boden aufsetzte, wie jeder Schritt meine Hüften zum Schwingen brachte.

Miles folgte mit seiner Kamera aus der Ferne.

Wir betraten eine Lichtung im Wald. Miles rief plötzlich: „Halt! Stell deinen Korb ab."

Ich gehorchte. Dann sagte er mir, ich solle das Picknick arrangieren. Zuerst musste ich ihn füttern.

Dann befahl er mir, mich auszuziehen und mich neben ihn zu legen. Er aß auf meinem nackten Körper, bedeckte meine Brustwarzen mit Marmelade und mein Geschlecht mit Schokolade und leckte sie dann langsam ab.

Es war schwierig für mich, inmitten all der unzähligen Gefühle, die er mit seinen Lippen hervorrief, still zu liegen – sein Saugen, sein Stöhnen, seine Körperhaltung. Ich war so erregt, dass ich explodieren wollte. Ein Gefühl wie Champagnerblasen unter der Haut begann in meinem Bauch, bewegte sich dann zwischen meinen Beinen nach unten und löste feuchte Sehnsucht aus.

Alles in mir wogte und bebte. Der schwierige Teil war, leise zu sein. Ich war froh, dass ich einfach nur atmen konnte, ohne in orgasmischer Freude zu stöhnen, der Sklavin war befohlen worden, still zu sein.

Miles und ich erfreuten uns an dieser Art von Spielen, aber sie erforderten ein tiefes Vertrauen, und die Zeit kam, dass dieses Band zerrissen wurde. Es war in unserer Wohnung in der Rue Saint-Séverin. Ich war Königin und befahl Miles, die Rollen meiner männlichen Lieblingsarchetypen zu spielen – zum Beispiel den Troubadour-Liebhaber an einem mittelalterlichen Hof, der seine Königin verehrt.

An einem bestimmten Punkt befahl ich Miles, ein Höhlenmensch zu werden, der seine Partnerin grob erobert. Er ging darauf ein, packte mich, drehte mich auf meinen Bauch, warf mich über seinen Schoß und begann, meinen Hintern zu versohlen.

Kapitel 4

Zuerst machte es Spaß. Doch dann wurden die Schläge heftiger und der Schmerz zu stark. Als ich ihm befahl, aufzuhören, machte er weiter und weiter.

Je lauter ich schrie, desto mehr erregte ihn mein Schmerz. Seine Schläge waren jetzt echt. Miles hatte eine sadistische Freude daran, mich zu verprügeln. Ich schrie wie am Spieß, schaffte es, aufzuspringen, rannte aus dem Zimmer und schloss mich im Bad ein.

Es folgte ein Dialog durch die Tür. Insgeheim fragte ich mich, ob diese Episode unerwarteter Gewalt darauf zurückzuführen war, dass Miles ein schwarzer Mann und ich eine weiße Frau war. War dies eine unterbewusste und verborgene Art von Rache für die schreckliche Behandlung, die seine versklavten Vorfahren erfahren hatten? Mein Selbstwertgefühl hatte einen Dämpfer erlitten, aber wir mussten eine Lösung finden. Zwischenzeitlich schien es, als würde der Höhlenmensch zur Besinnung kommen. Ich beschimpfte ihn, weinte und beschuldigte ihn, mein Vertrauen gebrochen zu haben. Ich war enttäuscht und unglaublich wütend. Er entschuldigte sich.

Wir verhandelten und er erklärte, dass er sich in einer Art Trance befunden hatte. Eine halbe Stunde später kam ich heraus, unter der Bedingung, dass er mich nicht anfasst. Er stimmte zu.

Wir entschieden uns, vorerst nicht darüber zu sprechen, was passiert war. Wir brauchten Zeit, um den Vorfall zu verdauen. Es war der Beginn eines neuen und schrecklichen Gefühls. Ich wusste nicht mehr, mit wem ich da eigentlich zusammenlebte.

Später in dieser Woche, während Miles bei einer Probe war, beschloss ich, die Wohnung gründlich zu reinigen. Als ich Kissen hochhob und Möbel von den Wänden wegrückte, entdeckte ich leere Weinflaschen, die überall versteckt waren.

Miles war ein heimlicher Trinker, der sich allerdings gut unter Kontrolle hielt. Noch nie hatte ich ihn betrunken gesehen. Diese Entwicklung war ein Schock für mich. Vielleicht war sie aber auch die Ursache für sein Höhlenmenschverhalten? Der Mann, den ich zu kennen glaubte, wurde mir noch fremder.

Kapitel 4

Was sollte ich tun?

Ich musste mich dieser hässlichen Wahrheit stellen: Ich war das Opfer häuslicher Gewalt geworden – und es könnte wieder passieren, weil mein Mann trank. Ich wusste, dass ich die Bühne verlassen musste. Weiterziehen. Etwas anderes beginnen. Pronto!

Die Zeit der „Kapitulation und des Loslassens" war vorüber. Von nun an musste ich auf der Hut sein, damit es nicht zu einer weiteren Episode von Missbrauch kam. Es war der Anfang vom Ende.

Kurze Zeit später unterschrieb ich einen Vertrag mit einem französischen Verleger, um ein Buch namens *Le Chemin de l'Extase – the path to bliss* zu schreiben. Ich brauchte einen ruhigen Ort zum Schreiben und hatte das große Glück, eine königliche Maisonette in Crans-sur-Sierre, einem malerischen Skigebiet in der Schweiz, mieten zu können. Also ging ich in die Schweiz und gönnte mir ein Schreib-Retreat, während Miles nach New York flog.

Es war Sommer. Die Bergpfade begannen an der Tür meines Wohnhauses und die Wiesen waren mit Blumen übersät. Überall hörte man Vogelgesang. Miles rief oft an. Ich fühlte mich entfremdet. Seine Liebe fühlte sich wie ein Gefängnis an. Ich konnte ihm nicht mehr wirklich vertrauen. Wir stritten am Telefon. Wir schwankten zwischen Versuchung und Ablehnung. Es beeinträchtigte meine Konzentration.

Ich konnte Miles nicht allein für alles verantwortlich machen, denn ich war eine willige Partnerin gewesen, die es ermöglicht hatte, dass sich eine subtile Form der Dominanz zwischen uns entwickelt hatte. Erst viel später betrachtete ich es als das Symptom eines laufenden Machtkampfes – so typisch für Beziehungen, wenn die Flitterwochen vorbei sind. Zwei Partner, die ständig verhandeln und Kompromisse eingehen, zusammenbleiben wollen und gleichzeitig versuchen, ihren persönlichen Willen durchzusetzen.

Einen Monat später erhielt ich die Einladung, einen Vortrag über Meditation an der Universität Genf zu halten. Ich fuhr alleine dort hin und der Vortrag war sehr erfolgreich.

Am nächsten Tag luden mich mehrere Mitglieder des Publikums ein, einen Ashram in Genf zu besuchen, der von Schülern des indischen Gurus Bhagwan Shree Rajneesh geleitet wurde. Als ich ankam, sah ich als Erstes ein großes schwarz-weißes Bild des Mystikers in der Eingangshalle, gegenüber der Tür. Ich bekam den Schock meines Lebens: Das war das Gesicht des Mannes, der mir während meines Isolationsretreats in England erschienen war und geflüstert hatte: „Die Ekstase ist bereits in dir".

Das machte mich natürlich sehr neugierig auf seine Meditationstechniken, und kurz darauf wurde ich in die „Kundalini-Meditation" eingeführt. Diese begann damit, dass man den Körper bei verführerischer Musik sanft schüttelte, die, wie ich später herausfand, von Deuter, dem bekannten deutschen Musiker, komponiert und vorgetragen worden war.

„Stellt euch vor, ihr steht nackt und zitternd auf einem Schneefeld", erklärte ein Schüler, als wir im Meditationsraum standen. „Dann entspannt euch im Zittern, bis ihr nicht mehr zittert und übergebt dem Zittern die Führung."

Die Musik setzte ein. Mit rhythmischen fließenden Tönen, die ein subtiles Zittern im Körper zu provozieren schienen, fühlte sie sich perfekt für diese Übung an. Ich fing an zu zittern, wobei es alles andere als einfach für mich war, die Kontrolle aufzugeben. Ich bemerkte, dass ich ein „Macher" war. Außerdem geschah das Zittern in einem Teil meines Körpers wie von selbst, während ein anderer Teil nichts fühlte – weder Empfindungen noch Energie. Fast so, als ob ich aus verschiedenen Teilen bestehen würde.

Plötzlich, zehn Minuten nach Beginn der Meditation, übernahm das Zittern die Macht wie eine riesige Flutwelle. Mein ganzes Wesen wurde unerwartet von einem Sturm innerer Erschütterungen, Wogen und Beben erfasst. Ich fing an, stark zu schwitzen. Eine wahre Flut an Energie überkam mich.

Gleichzeitig fiel mir eine Last vom Herzen. Die Energie schien die unerledigte Angelegenheit mit Miles, die auf meiner Seele lastete, mit sich zu reißen. Als das Zittern mich ergriff, schien sich meine Bindung an ihn aufzulösen.

Während des letzten Teils der Meditation wurden wir gebeten, uns völlig entspannt auf den Boden zu legen und nichts zu tun. Ungewollt begann ich zu weinen und fühlte eine ungeheure Traurigkeit – ich fühlte, dass meine Liebesbeziehung zu Miles zu Ende war.

Das wunderbare Gefühl des Zusammenseins, von dem ich gedacht hatte, dass es bis weit in die Zukunft bestehen würde, verblasste nach nur fünf Jahren. Die Meditation war das Äquivalent einer riesigen Säuberung gewesen, die mich zwang, mich mit verborgenen Wahrheiten auseinanderzusetzen.

Ich wusste daraufhin, dass ich nach Indien gehen musste, um Bhagwan zu treffen. Ich wollte Miles dazu überreden, mich zu begleiten. Aber die Ereignisse nahmen bereits ihren Lauf.

Miles hatte eine Jazz-Sängerin namens Maya getroffen. Er schlug vor, sie zum Abendessen einzuladen, damit ich sie kennenlernen konnte. Im Laufe des Abends wurde deutlich, wie sehr sie an Miles interessiert war.

Sie war atemberaubend schön, eine Mischung aus karibischen und europäischen Blutlinien. Sie schien sich nur für Miles zu interessieren. An diesem Abend sang sie in unserem Wohnzimmer „Summertime“, begleitet von Miles, der das Saxofon spielte. Dann begannen sie eine wilde Jazz-Improvisation, die sofort unter die Haut ging. Ich wusste instinktiv, dass ich „ersetzt“ wurde.

Es war ein unerwartetes Geschehen, das mir den Abschied erleichterte. Auch für mich kündigte sich ein Neuanfang an – ich folgte dem Ruf eines großen Mystikers nach Indien. Ich hatte keine Lust mehr, vor den Augen der Öffentlichkeit das perfekte Paar zu spielen, während wir uns zu Hause ständig stritten. Nach langer Diskussion entschieden wir, dass es Zeit für eine Scheidung war.

Ich rief meinen Freund Robert an, und er sagte: „Ja, eine Scheidung wird dich immer noch zweihundert Dollar kosten und zwei Tage Zeit in Anspruch nehmen.“

Muss man die Amerikaner nicht lieben? Wie unkompliziert sie sind! Ich flog nach New York, ging zum Standesamt, füllte den Antrag auf Scheidung aus, bezahlte die Gebühr und zwei Tage später war ich eine freie Frau.

In meinem Herzen wusste ich, dass es der richtige Schritt war. Doch als mir meine neue Realität bewusst wurde, verbrachte ich noch Wochen in Trauer. Ich hatte Miles geliebt, liebte ihn immer noch, würde ihn immer lieben, aber unsere Beziehung war endgültig vorbei. Ich ergab mich der Qual wie ein Patient, der gerade aus dem OP kommt. Ich brauchte einen Ort, um zu heilen, zu genesen, und welcher schien dafür geeigneter als ein Ashram in Indien?

Was ich gelernt habe

Wenn die Liebe dein Herz erobert und dich in ihrer Gesamtheit umhüllt, hat man einen ewigen Schatz erhalten. In einem Moment, der eine Minute oder für immer dauern kann, bist du ganz geworden. Komplett. Zufrieden. Gesehen. Erkannt.

In dieser Erfahrung liegt der Schlüssel zum Königreich Shambhala, dem Wohnsitz der Götter und Göttinnen.

Das ist das Geschenk, das mir Miles gegeben hat und für das ich ewig dankbar sein werde. Wenn du voll und ganz liebst, tauchst du vollkommen in diese Liebe ein, nimmst sie in dich auf und ertrinkst darin, obwohl sie im gleichen Maße Herzschmerz wie Freude bereithalten wird. Eine Liebe, so groß wie die, die wir teilen durften, kann man nie bereuen, auch wenn sie endet.

Um zu einem reifen Menschen zu werden, müssen wir durch das Feuer der Liebe gehen. Um erwachsen zu werden, müssen wir erkennen, dass wir, wenn es um die Angelegenheiten des Herzens geht, oft noch Kinder sind. Wir werden in die große, weite Welt hinausgeschickt, um durch Beziehungen zu stolpern, uns vorzutasten und das Wenige aufzusaugen, was wir durch die Schule der harten Schläge an Wissen erworben haben.

Deshalb muss das Tantra im Westen wiederbelebt werden. Deshalb brauchen wir eine „Schule der Liebe" – um die wesentlichen Lektionen über das Leben zu lernen, die unsere Lehrer uns nicht vermitteln konnten.

Tantra beginnt mit Sex – zumindest das Tantra, das mich interessiert! Es endet nicht damit, aber es umfasst alles, was das erste Chakra[11] uns lehren kann.

Wenn diese erotische Totalität von Liebe das Herz durchflutet, alles durchdringt und weicher macht, braucht es nur einen erwachten Geist, der uns den Mut zum Überleben geben kann, wenn die Dinge sich nicht so entwickeln, wie wir es uns erhofft hatten.

Wir können den anderen nicht besitzen, ihn nicht kontrollieren und auch nicht ändern. Früher oder später werden unsere Unterschiede stärker als die Liebe, die uns verbindet.

Mit Miles habe ich an diesem Zeitpunkt meines Lebens mehr denn je gelernt, dass auch das süßeste Miteinander einmal endet. Das ist bei vielen Menschen der Fall. Für mich sind die glücklichen Paare, die auch nach dreißig Jahren Ehe noch von Liebe zueinander erfüllt sind, die Ausnahme. In den meisten Fällen, egal wie sehr wir uns bemühen, egal wie stark wir sind, wird eine Beziehung ihren Zyklus vollenden, dann wird die Bindung brechen und wir werden zu uns selbst zurückkehren.

Natürlich würden wir gerne das Geheimnis um ein Glück ohne Schmerzen entschlüsseln, aber diese beiden Erfahrungen scheinen untrennbar miteinander verbunden zu sein. So sei es.

Wir verlieren uns in der Liebe. Wir lernen. Wir fallen. Wir wachsen. Tantra umarmt all das mit ganzem Herzen. Jetzt, viele Jahre später, freue ich mich, berichten zu können, dass ich viele Freunde habe, die regelmäßig Tantra praktizieren und auch nach zehn, zwanzig, dreißig oder mehr Jahren glücklich verheiratet sind.

---

[11] Im SkyDancing-Tantra-System entspricht das erste Chakra dem Sexzentrum.

Die Praxis: Die Fesseln der Bindung kappen

Diese Meditation wird allein durchgeführt.

Bereiten Sie das Zimmer oder den Raum vor, in dem Sie diese Zeremonie praktizieren möchten. Zünden Sie Kerzen an, brennen Sie Räucherstäbchen ab, spielen Sie leise Musik. Achten Sie darauf, dass Sie nicht gestört werden, schalten Sie alle elektronischen Geräte aus und halten Sie eines Ihrer bevorzugten ätherischen Öle bereit.

Begeben Sie sich in die Meditationshaltung, wobei Sie auf eine Wand schauen sollten. Stellen Sie sich vor, dass die Person, von der Sie sich trennen möchten, vor Ihnen sitzt, zwischen Ihnen und der Wand. Platzieren Sie ein Kissen vor sich, um diese Person zu symbolisieren.

Verbeugen Sie sich vor ihr mit einem Namasté oder einem Herzensgruß. Erklären Sie, dass Sie dieses Ritual durchführen, um Ihre Freiheit wiederzuerlangen, und dass es für sie beide von Vorteil ist, denn wenn beide frei von Sehnsüchten, Unzufriedenheit und Ressentiments sind, ist Freundschaft wieder möglich.

Schließen Sie die Augen und stellen Sie sich vor, es besteht eine Energieleitung zwischen dem Zentrum Ihrer Brust und der Brust der Person vor Ihnen, ähnlich einer Nabelschnur.

Wenn Sie bereit sind, bringen Sie Ihre Hände in Höhe Ihrer Brust und legen Sie den Rücken Ihrer rechten Hand in die Handfläche Ihrer linken Hand. Ihre Hände bilden jetzt eine Art „Guillotine“, eine imaginäre Schneideklinge.

Atmen Sie tief ein, heben Sie Ihre Hände über Ihren Kopf und halten Sie für einige Sekunden den Atem an. Atmen Sie jetzt tief aus und schreien dabei laut „Ha!“ und lassen Sie Ihre Hände mit einem Ruck nach unten fallen, wodurch Sie die Schnur, die Sie verbindet, durchtrennen.

Atmen Sie noch einmal tief ein und legen Sie beide Hände auf die Brust. Atmen Sie aus, strecken Sie Ihre Hände Ihrem imaginären Partner entgegen und sagen Sie: „Ich gebe dir deine Energie zurück.“ Wiederholen Sie beide Gesten mehrmals. Dann legen Sie Ihre Hände auf

Ihr Herz, atmen Sie tief ein und sagen laut: „Ich nehme meine Energie zurück!"

Atmen Sie einige Minuten lang tief in den Herzchakra-Bereich ein, bis er sich entspannt und voll anfühlt. Konzentrieren Sie sich nun auf den unteren Bauch oder das Hara-Zentrum, direkt unter dem Nabel, und wiederholen Sie den Vorgang, wodurch Sie die Energieleitung zwischen den beiden Haras durchbrechen. Dies gilt für alle Energiezentren, die Ihrer Meinung nach gereinigt werden müssen, wie z. B. das Sexzentrum (Genitalbereich) oder das Kraftzentrum (Solarplexus-Bereich) oder das dritte Auge (zwischen den Augenbrauen).

Beenden Sie die Meditation mit einem Ritual. Sprühen sie den reinigenden ätherischen Duft um sich herum. Dies wird dazu beitragen, die neue Energieformation, bei der alle Schnüre durchtrennt wurden, zu versiegeln.

Ruhen Sie sich für einige Augenblicke in der Meditation aus und spüren Sie Ihre Leichtigkeit und Freiheit.

Stehen Sie auf, machen Sie Ihre Lieblingsmusik an und tanzen Sie fünf bis zehn Minuten lang.

Jetzt sind Sie jetzt bereit für Ihr nächstes Lebensabenteuer.

Wenn die Bindung zu einer Person tief war, wird empfohlen, diese Meditation einmal täglich für eine Woche zu wiederholen. Ich habe diesen Lernprozess in meinen Gruppen jahrelang praktiziert. Er hilft Menschen, die frei sein wollen vom anhaltenden Einfluss eines Elternteils, eines geschiedenen Partners oder einer Person, die sie sehr liebten und die gestorben ist.

Widersetze dich niemals etwas oder jemandem.
Stattdessen entscheide dich dafür,
auszudrücken und zu manifestieren,
was für dich wahr ist.[12]

---

[12] Adyashanti, *My Secret Is Silence* (Los Gatos, Kalifornien,: Open Gate Publishing, 2003, S. 67)

Kapitel 5
Der kosmische Witz

Als ich das allererste Mal nach Indien reiste, reiste ich allein. Alle Träume, die ich heimlich genährt hatte, mit Miles nach Indien zu gehen, waren längst gestorben und hinterließen nur einen stechenden Schmerz in meinem Herzen.

Von Paris kommend landete ich auf dem Flughafen Mumbai und war sofort von dem völlig fremden Geruch in der Luft überwältigt.

Es war eine seltsame Mischung aus Abneigung und Abenteuer: Abneigung wegen des unverwechselbaren Aromas von ungeklärtem Abwasser, brennendem Müll und verrottender Vegetation; Abenteuer wegen der verlockenden, miteinander verwobenen Düfte von Gewürzen, Weihrauch, Schweiß und Autoabgasen, die der Stadt ein uraltes, zeitloses Flair verliehen. Einer Stadt, die auf einem endlos rotierenden karmischen Rad von Geburt, Tod und Wiedergeburt gefangen ist. Große tantrische, mysteriöse Tempel und mächtige Göttinnen erzählten von einem Land der Erleuchtung.

Ich fühlte mich sofort zu Hause. Der Gestank drang bis in mein Herz und ich akzeptierte ihn. Menschenmassen warteten vor dem Ausgang, ihre Gesichter Masken menschlicher Leidenschaft: die Sehnsucht, das Starren, der Ausdruck unverhohlener Neugier, die Gier, die Ungeduld, die Hoffnung auf tausend Gesichtern. Ich fand den Taxistand.

Angetan von der Freundlichkeit und hilfsbereiten Art der Leute, die ich nach dem Weg fragte, kletterte ich in den hinteren Teil eines alten gelb-schwarzen Fiats und fuhr in Richtung Victoria Terminus Station. Scherzend beschrieb der Taxifahrer die Sehenswürdigkeiten der Stadt in gebrochenem Englisch. Inmitten all der vergangenen Pracht die Victoria Station mit ihrer aufwendig verzierten Fassade und der kathedralenartigen Glasdecke als eleganter Überrest des britischen Kolonialreiches.

Der Bahnhof war voll von Menschen aller Rassen, Gepäck, in bunte Tücher gehüllten Warenbündeln und einer Menagerie lebender und toter Tiere, die in der Hand oder auf dem Rücken getragen wurden. Ein Sikh mit weißem Turban half mir, ein Ticket für den Zug nach Poona zu kaufen, einer Stadt ein paar Stunden Zugreise entfernt.

Der Zug, überfüllt und langsam, war vollgestopft mit Menschen.

Einige waren in die Gepäckablagen geklettert, viele standen in den Gängen, andere entschieden sich für eine unsichere Fahrt auf den Außentreppen und klammerten sich an die Türgriffe.

Ich hatte keine Angst. Um mich herum herrschte ein Gefühl der Kameradschaft und des guten Willens; eine spontane Offenheit und Kontaktfreude, die man in Europa nicht gewohnt ist. Es war, als wären alle gleich. Niemand war etwas Besonderes. Wir waren alle Freunde auf ähnlichen Reisen. Wir lächelten und unterhielten uns in gebrochenem Englisch.

In der Zwischenzeit fuhren wir durch eine fremde Landschaft, die mich in die Vergangenheit zurückzuführen schien: Die Autos auf den Straßen waren die gleichen wie in den fünfziger Jahren, der Zug erinnerte an 1930 und die Ochsenkarren auf den Feldern sahen immer noch so aus wie vor Tausenden von Jahren.

Chai Wallahs brachte süßen Tee in das Abteil, und ich fragte mich, ob ich es wagen sollte, eine Tasse zu trinken. Wahrscheinlich eine sichere Möglichkeit, irgendeinen Magenvirus einzufangen. Ich verzichtete.

Bei jedem Halt schoben Bettler ihre braunen, verwitterten Hände durch die Fenster, während Frauen in leuchtend bunten Saris über Bahnsteige schwebten, Schmuck an ihren Nasen, in ihren Ohren, an ihren Handgelenken und Knöcheln.

Kapitel 5

Für mich erschien es wie eine Zeitreise durch viele Jahrhunderte auf dem Weg in ein unbekanntes Schicksal. Die Reise endete in einem kleinen Hotel im Zentrum von Poona, in der Nähe des Bahnhofs. Das Bett war voller Wanzen. Die Nacht war heiß und feucht und angefüllt mit den Geräuschen von hupenden Autos, Warnpfiffen von Lokomotiven, den Stimmen von lachenden Menschen. So viele fremde Geräusche und Gerüche. Ich konnte nicht schlafen, aber es war mir egal. Ich war so aufgeregt, dass ich Osho besuchen würde. Würde er so herzlich sein, wie er auf dem Bild wirkte, das ich in Genf gesehen hatte?

Am nächsten Tag fuhr ich mit einer Rikscha zum Ashram außerhalb der Stadt nach Koregaon Park, einem ruhigen, bewaldeten Wohnviertel voller eleganter Häuser aus einer vergangenen Zeit.

Nach den Präliminarien, dem Ausfüllen der Einschreibungsunterlagen und der Zahlung einer bescheidenen Eintrittsgebühr, ging ich durch ein imposantes, kunstvoll geschnitztes Tor aus schwarzem Teakholz, das mit Blumenemblemen aus Messing besetzt war.

Im Inneren fand ich mich auf einem breiten Weg wieder, auf dem ein stetiger Strom an Menschen in orangefarbenen Roben an mir vorüberging. Diese Farbe, entdeckte ich bald, wurde von denen getragen, die sich entschieden hatten, „Sannyas“ zu nehmen – der Ausdruck, mit dem man als Schüler von Osho initiiert wurde.

Obwohl diese Menschen aus unterschiedlichen Ländern kamen – Indien, Japan und Europa –, bemerkte ich, wie die gleichartigen Gewänder und Farben sie alle ähnlich aussehen ließen, als wäre jeder Teil einer fließenden, sich bewegenden Energiewelle.

Der Weg war gesäumt von Bäumen, Sträuchern und Blumen, kolonialen Gebäuden, einer Buchhandlung sowie mehreren Gärten.

Dann kam die Zeit für Oshos Vortrag. Er fand in einem malerischen Auditorium statt, mit einem blankpolierten, schwarz-weißen Marmorboden und großen weißen Säulen, die das längliche Dach stützen. Das Auditorium öffnete sich zu einem Garten mit einer so dichten Vegetation, dass man sein Ende nicht erblicken konnte.

Ich saß in der hinteren Reihe. Osho kam herein, leicht wie eine Wolke, umgeben von Stille. Er war von kleiner, zarter Gestalt. Seine Silhouette verschwand in einem einfachen weißen Gewand und sein rundes Gesicht war von grauweißen Haaren umrahmt, die sich mit einem langen Bart vermischten, der auf seine Brust fiel. Seine Lippen verschwanden unter einem dicken Schnurrbart und sein Scheitel war kahl.

Seine intensiven, dunkelbraunen Augen waren der auffälligste Teil seines Gesichts. Sie standen weit auseinander und wurden durch buschige Augenbrauen betont, die ihm ein ziemlich wildes Aussehen gaben. Im Gegensatz dazu standen wohlgeformte Augenlider, die ihm einen lasziven Touch verliehen und seinen Blick weicher machten.

Er sah aus wie ein heiliger Mann aus der Bibel, so still, dass er fast durchscheinend wirkte. Langsam, behutsam begrüßte er uns alle mit einem Namasté, wandte sich jedem Teil des Auditoriums zu und setzte sich dann in einen großen Sessel mit hohen Armlehnen. Er streifte eine seiner Flip-Flop-Sandalen ab und legte den Fuß über sein anderes Bein. Dann lehnte er sich zurück und fuhr mit den Fingern sanft durch seinen Bart, als ob er ihn richtig platzieren wollte.

Bevor er zu sprechen begann, formten seine Hände eine ungewöhnliche Art von Mudra, wobei Daumen und Mittelfinger einer Hand die Spitzen der Finger der anderen Hand berührten. Erst viel später entdeckte ich, dass dieses Mudra, das so typisch für ihn war, bevor er sprach, die günstigste Handhaltung ist, um die Inspiration für das Unterrichten freizusetzen.

Langsam und leise begann Osho zu sprechen. Zu meiner Überraschung war es auf Hindi, der Hauptsprache Nordindiens. Ich fand danach heraus, dass wir uns in einer Phase hinduistischer Diskurse befanden, die zehn Tage im Monat stattfand. Kein Wunder, dass die meisten der zahlreichen Teilnehmer Inder waren.

Dort zu sitzen, ihn zu beobachten, ihm zuzuhören, wie er eine Sprache sprach, die ich nicht verstand, war eine Offenbarung. Osho sprach rhythmisch, betonte einige seiner Worte oder Halbsätze mit einer gewissen Schärfe, schimpfte uns scheinbar, steigerte sich zu einem

Höhepunkt der Raserei, um seine Stimme plötzlich leise und einladend klingen zu lassen, fast als wolle er sich bei uns einschmeicheln.

Zwischen seinen Sätzen entstand bedeutungsvolle Stille, seine Stimme plätscherte melodiös dahin, als ob er ein episches Gedicht komponierte, das er gerade improvisierte.

Als ich ihm zuhörte, fühlte ich mich allmählich in einen veränderten Zustand versetzt, mein Bewusstsein glitt in die langen Schweigephasen zwischen seinen Worten. Er redete mich buchstäblich in einen Zustand der Meditation.

Ich weiß nicht, wie es geschah, aber noch an diesem Vormittag, am Ende des Vortrags oder besser gesagt des „Gedichtes“ oder „Konzertes“ war ich in Osho verliebt. Intuitiv in meinem Herzen wusste ich, dass er mein spiritueller Lehrer sein würde. Daran bestand kein Zweifel. Ich war völlig verzaubert, mein Herz erobert. Es war, als hätte ich ein Familienmitglied wiedergefunden, das ich vor langer Zeit aus den Augen verloren hatte.

Wie hatte er es geschafft, fragte ich mich, während meines sensorischen Entbehrungs-Retreats zu erscheinen und mir einen „spirituellen Besuch“ abzustatten, um mir diese wichtige Botschaft über innere Glückseligkeit zu vermitteln, gerade als ich sie dringend brauchte, im perfekten Moment? Er hatte weltweit Tausende von Schülern. Wie konnte er mit jedem persönlich in Beziehung treten, sogar mit jemandem wie mir, die zum Zeitpunkt seines Erscheinens in meinem Bewusstsein nicht einmal von ihm wusste?

Es war ein faszinierendes Geheimnis, und doch, als die Tage vergingen und ich weiter seinen Vorträgen zuhörte, hatte ich das Gefühl, eine Hand klopfe an die Tür meines Bewusstseins. Er sprach eine Einladung aus: „Du kannst tiefer gehen ... Weiter ... Wage den Sprung!“

In den folgenden Tagen begann ich allmählich die Alchemie der Verbindung mit einem spirituellen Meister zu verstehen. Ich habe ihn es einmal so erklären gehört:

„Die Lotusblume kommt aus dem Schlamm. Der Schlamm kann verwandelt werden; du kannst ein Lotus werden. Sex kann verwandelt werden, und er kann Samadhi werden. Wut kann verwandelt werden, und sie kann zu Mitgefühl werden. Hass kann verwandelt werden, und er kann zur Liebe werden. Alles, was dir im Moment negativ erscheint, schlammartig, kann verwandelt werden. Dein lärmender Geist kann geleert und verwandelt werden, und er wird zur himmlischen Musik."

Was für ein Rätsel: Jemand außerhalb von mir redete in einer Sprache mit mir, die ich nicht beherrschte, und doch half er mir, mich selbst kennenzulernen! Ironischerweise schien es, dass ich dieses „Ich" abschaffen musste, denn anscheinend war es eine Illusion. Osho sickerte bereits auf unheimliche Weise in meine Seele.

Es war beängstigend, diese neue, unbekannte Intimität mit einem Fremden zuzulassen, und das war es, womit ich während dieses ersten Besuchs zu kämpfen hatte. Ich fragte mich, soll ich hierbleiben und tiefer eintauchen oder nach Hause zurückkehren? Doch ich fühlte, ich konnte nicht nach Hause zurückkehren, noch nicht. Ich musste die tiefe Traurigkeit in meinem Inneren überwinden und die Wunde, die die Trennung von Miles hinterlassen hatte, schließen.

Ich erfuhr, dass man sich beim allabendlichen Darshan persönlich mit Osho treffen und mit ihm über jedes Thema sprechen konnte. Also ließ ich mir einen Termin geben.

Es war dunkel, als wir ins Chuang Tzu Auditorium strömten. Wir waren etwa dreißig Leute, und alle setzten sich auf den Marmorboden in der Nähe von Oshos Stuhl. Er kam herein, begrüßte uns mit einem Namasté und setzte sich. Namen wurden aufgerufen und die Betreffenden gingen nach oben und setzten sich zu seinen Füßen. Einige wollten zurück in den Westen, während andere wie ich gerade in Poona angekommen waren.

Schließlich wurde mein Name genannt und ich ging, um mich zu Oshos Füßen zu setzen. Ich grüßte ihn mit einem Namasté, sah in seine lächelnden Augen und die Welt verschwand. Nur seine Anwesenheit blieb. Er verband sich völlig mit mir. Niemand sonst existierte. Ich sagte ihm, wie schwierig es gewesen sei, sich von Miles zu trennen.

Als Antwort darauf bedeutete Osho mir, näherzukommen, also rutschte ich auf meinem Hintern nach vorne. Er bat mich, meine Arme in die Luft zu heben und aufmerksam auf seine Hand zu schauen, ohne zu blinzeln, während er den Strahl einer kleinen Taschenlampe auf mein Gesicht warf. Er schien meine Aura zu überprüfen.

Nach ein paar Augenblicken schaltete er die Taschenlampe aus, forderte mich auf, mich zu entspannen, und sagte: „Du bist gerade durch die Hölle gegangen und zurückgekommen. Aber es hat dein Zentrum, deine Energie nicht beschädigt. Sei froh darüber. Tatsächlich war es das wert.

Wenn man so vollständig bis auf den Grund einer solchen Pein tauchen kann, ohne dass das Zentrum des eigenen Wesens beschädigt wird, dann hat man einen großen Test bestanden und eine große Integrität erworben. Man weiß mit absoluter Sicherheit, dass man vollständig ist. Du wirst nie wieder dieselbe sein. Du hast alle Zweifel, alle Unentschlossenheit überwunden. Du hast viel ertragen, aber bald wirst du spüren, welcher Segen das war, und du wirst dankbar sein. Sei deinem Mann jetzt dankbar. Vergiss die Vergangenheit. Vergib und sei dankbar.

Jetzt wirst du in eine neue Dimension eintreten, und deshalb habe ich dich gerufen. Denk daran, solange du noch Vorwürfe und Ressentiments in dir spürst, ist es unmöglich zu vergessen und loszulassen. Um zu vergessen, muss man in der Lage sein, zu vergeben. Vergessen und vergeben gehören zusammen. Du musst deine Wunden in Ruhe lassen. Sie werden umso schneller heilen. Jetzt beginnt dein wirkliches Leben."

Nach einer kurzen Pause lächelte er und fügte hinzu: „Es wird hilfreich sein, der Vipassana-Gruppe beizutreten. Komm danach zu mir."

Ich verließ den Darshan mit ziemlich verwirrten Gefühlen. Miles dankbar sein, dass er mich wegen einer anderen verlassen hat? Dass er trank und mich verprügelte? Ich konnte die Empörung in mir spüren und, darunter, den ungelösten Zorn gegenüber meinem ehemaligen Partner.

Später, als ich mich für das Vipassana anmeldete, entdeckte ich, dass es ein zehntägiges Retreat war, das am nächsten Tag begann. Die Gruppe, etwa zwanzig von uns, traf sich am Morgen. Der

Veranstaltungsort war ein wunderschönes Haus mit Blick auf den nahegelegenen Mula-Mutha-Fluss, der an den Koregaon Park grenzt.

Vipassana ist eine buddhistische Meditationsmethode, die Jahrtausende zurückreicht. Es wird gesagt, dass dies die Praxis war, die Gautama Buddha selbst vor seinem spirituellen Erwachen praktizierte. Man sitzt mit geschlossenen Augen, geradem Rücken und leicht in Richtung Brust gesenktem Kinn und atmet sanft durch die Nase.

Während des Einatmens konzentriert man seine Aufmerksamkeit auf die kühle Luft, die durch die Nasenlöcher einströmt. Während des Ausatmens fühlt man, wie die warme Luft ausströmt. Stellt man fest, dass dies zu schwierig ist, gibt es eine Alternative: Man kann beobachten oder fühlen, wie sich der Bauch beim Einatmen ausdehnt, und dann zusehen, wie er sich beim Ausatmen zusammenzieht.

So oder so, die Aufgabe ist es, das Bewusstsein auf das Beobachten des Atems zu konzentrieren und dann die Momente einzufangen, in denen der Verstand davonläuft und sich in Gedanken verliert. Dann erinnert man sich, der Gedanke verschwindet und man kehrt zum Beobachten zurück. Allmählich wird der Geist durch diesen Prozess des inneren Beobachtens ganz still.

Wir wurden um 5:00 Uhr morgens aus dem Schlaf geweckt, erhielten ein paar Minuten, um uns zu waschen, und wurden dann nach draußen geschickt, um einen Spaziergang im Garten zu machen. Wir gingen sehr langsam und bewusst, einen Fuß nach dem anderen, spürten die Sohle jedes Fußes, wie sie den Boden berührte, während wir auf die Nasenspitze oder die Erde blickten.

Ich schummelte oft ein wenig und genoss für einen Moment den Blick auf den schönen Fluss oder den Sonnenaufgang, bevor ich wieder zu meiner Nase zurückkehrte.

Eine Glocke erklang und wir kehrten zu unseren Plätzen zurück, zu unseren Sitzpositionen im Hauptraum, in dem jeder sein eigenes Zafu-Kissen hatte. Hier saßen wir in einer Halblotushaltung oder mit den Beinen unter einem Meditationshocker im Zen-Stil und praktizierten Vipassana.

Nachdem ich mit Osho gesprochen hatte und erleichtert festgestellt hatte, dass ich an der richtigen Stelle gelandet war, ging ich nun davon aus, dass ich dieses ganze Trennungsproblem hinter mir lassen und tief in innere Stille und Frieden eintauchen würde und eine glückliche Lösung für mein Drama mit Miles finden würde. Nach Arica betrachtete ich mich als alter Hase oder zumindest als erfahrene Praktizierende, was die Meditation anging.

Ich vermutete, dass es leicht sein würde, an einen Ort der inneren Ruhe zu gelangen, der mir die erforderliche Zufriedenheit bringen würde, mich zu lösen und zu heilen.

Es war jedoch ein Schock festzustellen, dass mein Geist während der Meditation mit einer Reihe von fernsehähnlichen Seifenopern beschäftigt war, die meine ganze Aufmerksamkeit auf sich zogen. Diese Szenen wurden den ganzen Tag über auf die Leinwand meines Geistes projiziert, die gleichen Szenarien, zwanghaft wiederholt, mit kleinen Abweichungen, Tag für Tag.

Erster Tag: Ich konnte ein Chalet in der Schweiz sehen und erkannte es als einen Ort, den ich sehr mochte und an dem ich Meditations-Retreats unterrichtet hatte. Aber jetzt waren Miles und Maya im Chalet. Ich war nicht glücklich darüber, gelinde gesagt. Dies war mein Ort gewesen, unser Ort – ein Ort, an dem wir so viele glückliche Momente miteinander hatten.

Als sich die Szene entfaltete, bemerkte ich, dass Miles und Maya nicht glücklich waren, Streit hatten und nicht miteinander auskamen. Es schien, dass die Flitterwochenphase ihrer Romanze bereits vorüber war, und während ich zusah, verschlechterte sich ihre Beziehung zusehends. Zuerst genoss ich das süße Gefühl der Rache.

Zweiter Tag: Miles und Maya waren im selben Chalet, stritten sich immer noch. Aber jetzt eskalierte die Situation. Ein Karatemeister kam mitten in der Nacht zum Chalet, heimlich, still und leise. Er fand den Weg in ihr Zimmer und packte sie beim Genick, schlug sie, brach ihnen die Rippen. Ich konnte alles bis ins kleinste Detail beobachten. Sah, wie sie überrascht wurden, wie sie versuchten, sich zu verteidigen, wie der Karatemeister siegte und sie schwer verletzt in ihr Schlafzimmer schleifte, auf das Bett warf und dann das Chalet wieder verließ.

Tag drei: Die mörderischen Filme gingen unvermindert weiter und wiederholten sich in Variationen. Ich arbeitete daran, diese Fülle von tödlichen Visionen zu bekämpfen, indem ich mich daran erinnerte, dass ich meine Gedanken beobachten sollte, ohne in sie verstrickt zu werden. Viele Male versuchte ich, mich wieder in die Atmung zu bringen, mein ganzes Bewusstsein auf das Gehen im Garten zu lenken.

Aber das war nicht so einfach, denn ich zog viel zu viel Befriedigung aus diesen Filmen. Auf einer tiefen Ebene war ich eins mit ihnen. Sie schienen ein heftiges inneres Bedürfnis nach Rache zu erfüllen. Sie strömten aus meiner Psyche, und es gab nichts, was ich tun konnte, um sie zu stoppen.

Es war ein Kampf. Ich beobachtete meinen Atem, dann ging ich zurück zu einer Szene, in der der Karatemeister Miles die Knochen brach. Dann ging ich zurück zu meinem Atem.

Tag vier: Ich wachte um fünf Uhr morgens auf, setzte mich auf mein Meditationskissen und fing wieder an, meinen Atem zu beobachten. Diesmal war ich mir sicher, dass ich meine Psyche von all diesen schrecklichen Szenen entleeren und die innere Stille genießen konnte.

Keine Chance. Nicht einmal fünf Minuten waren vergangen, bevor der nächste Film ablief. Miles und Maya waren unterwegs und bekamen ein Ticket für Geschwindigkeitsübertretung. Sie wurden von einem neugierigen Polizisten verfolgt, der Miles' Strafregister überprüfte und entdeckte, dass er kein unbeschriebenes Blatt war und schon tonnenweise Strafzettel bekommen hatte, überall Schulden hatte und seine Strafen nie bezahlte.

Der Polizist konfrontierte Miles und Maya damit, verpasste ihnen noch mehr Strafzettel, provozierte einen großen Streit und warf schließlich beide ins Gefängnis.

Tag fünf: Als ich erwachte, hoffte ich wieder, dass ich die Zwangsvorstellungen, die sich in meinem Geist abspulten, loswerden würde.

Ich wusch mein Gesicht, trank eine Tasse warmen Kräutertee, ging meditativ durch den Garten, kam zurück, setzte mich auf mein Kissen und richtete meine Aufmerksamkeit auf meine Atmung.

Unweigerlich kam die nächste Szene:

Diebe und Hooligans hatten eine Rechnung mit dem Besitzer des Chalets offen, in dem Miles und Maya wohnten. Eines Nachts beschlossen diese, sich zu rächen. Sie zündeten das Haus an, während Miles und Maya darin schliefen. Die beiden wachten mit brennendem Pyjama auf und schafften es nur schwer verletzt, dem Tode zu entkommen, indem sie in den Swimmingpool sprangen, während das Haus in Flammen aufging. Sie hatten ihre Pässe, ihren Führerschein und ihr ganzes Geld verloren, taumelten nackt in den Wald und versuchten, den Weg ins Dorf zu finden.

Ein Teil meines Geistes empfand große Befriedigung darüber, dass ich auf diese Weise gerächt wurde, während sich ein anderer äußerst schuldig fühlte, weil ich keine gute Meditierende war. Statt die wertvolle Gelegenheit, glückselig zu sein, zu nutzen, beschäftigte ich mich mit einem billigen Hollywood-Streifen.

Ich brauchte Hilfe. Ich bat darum, mit der Leiterin des Vipassana-Seminars zu sprechen, einer freundlichen Engländerin mittleren Alters namens Pradeepa. Als ich ihr von meiner misslichen Lage erzählte, war sie nicht im Geringsten überrascht.

„Deine Psyche reagiert wie dein Körper“, erklärte sie. „Du wurdest emotional verletzt und du hast eine Wunde zu heilen. Gleich einer Infektion sickert der Eiter aus der Wunde und vertreibt so die erlittene Verletzung in Form dieser negativen Szenarien aus deinem Kopf.

Das ist der Weg, den dein Verstand eingeschlagen hat, um sich selbst zu heilen. Es ist eine Katharsis, eine Art Säuberung. Das passiert jedem, es ist die normale Reaktion, um eine tiefe Wunde nach der Trennung von einem geliebten Menschen zu verarbeiten.

Bleib einfach dabei und schau zu, beobachte, was dein Bewusstsein hervorbringt. Betrachte es als den Eiter aus einer Wunde, durch den die Infektion geheilt werden soll. Sobald du das tust, wirst du bald feststellen, dass keine dieser Fantasien mehr auftaucht."

Ich verstand, was sie meinte, also dankte ich ihr und ging zurück zu meinem Kissen. Dort verfolgte ich die Leere, sehnte mich nach Stille, bat den „leeren Geist", sich zu manifestieren – ohne Erfolg. Das Morden fand weiterhin statt. Ich war es leid und zunehmend verärgert darüber, dass ich so wenig Kontrolle über meinen Geist hatte. Es war, als ob ich an psychischem Durchfall litt.

Am Abend des sechsten Tages schrieb ich an Osho, erklärte die Situation und bat um seine Unterstützung. „Verehrter Meister, kannst du mir helfen? Mein Verstand ist damit beschäftigt zu töten. Wo ist die Meditation? Kannst du mir helfen, mein Haus zu reinigen? Bitte schicke mir etwas Frieden! Ich danke dir."

Am nächsten Morgen wurde ich wie immer um 5:00 Uhr geweckt und folgte der inzwischen vertrauten Routine des Waschens, Teetrinkens und Spazierens im Garten. Beim Ertönen der Glocke ging ich langsam zu meinem Kissen, setzte mich und erwartete müde einen weiteren Tag voller Seifenopern.

Doch nichts erschien in meinem Geist. Es herrschte völlige Leere. Der Bildschirm war leer. Mit Erleichterung und Freude stellte ich fest, dass ich einfach mit geschlossenen Augen dasitzen und Zeuge der inneren Weite werden konnte. Ja, der Meister hatte mir geholfen, einige ernsthafte „Hausputzarbeiten" durchzuführen. Nach so viel Kampf und Aufruhr fühlte sich diese innere Stille wie kühles Quellwasser für einen durstigen Menschen an, der sich in der Wüste verlaufen hatte. Jetzt, endlich, konnte ich mich entspannen und in das natürliche Reich der inneren Ruhe eintauchen.

Einen Tag lang genoss ich die reine, leuchtende Beschaffenheit des leeren Geistes, das Bewusstsein, das alles widerspiegelt und nichts enthält. An diesem geräumigen, stillen Ort musste ich mich nicht um Miles und Maya kümmern. Ich musste nicht mit ihnen kämpfen, mich rächen. Da war nichts mehr. Sie waren weg.

Im weiteren Verlauf der Meditation gingen mir Gedanken durch den Kopf, aber sie konnten mich nicht einfangen. Visionen erschienen, aber nur flüchtig, denn sie konnten mich nicht verschlingen. Groll verlangte Aufmerksamkeit, konnte aber nichts auslösen. Die Empörung rief sich ins Gedächtnis, konnte aber nichts aktivieren. Es gab dort nicht mehr viel von einer Persönlichkeit. Nichts konnte an der diamantartigen Oberfläche dieser Präsenz des Seins kratzen.

Als der Gong das Ende des Retreats markierte, wurde mir genau in diesem Moment bewusst, dass ich mich an ein neues Gefühl der Freiheit herantastete. Ich wusste im Kern meines Seins, dass ich jetzt und für immer ein vollständiger Mensch und eine freie Frau war, ob es einen Mann in meinem Leben gab oder nicht.

Hier war der Grund, warum Osho mich ins Vipassana-Retreat geschickt hatte: um meine essenzielle Natur zu kosten, die für sich allein vollständig war, mit oder ohne jemand anderen. Es war außergewöhnlich, unglaublich, sich so vollständig zu fühlen. Die Freude daran, die ungeheure Dankbarkeit Osho gegenüber und der Existenz. Was für eine mysteriöse, ungreifbare und doch so selbstverständliche Offenbarung.

Später lernte ich, dass diese Erkenntnis der inneren Freiheit nicht bedeutete, dass ich jetzt frei von der Leidenschaft und dem Schmerz war, den Höhen und Tiefen, die dem Verlieben innewohnen. Viele Male in den kommenden Jahren würde ich auf der emotionalen Achterbahn der Romantik fahren, aber irgendwo tief im Inneren würde ich immer wissen, dass ich vor Schaden sicher war, wegen dieses Ankers der Ganzheit in meinem Inneren.

Osho hatte recht, als er mir sagte, dass ich nie wieder so leiden würde wie mit Miles. Es war in der Tat eine Beziehung mit einer doppelten Pein gewesen: der, ihn zu verlassen, und der, dass ich das Gefühl hatte, dass ich meine Rolle als seine liebende Frau nicht erfüllen konnte. Ich wusste, dass er mich sehr geliebt hatte. Das war jetzt vorbei. In diesen zehn Tagen war mir die Last einer bösen Scheidung erspart worden, von der ich mich normalerweise erst nach Jahren erholt hätte.

Das Leben in Poona überraschte mich immer wieder. Es geschah immer etwas Neues und Unerwartetes, entweder im Ashram oder –

in mir selbst. Das Zusammensein mit einem spirituellen Meister wurde oft mit dem Schälen einer Zwiebel verglichen, nur dass du in dieser Situation selbst die Zwiebel bist. Sobald du eine Schicht von „dir“ wegnimmst, hast du keine Ahnung, was darunter zum Vorschein kommt.

Der Höhepunkt war immer das Treffen mit Osho beim Darshan. Das brachte mich immer zum Vibrieren vor Aufregung, fast wie bei einem Kind, kurz bevor es die Weihnachtsgeschenke unter dem Baum öffnen darf. Was würde diesmal passieren? Welche neue Offenbarung würde man erleben?

Als Osho mich ins Vipassana-Retreat schickte, sagte er: „Komm danach zu mir“, das tat ich nun. Als die Dunkelheit einbrach, versammelten wir uns am Lao-Tzu-Tor, gingen schweigend den Weg entlang, der zum Chuang-Tzu-Auditorium führte, und setzten uns vor Oshos leeren Stuhl.

Etwa vierzig Menschen waren versammelt, und die Stimmung war ernst, still und konzentriert, wahrscheinlich weil viele Teilnehmer an einem Workshop oder Training teilnahmen und deshalb mit verschiedenen inneren Dämonen rangen, während sie in sich selbst schauten.

Osho kam durch eine Seitentür, begrüßte uns mit einem Namasté, wandte sich langsam jeder Person in unserem Halbkreis zu und setzte sich dann auf seinen Sessel.

Schließlich wurde mein Name genannt, und ich ging, um mich zu seinen Füßen zu setzen. Ich schaute ihm in die Augen. Nicht eine Falte war in seinem Gesicht zu sehen. Keinerlei Verspannungen. Flüchtig dachte ich an Oscar Ichazos „Ich-Fixierungen“ und erkannte, dass es unmöglich gewesen wäre, Oshos Typ durch eine Gesichtsdiagnose zu bestimmen.

„Ich habe keine Frage“, sagte ich zu ihm. „Ich wollte dich nur sehen und mich bei dir bedanken.“

Er lächelte, bat mich, meine Augen zu schließen, dann legte er sanft einen Finger auf mein drittes Auge, oder das sechste Chakra, das sich zwischen den Augenbrauen befindet.

Irgendwann spürte ich ein Zittern wie ein Rumpeln, das von unter meinem Steißbein zu kommen schien, von tief im Zentrum der Erde, fast wie ein Erdbeben. Das Rumpeln näherte sich der Oberfläche an der Stelle, auf der ich saß, und durchdrang mein Becken, das anfing zu beben, zu schütteln und zu wanken, und da brach ich plötzlich in unkontrollierbares Gelächter aus.

Es war ein unwiderstehliches Lachen, das meinen ganzen Körper wie eine Flutwelle eroberte, durch mein Geschlecht, meine Hüften und meinen Bauch strömte und meinen Solarplexus und meine Brust eroberte. An diesem Punkt verließ mich nun jegliche Zurückhaltung und ich ließ es geschehen.

Ich wälzte mich auf dem Boden vor dem Bhagwan (was „der Gesegnete" bedeutet), hilflos vor Lachen. Ich schätze, es war wie ein epileptischer Anfall, in dem Sinne, dass es nichts gab, was ich tun konnte, außer mich zu ergeben. Weiteres Gelächter durchflutete mich. Etwas war unbestreitbar urkomisch, das Leben, wir – das alles hier.

Dieses Lachen war nicht mein Lachen. Es war ein universelles Gelächter, größer als das Auditorium. Inmitten von allem sah ich Oshos Gesicht und er schmunzelte.

Es war Zeit, dass ich für den nächsten Platz machte. Ich wusste es, aber es gab keine Chance, dass ich aufstehen konnte. Ich zitterte immer noch unkontrolliert. Zwei Helfer mussten mich zu meinem Platz tragen. Inzwischen lachte der ganze Raum. Die Fröhlichkeit hatte alle angesteckt.

Ein anderer Name wurde genannt und der Darshan ging weiter.

Ich brauchte fast den ganzen Abend, um mich zu beruhigen. Als es vorbei war, fühlte ich mich ausgelaugt, erschöpft. Jeder Teil von mir fühlte sich gedehnt an, aufgebläht, wie ein Ballon, der bis zum Platzen aufgeblasen wird und dem man dann plötzlich die Luft auslässt. Aber etwas in mir fügte sich zusammen und ordnete sich neu. Ich fühlte mich rundum erfüllt.

Noch dreißig Tage lang nach diesem „lachenden Darshan" kam das Lachen jeden Abend genau zur gleichen Zeit zurück. Ganz egal, was ich gerade tat, ob ich mit einem Freund in einem Restaurant zu Abend aß, einen Brief schrieb, kochte oder die Straße entlangging. Es brach jedes Mal ohne Vorwarnung über mich herein, wie ein Vulkanausbruch, der alles in mir erschütterte und mir unbestreitbar den urkomischen Aspekt jeder Situation zeigte, in der ich mich gerade befand.

Die Tränen strömten über meine Wangen, so dass ich nach ein paar Tagen begann, eine Packung „Lachtaschentücher" in meiner Tasche zu haben.

Das hatte zur Folge, dass ich mich nicht zu ernst nahm. Es brachte mir auch einen neuen Zugang zur Meditation, denn das Lachen ließ mich die Dinge aus der Distanz sehen. Wenn ich lachte, spürte ich die Gegenwart meines inneren Zeugen, der etwas Abstand nahm, um die amüsante Seite jeder Dimension der menschlichen Existenz wahrzunehmen.

Ich erkannte, dass ich nicht über etwas lachen konnte, ohne mich davon ein wenig zu distanzieren. Es war eine sehr befreiende Erfahrung, vor allem, weil es kein „Ich" gab, das dies bewirkte. Es geschah von selbst – ein weiteres Geschenk des Meisters.

Einmal aß ich mit einer guten Freundin, die im Ashram lebte und arbeitete, zu Abend. Sie war in ernster Stimmung und erzählte mir von einem persönlichen Problem.

Sie arbeitete unter einer Küchenchefin, die eine gefürchtete italienische „Mama" war. Meine Freundin berichtete, dass diese „Mama" ein totaler Kontrollfreak war und ihr keinen Raum gab, kreativ zu sein. Sie regte sich furchtbar über ihre „böse Chefin" auf und fragte sich, wie ein solcher „Diktator" in Oshos Ashram zugelassen werden konnte.

Ich hörte zu, fühlte mit ihr und erkannte, dass auch das Leben in einem Ashram, genau wie überall sonst, nicht ohne Probleme ist. Plötzlich erschien vor meinem geistigen Auge ein cartoonartiger Charakter, eine Vision dieser großbusigen, fetten und unerbittlichen italienischen „Pizzamama".

Im gleichen Augenblick war es wieder da: das Rumpeln, das Lachen, das Explodieren, so stark, dass es fast mein Essen vom Teller gepustet hätte. Ich schaute meiner Freundin in die Augen und war machtlos. Sie erwiderte meinen Blick. Dann fing auch sie an zu lachen.

Das „ernste Problem“ wurde zum Gegenstand einer urkomischen Geschichte. Wir alle waren Charaktere in einer nie endenden Saga, meine Freundin, ich selbst, der Ashram, die italienische Mama, Poona, Indien – und das Lachen wuchs und wuchs, bis es so groß war, dass es die ganze Welt zu umfassen schien.

Ja, in diesem Moment war alles ein gigantischer Witz. Es war, wie die Hindus es nennen, Leela, ein göttliches Spiel ohne wirklichen Zweck, außer sich selbst zu unterhalten. Hier zu sein, ein Mensch zu sein, ein Teil von allem zu sein, das alles war eine göttliche Komödie.

Dieses Geschenk währte einen Monat. Dreißig Tage lang brach ich jeden Abend in Gelächter aus und kapitulierte vor ihm. Jeden Tag fühlte ich mich in immer größerem Maße leichter. Ich war unfähig, das Leben ernst zu nehmen, mich mit irgendeinem Problem zu identifizieren, ob es nun das meine oder das eines anderen war.

Das Geschenk ermöglichte es mir, anmutig und frei durch den Tag zu schweben, ohne mich in persönliche Dramen, Projektionen oder Ressentiments zu verlieren. Es gab keine Haken in meinem Dasein.

In den folgenden Tagen hegte ich den geheimen Wunsch, „Sannyas zu nehmen“, also mich zu einer Schülerin von Osho weihen zu lassen, doch ich spürte, dass ich auf den perfekten Moment warten musste.

Mein vorsichtiger, praktisch denkender Verstand informierte mich, dass ich jetzt keine Sannyas nehmen konnte, weil ich ein Buch zu Ende schreiben musste. Dennoch, ich konnte das Buch noch nicht fertigstellen, ich musste erst das perfekte Haus mit einem Schreibstudio in einem gemäßigten Klima finden, in dem mein Gehirn cool und inspiriert bleiben würde. Es war eine Art Motivation, eine Ausrede für das „Warten“.

Ein paar Tage später wurde ich zum Darshan gerufen und Osho fragte mich, ob ich bereit sei, Sannyas zu nehmen, um eine Schülerin, eine Sannyasin zu werden. Ich sagte: „Ich würde lieber warten."

Aber er muss die Sehnsucht in meinem Herzen gesehen haben, denn er bat einen Assistenten, ihm eine Mala, eine Holzperlenkette zu reichen, dann zog er sie über meinen Kopf, legte sie sanft um meinen Hals und durchlief praktisch die Zeremonie der Initiation.

Er sah mich mit seinen strahlenden Augen an und sagte: „Du hast schon zu lange gewartet. Alles Warten ist sinnlos. Warten kann zur Gewohnheit werden, und dann wird es schwierig, aus ihm herauszukommen. Deshalb bestehe ich darauf, dass du nicht wartest. Es ist nicht nur für das Sannyas, ich möchte, dass du die Gewohnheit, abzuwarten, ablegst. Beginne jetzt zu leben. Es gibt nur einen Weg zu leben, und das ist, jetzt damit anzufangen."

Er schrieb meinen neuen Namen auf ein edles Briefpapier, das seinen Namen trug. Mit diesem in der Hand lehnte er sich nach vorne und erklärte die Bedeutung meines Namens. „‚Anand' bedeutet Glückseligkeit, ‚Margo' bedeutet der Weg – der Weg zur Glückseligkeit. Du musst der Weg zur Glückseligkeit werden ... und du kannst es werden!"

Danach feierte ich mit meinen Freunden in einem nahegelegenen Hotel. Natürlich haben sie mich spielerisch gehänselt und gesagt: „Oh, Margo, du bist der Weg zur Glückseligkeit, aber wann wirst du tatsächlich dort ankommen?"

Was ich gelernt habe

Im Rückblick lernte ich, dass der Ruf nach Erwachen stärker war als der Ruf, in einer Beziehung zu sein, und so ließ ich den Ehemann los und wählte den Meister.

Im Osten nennen einige den Meister „den kleinen Tod", während dies in Frankreich ein Ausdruck für den Orgasmus ist, „La petite mort". In beiden Fällen geht es darum, dich selbst zu vergessen und dich davon tragen zu lassen.

Kapitel 5

Miles war die Liebe meines Lebens gewesen. Ich liebte die Art und Weise, wie er bereit war zu erforschen, zu spielen, Dinge auszuprobieren, mein tantrischer Partner zu sein, all meine Liebeskünste zu kosten. Er unterstützte mich. Er war kreativ. Ich liebte seinen Körper, sein Geschlecht, sein Gesicht, seine Arme. Er war mein gewesen, und mit ihm hatte ich mich sicher gefühlt. Doch ich musste ihn gehen lassen.

Zuerst schien es machbar, ein ziemlich einfaches Vorhaben: zwei Tage und zweihundert Dollar, und du bist frei.

Doch nachdem ich die Fesseln gelöst hatte, fiel ich in ein tiefes Loch der Qual. Ich schrie nachts in mein Kissen, damit die Nachbarn es nicht hören konnten. Ich erlebte jeden nostalgischen, glückseligen Moment noch einmal. Ich musste mit der Tatsache zurechtkommen, dass Miles mich sehr geliebt hatte, dass er den ganzen Weg mit mir gehen wollte, für immer, als Mann und Frau. Ich hatte es vermasselt. Ich hatte ihn „verlassen". Eine Stimme in meinem Kopf nörgelte unaufhörlich: „Du hättest ihn behalten können. Du hättest deine Karten anders ausspielen können."

Aber war das so?

Der Buddhismus lehrt uns, dass eine der stärksten Ursachen für menschliches Leiden die Bindung ist, das Sich-an-andere-Menschen-Klammern, und dass durch dieses Klammern ein bestimmtes Bild von unserem Selbst – unserer Identität oder unserem Ego – aufrechterhalten wird. Doch wie schaffen wir es, uns nicht an jemanden zu klammern, der die Quelle unseres Glücks zu sein scheint?

Indem wir die Glückseligkeit in uns selbst finden. Doch wie machen wir das? Indem wir unser authentisches Wesen finden, den Kern unseres erwachten Bewusstseins. Indem wir tausend Möglichkeiten schaffen, anderen zu helfen, und tausend weitere zu feiern, zu genießen, zu tanzen, zu schreiben, zu meditieren, zu lachen.

Ich habe so viele Gruppen über so viele Jahre geleitet und so viel Glück mit so vielen Partnern, auf die verschiedenste Art und Weise erlebt, dass ich mich jedes Mal diesem Dilemma stellen musste. Ich bin froh darüber. Es war der Preis für meine Freiheit: zu lernen, glücklich zu sein. Egal ob ich in den Armen meiner Geliebten Höhenflüge erlebte oder kreativ arbeitete und allein lebte.

Deshalb meditieren wir: um die Glückseligkeit und den Frieden zu erlangen, die zu uns kommen, wenn wir in einem Zustand der stabilen Zufriedenheit ruhen.

Indem er sich weigerte, mit mir nach Indien zu gehen, hatte Miles die Grenze gezogen. Also musste ich widerwillig alleine gehen. Im Vipassana-Retreat in Poona erhielt ich das Geschenk der Freiheit. Ich habe auch sehr deutlich gesehen, wie eine Frau ihren Wert durch ihren Partner definiert und wie beängstigend es ist, aus dieser Definition auszusteigen.

Jede frisch geschiedene Frau weiß das, besonders diejenigen von ihnen, die von ihrem Mann verlassen wurden, weil er sich von einer anderen Frau verführen ließ. Es ist, als würde man nackt ausgezogen und der öffentlichen Demütigung ausgesetzt, und es dauert lange, bis man heilt.

Du hast dieses schreckliche Gefühl, dass etwas in deinem Leben fehlt, das du dir nicht selbst geben kannst. Doch dies ist die Herausforderung: Sich alleine auf die Suche zu machen. Es ist deine Aufgabe, das Wasser in deinem eigenen Brunnen zu entdecken. Du kannst dich nicht mehr darauf verlassen, dass dein Partner deinen Durst stillen wird.

Mir hat das Geschenk des Lachens sicherlich geholfen, denn durch das Lachen kam die Distanzierung. Lachen ohne Grund, das war eine Offenbarung. Lachen als spontane Gratisenergie, wobei dein ganzes Wesen vor Vergnügen erzittert.

Ich konnte mich selbst oder meine Probleme nicht mehr so ernst nehmen. In diesem Lachen lernte ich, dass Vergebung bedeutet, dass man keinen Groll, keinen Unmut hegen kann, man kann keine giftigen Gefühle der Wut in seinem Körper verbergen oder in seinem Nervensystem verstecken; dass man alles loslassen muss.

An seiner Stelle herrscht nun ein gelassener Zustand purer Neutralität, in dem derjenige, der dich abhängig gemacht oder verwundet hat, keine Macht mehr über deine Emotionen hat. Du bist frei und klar.

Es gibt keine tiefere Vergebung als die von Jesus, der ans Kreuz genagelt schreit: „Vater, vergib ihnen, denn sie wissen nicht, was sie tun."

Es gibt kein größeres Mitgefühl als das des tibetischen Mönchs, der, während er von den Chinesen im Gefängnis gefoltert wurde, Mantras rezitierte und für ihre Befreiung betete.

Heute, nach vielen Erfahrungen mit Liebesgeschichten und intimen Beziehungen, finde ich es einfacher, keine persönlichen Beziehungen einzugehen. Ich weiß in meinem Herzen, dass eine Beziehung mit Sicherheit Leiden mit sich bringt – eine Verschwendung der kostbaren Ressourcen des Lebens, Zeit und Energie. Es ist eine Art von göttlich inspirierter Faulheit, ein Gefühl, dass Bindung einfach zu viel Arbeit ist. Ich bemerke, dass ich mich an meinen Geliebten klammere, weil ich Angst habe, allein zu sein oder besser gesagt, mich einsam zu fühlen.

Es ist etwas, worüber Osho oft gesprochen hat: Einsamkeit ist der Geisteszustand, bei dem man den anderen ständig vermisst.

Alleinsein ist der Geisteszustand, bei dem man sich ständig an sich selbst erfreut. In der Einsamkeit bist du außerhalb deiner Mitte; im Alleinsein bist du zentriert und verwurzelt.

Alleinsein ist schön. Es hat eine Eleganz, eine Anmut, ein Klima der ungeheuren Zufriedenheit. Einsamkeit ist Abhängigkeit; Alleinsein ist perfekte Unabhängigkeit.

Wir werden allein geboren und wir sterben allein. Alleinsein ist unser natürlicher Zustand. Wenn wir das akzeptieren, entdecken wir, dass das Zuschauen und Beobachten dessen, was passiert, ohne es ändern zu wollen, das Tor zum Wohlbefinden öffnet. Die Welt ist ein wohltätiger Ort. Es gibt überall um uns herum guten Willen. Die Menschen können freundlich und fröhlich sein. Die Natur kann ihren Segen überall über uns ausbreiten und tut dies auch. Wir sind ein Teil dieser Segnungen. Hat man dies erkannt, kann man zwischen Einsamkeit –

in der man etwas oder jemanden vermisst – und dem zufriedenen Alleinsein unterscheiden, in dem man Freude an sich selbst hat.

Die Praxis: Werde locker

Es ist fast unmöglich, innere Freiheit und Weite zu genießen, bevor wir nicht all dem, was unser Sein einschränkt, vergeben und es auf diese Weise für uns verändert haben. Paradoxerweise ist der beste Zeitpunkt dafür, wenn man vor einer Herausforderung steht, die unüberwindbar erscheint.

Anbei eine einfache Übung, die Ihnen helfen wird, Trauer zu transformieren und zu vergeben, damit Sie Ihre innere Weite wieder spüren können.

Sitzen Sie still in einem ruhigen Raum, in dem Sie ungestört sind. Schließen Sie Ihre Augen. Nehmen Sie sich jetzt Zeit, um Ihren Körper zu entspannen. Betrachten Sie das Ereignis, dass der Grund für Ihre Trauer oder Schwierigkeiten ist. Spüren Sie das physische Echo, die Reaktion auf dieses Ereignis in Ihrem Herzen, meist äußert sich diese in einer Verkrampfung.

Konzentrieren Sie sich dann auf Ihr Herz, Ihren Bauch oder den Teil Ihres Körpers, wo sich die Verkrampfung am stärksten bemerkbar macht, und sagen Sie: „Ja, ich verstehe. Wir erleben Schmerzen. Wir sind verkrampft, aber jetzt lade ich dich ein zu heilen. Lass uns die Verkrampfung gemeinsam lösen."

Atmen Sie nun langsam ein und füllen Sie Ihr Herz mit diesem warmen Atemzug. Warten Sie auf einen entspannten Moment, während Sie den Atem in Ihrem Herzen, Körper halten. Sehr langsam und sanft, ausatmen und die innere Spannung loslassen. Spüren Sie, wie die Spannung sich in Ihrer Ausatmung auflöst und nach und nach freigesetzt wird.

Wiederholen Sie das fünfmal. Jetzt, während Sie langsam einatmen, fühlen Sie, wie Sie das Licht in sich aufnehmen und es in Ihre Brust, Ihr Herz bringen. Halten Sie den Atem mühelos im Inneren an und bleiben Sie ganz entspannt.

Fühlen Sie nun, wie sich das Licht in Ihrem Körper ausbreitet. Es ist das Licht der Vergebung. Wenn es in Ihre Zellen gelangt, beseitigt es die durch den Schmerz verursachte Verkrampfung. Die Zellen können loslassen und mit dem Licht verschmelzen.

Ganz langsam lassen Sie den Atem los und atmen aus. Spüren Sie, wie das Licht Ihren Körper verlässt und die dunklen Wolken und die Verkrampfung mit sich nimmt. Langsam fünfmal wiederholen.

Im Anschluss sitzen Sie einfach still da und atmen langsam ein und aus. Allmählich werden Sie mehr Weite in sich spüren, mehr Ruhe. Dies ist ein Zeichen dafür, dass Sie jetzt in der Lage sind, die Person oder das Ereignis, das Sie bedrückt hat, loszulassen. Es ist wichtig, dies regelmäßig zu tun, es wirklich in einem ruhigen Raum zu praktizieren und so lange wie nötig dabeizubleiben, bis Sie eine Veränderung spüren, eine innere Entspannung, eine Akzeptanz.

In jedem ruhigen Moment, in dem du atmest,
wird der Atem ausströmen
und von selbst innehalten,
oder einströmen und von selbst innehalten.
Hier öffnet sich die Erfahrung in exquisite Weiten
ohne Anfang und Ende.
Nimm diese Unendlichkeit ohne Einschränkung an.
Tauche ein,
trinke reichlich
und tauche
erfrischt auf.[13]

[13] Lorin Roche, *The Radiance Sutras* (Boulder, Colorado USA: Sounds True, 2014, Sutra 4)

Kapitel 6
Meine erste Tantragruppe

So, Margot, du gehst jetzt und schreibst dein Buch ...

Woher wusste Osho, dass ich ein Buch schreibe? Ich hatte es ihm nie gesagt. Als ich jedoch nach einer kurzen Reise nach Paris wieder in Poona ankam, begrüßte er mich mit dieser Einladung. Es war genau das, was ich brauchte.

Für mich bedeutete dies, aller guten Dinge sind drei. Ich hatte bereits zwei Manuskripte von *Le Chemin de l´Extase* weggeworfen. Einmal, weil mein Verleger versucht hatte, mich zu beeinflussen, und beim zweiten Mal, weil Miles, mein damaliger Mann, das Gleiche getan hatte. Jetzt war ich an der Reihe, aber es war nicht einfach.

Ich saß auf einem eleganten Balkon in meinem gemieteten Haus im Koregaon Park, direkt hinter dem Ashram, genoss den Sonnenschein, während ich den leuchtend grünen Sittichen zuhörte, die in den Bäumen kreischten, und starrte auf ein leeres Blatt Papier.

Es wurde langsam Routine: Ich ging schweigend zu Oshos morgendlichem Vortrag, danach, schweigend, zum Frühstück im Ashram, dann, schweigend, auf meinen Balkon, um vor der jungfräulich weißen Seite zu sitzen und zu brüten.

Ich verbrachte Stunden und Stunden vor der weißen Seite. Ich schrieb den ersten Satz zwanzig, sechzig, hundert Mal, indem ich die Wörter auf diese und jene Weise in endlosen Umstellungen neu arrangierte, als ob ich über einen Zen-Koan meditiere. Ich lernte die Kunst des Bücherschreibens auf die harte Tour: indem ich mich dem Einfluss aller Männer in meinem Leben stellte und ihn bewertete, einschließlich meines Vaters, meines Exmannes, meiner Lehrer und Osho.

Sie wollten das Beste für mich, aber ich musste die Dinge selbst erforschen. Doch, was hatte dieses „Selbst" zu sagen? Nada! Ich musste tiefer gehen, um meine eigene einzigartige Stimme zu finden, und ich war mir nicht sicher, wie ich das anstellen sollte.

Etwa zu dieser Zeit entschied sich Osho, seine Vorträge auf Saraha zu konzentrieren, einen buddhistischen Gelehrten, der zwei Generationen nach Gautama dem Buddha geboren wurde. Die Geschichte ging in etwa so: Eines Tages ging Saraha auf den Marktplatz in seiner Heimatstadt. Dort traf er auf eine wilde tantrische Mystikerin. Er erkannte sie als seine spirituelle Führerin und verließ seine Bücher, um sich ihr anzuschließen.

Saraha und seine Lehrerin lebten zusammen in einem Krematorium in der Nähe eines Flusses. Schließlich erwachte Saraha spirituell und begann, den Menschen, die kamen, um ihre Toten zu verbrennen, wunderbare Sutras zu singen oder Verse beizubringen. Es wird erzählt, dass diese Sutras eine so starke Glückseligkeit vermittelten, dass sich die Herzen der Menschen öffneten und sie in Ekstase tanzten.

Als sich Sarahas Ruf verbreitete, schickte der hiesige König seinen Premierminister, um herauszufinden, was da vor sich ging. Der Minister hörte sich eines von Sarahas Liedern an, „wurde erleuchtet", erwachte zu seiner eigenen „Buddha-Natur" und kehrte nie wieder in den Palast zurück.

Verblüfft entsandte der König seine Königin. Auch sie hörte sich Sarahas Lieder an, wurde erleuchtet und kam nicht mehr zurück. Schließlich ging der König selbst, woraufhin Saraha sang, was in buddhistischen Traditionen als *The Royal Song of Saraha* verankert wurde. Beim Zuhören wurde auch der König ekstatisch und erleuchtet. So kehrte auch er nie wieder zurück. Glückseligkeit ist eben ansteckend. Es heißt, dass das Königreich viele hundert Jahre in Frieden lebte und die Menschen immer glücklich waren.

Oshos Kommentare zu den Versen des *Royal Song of Saraha* wurden auf Tonband aufgenommen, transkribiert und zu einem Buch mit dem Titel *The Tantra Vision* zusammengestellt. Sarahas Leben und Transformation ist nach wie vor eine meiner liebsten Geschichten unter Oshos tantrischen Lehren.

Es gab jedoch ein Problem. Was Osho in seinen Diskursen sagte, entsprach überhaupt nicht den alten tantrischen Schriften, die ich in den letzten Jahren studiert hatte, bevor ich in seinen Ashram kam.

Diese Schriften sprachen davon, auf die Sinne zu verzichten und sich zurückzuziehen, um in einer Höhle zu meditieren. Laut ihnen war Tantra eine Art Yoga, das die Kontrolle der sexuellen Energie beinhaltete, um Transzendenz zu erreichen. Darüber hinaus schienen auch moderne „Experten" mit diesen traditionellen Ansichten einverstanden zu sein.

Als ich beim Darshan vor Osho saß, erzählte ich von meiner Verwirrung über so viele verschiedene tantrische Regeln und Philosophien.

Er antwortete: „Tantra ist nicht die Bibel. Die Schriften offenbaren die Wahrheit nicht, sondern verbergen sie nur. Die Wahrheit offenbart sich immer in einem tiefen, innigen Kontakt zwischen dem Meister und dem Schüler. Diese direkte Übertragung geschieht außerhalb und jenseits aller Schriften.

Diese Experten, die du im Orient oder in der westlichen Welt triffst, werden nie mit mir übereinstimmen, weil ich keiner traditionellen Lehre folge. Ich lebe Tantra. Und fordere meine Schüler dazu auf, es wieder zu entdecken. Denn wir müssen es in einer Weise leben, die den Bedürfnissen dieses Jahrhunderts entspricht. Deshalb brauchen wir die ritualisierten Strukturen von früher nicht.

Wir brauchen ein Tantra, das spontaner und poetischer ist. Das ist es, was ich hier tue, damit Tantra zu einer Erfahrung wird, die zutiefst vital, direkt und lebendig ist. Also vergiss die Schriften und vertraue diesem neuen Ansatz."

In der Zwischenzeit hatte ich mich einer Gruppe von Sannyasins angeschlossen, die sich abends versammelten, um Tantra zu studieren. Unsere Schlussfolgerungen passten zu Oshos Bemerkungen, denn je mehr Bücher und Schriften wir studierten, desto weniger verstanden wir etwas über Tantra.

Besonders enttäuscht hat mich die Tatsache, dass sich alte Texte fast ausschließlich auf männliche Tantrikas konzentrierten, als ob weibliche Partner nur als Mittel zum Zweck dienen sollten. Ein Mitglied unserer Gruppe, das die Schriften studiert hatte, erklärte, dass es nicht ungewöhnlich sei, dass Sadhus und Yogis mit Mädchen im Teenageralter als Begleiter, wenn nicht sogar als Diener, reisten und behaupteten, diese seien für die „tantrische Praxis". Das war sicherlich weder so, wie ich es mir vorgestellt hatte, noch so, wie ich wünschte, dass es heute sei.

In anderen Schriften schien die Betonung der Transzendierung des Sexualakts jede Art von angenehmer Erfahrung auszuschließen. So sollte der Mann beispielsweise in einer klassischen Übung den Körper einer jungen, schönen, nackten Frau stundenlang, vielleicht tagelang betrachten, bis er kein sexuelles Verlangen mehr verspürte. Erst dann durfte er mit ihr schlafen. In der Tat sehr eigenartig.

Was mich betrifft, so hatte Osho recht: Es bedurfte eines völlig neuen Ansatzes.

Um unser Verständnis zu vertiefen, machten sich sechs von uns, drei Paare aus unserer tantrischen Studiengruppe, auf den Weg in ein nahegelegenes Bergdorf namens Mahabaleshwar. Wir waren eine bunte Gruppe von Therapeuten und Gruppenleitern aus den Vereinigten Staaten. Um die Gruppenerfahrung zu intensivieren, beschlossen wir, zwei bis drei Tage lang in einem Raum zusammenzuleben, zu reden und mit verschiedenen nicht-sexuellen tantrischen Praktiken zu experimentieren.

In einem denkwürdigen Ritual saßen wir im Kreis und gaben symbolisch all unser Wissen auf, indem wir uns niederbeugten, mit unseren Köpfen den Boden berührten und unseren Geist in die Erde leerten – einschließlich allem, was wir über Tantra gelesen und gelernt hatten.

Dann lagen wir im Kreis auf dem mit Matratzen belegten Boden auf dem Rücken, hielten uns an den Händen und bildeten ein menschliches Mandala, wobei unsere Köpfe fast einen großen Kristall berührten, der genau in der Mitte des Kreises lag.

Jeder von uns hielt eine winzige, handgeschnitzte Schachtel mit einem Talisman, die uns Osho geschenkt hatte, so dass unsere Hände miteinander verschränkt waren mit der Schachtel dazwischen. Später erfuhr ich, dass diese Kästchen Haare von Oshos Bart und Nagelabfälle von seinen Fingern enthielten. Zuerst dachte ich, das wäre ein bisschen verrückt. Aber mir wurde gesagt, dass es in Indien Brauch sei, ein kleines „Stück des Meisters" zu erhalten, um eng mit seiner Energie verbunden zu sein. Ich habe es dabei belassen.

Wir begannen eine intensive Atemübung, und nach ein paar Minuten spürte ich plötzlich, wie eine blitzartige Energie aus den Kästchen in meine Hände floss. Sie ging durch meine Arme, in mein Herz, durch unseren Kreis und verband uns so in einem lebendigen Energiekreislauf. Ich fühlte, wie ich und alle anderen zu reiner Energie und Licht in einer Art „spirituellem Stromschlag" zerflossen.

Nach ein paar Augenblicken nahm die Intensität ab und ich war wieder im Kreis. Jeder hatte diese außergewöhnliche Wirkung erlebt. Wir waren Medien für die Übertragung einer geheimnisvollen, mystischen Energie gewesen.

War es ein Geschenk von Osho? Es fühlte sich definitiv so an. Den Rest des Tages verbrachten wir mit Spaziergängen in den Hügeln, wir fuhren Boot auf einem nahegelegenen See und genossen die Nachwirkung der morgendlichen Energieübertragung. In diesem erweiterten Zustand war alles prickelnd, frisch und neu. Ich sah Bäume als Lebewesen, die rund um ihre Äste ein weiches, fließendes Licht ausstrahlten.

Ich erinnere mich an einen außergewöhnlichen Moment. Als wir am See entlanggingen, wurden wir von einem Baum angezogen, der von einer durchsichtigen orangefarbenen Wolke umhüllt war. Er pulsierte und bewegte sich in seiner Form. Als wir darunter standen, sahen wir, dass die Wolke tatsächlich Tausende von bunten Schmetterlingen war, die gerade aus ihren Kokons inmitten der Äste geschlüpft waren.

Sie ließen sich auf unseren Armen und Schultern nieder und flatterten um unsere Köpfe und Körper. Wir standen still und ließen sie über unsere Gesichter kriechen und sie küssten sanft unsere Münder und Augenlider mit ihren zarten Flügeln. Es war magisch und erinnerte mich an etwas, was Osho in seinen Vorträgen gesagt hatte:

Tantra will, dass du lebendig bist – so lebendig wie die Bäume, so lebendig wie die Flüsse, so lebendig wie die Sonne und der Mond. Das ist dein Geburtsrecht.

Zurück in Poona arbeitete ich weiter an meinem Buch. Das Schreiben fiel mir jetzt leicht – manchmal kamen die Ideen so schnell, dass mein Stift nicht mithalten konnte. Doch ich fühlte mich in meiner Arbeit zunehmend isoliert, da sie mich vom pochenden Herzen von Oshos Ashram wegführte, der zwischenzeitlich mit westlichen Suchenden überfüllt war.

Nach zwei langen Monaten schrieb ich endlich an Osho und sagte ihm, dass mein „Schreibjob“ zu einsam sei. Ich musste mit Menschen zusammen sein. Seine Antwort? „Komm zum Darshan.“

Ich fragte mich, mit vertrauter Begeisterung, welche neue Situation Osho entwickeln würde, um mich herauszufordern. Ich hatte ja keine Ahnung.

Als mein Name aufgerufen wurde und ich mich vor ihn setzte, kam Osho direkt zum Punkt: „Nun, Margot, fang an, eine Tantra-Gruppe hier im Ashram zu führen“, sagte er zu mir.

Ich war fassungslos. Ich wusste, dass eine Tantra-Gruppe geplant war, aber ich hätte nie gedacht, dass ich sie leiten würde.

„Aber Osho, ich habe noch nie eine Tantra-Gruppe geleitet!“, protestierte ich. „Ich bin eine in der westlichen Welt ausgebildete Psychologin.“

Gleichzeitig überschlug ich sofort in meinem Kopf, welche der vielen Methoden, die ich studiert hatte, auf diese neue Situation zutreffen könnten: Gestalt? Nein. Arica? Nein. Übungen aus alten tantrischen Schriften? Nein.

An diesem Punkt lächelte Osho, lehnte sich nach vorne und drückte seinen Finger auf mein drittes Auge. Mein Verstand wurde komplett leer. Dann antwortete er:

„Vergiss, was du in der Vergangenheit gelernt hast. Ich bin jetzt hier, und du bist hier. Das ist genug. Solltest du nicht wissen, was zu tun ist, schließe einfach die Augen und rufe mich und ich werde die Gruppe durch dich führen!“

Nun, das war’s dann. Was sollte ich da sagen? Ich verließ den Darshan und fühlte mich enthusiastisch, aber verwirrt. Welche Art von Gruppe würde es sein? Es war ironisch: Ich hatte gerade meine unabhängige Stimme durch das Buch gefunden, das ich schrieb, aber jetzt sollte ich einen Mystiker „anrufen“, um die Gruppe von ihm „durch mich“ zu führen!

Würde ich dadurch meine Stimme wieder aufgeben? Doch war die Hingabe zum Meister nicht die Essenz des spirituellen Spiels? Es war sehr verwirrend. Alles, was ich wusste, war, dass sich mein Interesse an Tantra bis zu diesem Zeitpunkt auf die Suche nach mystischen Erfahrungen konzentriert hatte. Ich wusste nicht, dass ich im Begriff war, dem verrücktesten Zirkus beizutreten, den ich in meinem ganzen Leben kennengelernt hatte.

Das Datum für meine erste Tantra-Gruppe wurde festgelegt. Ich wurde über die Grundregeln informiert: Alle Teilnehmer mussten zuerst zum Darshan mit Osho. Niemand konnte an dieser Gruppe teilnehmen, wenn Osho ihn nicht persönlich eingeladen hatte. Die Tantra-Gruppe war für diejenigen reserviert, die bereits innere Arbeit geleistet hatten und genug Reife besaßen, um das heikle Thema Sexualität in einer Gruppenumgebung anzugehen.

Jeder, auch ich, musste sich einer ärztlichen Untersuchung unterziehen, um sicherzustellen, dass wir keine Viren oder Infektionen hatten, von einer Erkältung bis hin zu Herpes. Die Teilnehmer würden sich gegenseitig frei berühren und auch die Sexualität könnte einbezogen werden, so dass grundlegende Hygienemaßnahmen wichtig waren.[14]

Die Gruppe sollte in den Chaitanya Chambers stattfinden, einer Reihe von speziell gebauten unterirdischen, schalldichten Räumen mit gepolsterten Wänden und mit Matratzen ausgelegten Böden. Diese waren für die Primärtherapie konzipiert, so dass Sannyasins den ganzen Tag über laut schreien und weinen konnten, ohne unsere Nachbarn im Koregaon Park, dem Wohngebiet, in dem sich der Ashram befand, zu erschrecken.

Am ersten Tag stand ich vor der Tür der unterirdischen Kammer, der Schlüssel in meiner Hand, meine Knie zitterten. Was sollte ich tun? Wie würde ich führen? Wer würde kommen?

Langsam begannen die Teilnehmer einzutrudeln, bis es insgesamt sechzehn waren, meist Westler in den Zwanzigern und Dreißigern. Die Gruppe hatte ungefähr die gleiche Anzahl von Männern und Frauen, einige Paare, einige einzelne Personen. Wir trugen einfache orangefarbene Gewänder, mit wenig oder keiner Unterwäsche, und wir durften keine Notizbücher oder anderes Gepäck bei uns haben.

Alle setzten sich auf die Matratzen, lehnten den Rücken an die gepolsterten Wände und warteten. Es sollte kein Ritual, kein kollektives Om oder Händchenhalten wie in Woodstock geben, keine Widmung oder Segnung. Einfach nur dasitzen, schauen und warten. Jungen schauen Mädchen an. Mädchen schauen Jungen an. Jungen schauen Jungen an, und Mädchen Mädchen.

Ich konnte nicht sagen, wer schwul und wer heterosexuell war. Aber ich wusste, dass es eine große Herausforderung war, im Ashram schwul zu sein, denn Osho, normalerweise so rebellisch gegen die Einschränkung der persönlichen Vorlieben, duldete scheinbar kein „Schwulsein“ und hatte dies oft in seinen Vorträgen gesagt.

---

[14] AIDS kannte man noch nicht.

Das überraschte mich. Ich hatte damals bis heute keine Vorbehalte gegen die sexuelle Präferenz eines jeden. Zu dieser Zeit war die Szene im Ashram auch größtenteils heterosexuell. Erst Jahre später ermutigte ich einen meiner schwulen Teilnehmer, ein Institut für schwules Tantra in Berlin zu eröffnen.[15]

In dieser ersten Tantra-Gruppe wurden wir bald auf den Impuls der Anziehung aufmerksam. Es war ein instinktives Gefühl. Ich konnte die Energie lesen, die anfing, durch den Raum zu fließen: Dieser Mann sah gut aus und fühlte sich zu dieser Frau da drüben hingezogen, aber war er nicht mit seiner Freundin hereingekommen? Ah ja, da war sie: die blonde, lockige, die ihm gegenübersaß, etwas verkrampft und auf der Hut.

Ich hatte sie im Ashram gesehen. Er war ein großer Bär von einem Mann und sie war eine engelhafte Schönheit, die ihn mit flatternden Augenlidern und verführerischen Blicken an der Nase herumführte. Ihre hochangesetzten, üppigen Brüste wogten frei unter ihrem orangefarbenen Gewand, ohne einen BH.

Jetzt schmollte dieser „Engel" und spürte, dass sie dabei war, ihre Macht zu verlieren. Mir schien es, als würde sie sich genauso verletzlich wie alle anderen fühlen und sich Gedanken darüber machen, was sie erwarten würde.

Es war Zeit zu beginnen. Ich stellte mich vor. „Ich bin Margot. Aber ich leite diese Gruppe nicht. Osho tut es."

Ich las ein Zitat aus einem seiner Vorträge und fügte dann hinzu: „Wir sind hier, um alles zum Ausdruck bringen zu können, besonders in Bezug auf Sex und unsere Gefühle füreinander."[16]

---

[15] Mehr dazu erfahren Sie auf Armin Christoph Heinings Website Gay-Tantra unter www.gay-tantra.de.

[16] Damals habe ich keine Regel über das Nicht-Liebemachen im Gruppenraum eingeführt, weil keine Regeln vorgegeben waren und ich sozusagen ins Blaue hinein agierte.

Ich fügte hinzu: „Bevor wir beginnen, müssen wir uns alle einig sein, dass es in dieser Gruppe keine körperliche Gewalt gegeneinander geben wird. Wenn du intensive Emotionen verspürst, benutze deine Stimme oder schlage ein Kissen, wenn nötig. Ich bin hier, um zu helfen."

Auf meine Erklärung folgte eine lange Stille. Das Wasser im Wasserkocher brodelte sozusagen und machte sich bereit, den Siedepunkt zu erreichen. Ich führte die Gruppe in eine Übung und ermutigte sie, sich mit einem wilden Tier zu identifizieren. Einem Löwen, einem Hengst, einem Bären, einem Adler. Sie mussten sich im Raum bewegen, wobei sie diese „tierische" Energie verkörpern und zum Ausdruck bringen sollten.

Die Teilnehmer hatten alle Gruppenerfahrung, so dass sie wenig Ermutigung brauchten. Bald wurde der Raum zu einer Arena von Löwen, Hyänen und schnüffelnden Büffeln. Die Körper bewegten sich und die Atmosphäre wurde immer intensiver, bis es schien, als ob man ein Feuerzeug hätte anzünden können und der ganze Raum wäre explodiert.

Plötzlich hörte man ein Knurren aus der Ecke gegenüber von mir. Dann kam ein riesiger durchdringender Schrei und eine Frau kreischte: „Ich hasse Männer!" Sie wandte sich einem Mann zu und schrie: „Ich hasse dich!"

Der Mann durfte dem natürlich nicht nachstehen. Er fing an, zurückzuschreien, und bald schlossen sich ihm andere Männer an, ließen ihren Gefühlen gegenüber den Frauen freien Lauf und sagten unverblümt zu ihr: „Du Schlampe! Du Kontrollfreak! Du verdammte Hure!"

Dann wurde es wild. Alles, was ich tun konnte, war, Kissen in die Hände der Teilnehmer zu schieben und sie zu ermutigen, auf die Kissen einzuschlagen, anstatt der Versuchung nachzugeben, sich gegenseitig zu schlagen.

Natürlich nahmen die Menschen diese Beleidigungen ernst. Es genügte, eines der gewählten Ziele für die emotionale Befreiung von jemandem zu sein, sich persönlich beleidigt zu fühlen und das als

Gelegenheit zu nutzen, noch lauter zu vergelten und zu schreien, während man dem Kontrahenten Blicke größter Wut oder Verachtung entgegenschleuderte.

Das Nahkampfgeschehen wurde so intensiv, das Schreien so laut, dass es mich an einen dieser Cartoon-Kämpfe im gälischen Dorf meiner beiden Lieblingshelden Asterix und Obelix erinnerte: Jeder kämpfte gegen jeden, Dampfwolken ringsum, rote Nasen, tote Fische, die durch die Luft flogen.

Aber wenn ich Asterix war, so fragte ich mich, wo war dann der Zaubertrank, der für das Happy End sorgte?

Ich bewegte mich durch den Raum und rief: „Nicht aufeinander einprügeln! Benutzt eure Stimme! Benutzt eure Kissen!" Frauen wurden hysterisch, sprangen auf und ab, schrien Beleidigungen wie Fischweiber auf einem Marktplatz.

Ich war überrascht von der Gewalt dieser Gefühle. Sie schossen hoch wie eine unterirdische Energie, verschafften sich eruptionsartig Luft, sexuelle Gefühle, die in Worten ausgedrückt wurden, die sich „gebildete" und „zivilisierte" Menschen nicht auszusprechen wagen – und doch waren sie real; sie waren in unserem Inneren begraben worden.

Als der erste Energieausbruch etwas nachließ, führte ich die Gruppe in eine Struktur: eine Reihe von Männern gegenüber einer Reihe von Frauen. Ich erklärte ihnen, dass jeder Mann, der vor einer Frau stand, sie als Vertreterin aller Frauen betrachten konnte, die er je gekannt hatte. Ebenso konnte jede Frau, die vor einem Mann stand, ihn als Vertreter aller Männer sehen, die sie je gekannt hatte.

Die Männer begannen schnell, verfluchten die übermächtige Mutter, die tyrannische ältere Schwester, die Freundin, die sie betrogen hatte, die nörgelnde Ehefrau. Sie ließen die Emotionen frei, die sich ein Leben lang aufgestaut hatten.

Die Frauen schienen zunächst fassungslos und unfähig zu reagieren. Ich musste ihnen helfen. Ich stellte mich hinter eine von ihnen und schrie meine Ermutigung über den Lärm hinweg: „Nun, was wirst du zu deinem kritischen Vater, deinem dich betrügenden Ehemann, deinem dich belügenden Freund, dem Liebhaber, der dich im Stich gelassen hat, dem Onkel, der deine Brüste gestreichelt hat, sagen?"

Die Frauen kamen jetzt aus den Startlöchern und nahmen am Rennen teil, um all ihrer Wut Ausdruck zu verleihen. Bald erreichten ihre Schreie eine Lautstärke, dass ich mir die Ohren zuhalten musste. Jetzt verstand ich, warum diese Kammern unterirdisch waren. Die Nachbarn hätten in Sekundenschnelle die Polizei gerufen.

Dies sollte eine Tantra-Gruppe sein, dieser Wahnsinn? Ich schloss die Augen, stellte mich auf mein Herz ein und rief Osho, um mir in diesem Moment des Zweifels beizustehen. Seine Antwort kam sofort und beruhigte mich:

„Ja, lass es geschehen. Ihr alle habt so lange an diesem Wahnsinn, an diesem Zorn festgehalten. Jetzt muss er raus. Liebe kann nicht fließen, solange noch Groll besteht. Herzen können sich nicht öffnen, solange es noch Hass gibt. Lass es zu, so wie es ist."

Es berührte mich zutiefst, als ich erkannte, wie intim Oshos Präsenz, wie nah sie meinem Herzen war, wie die eines Freundes, der über mich wacht und jederzeit verfügbar ist. Ich habe diese innere Führung noch viele Jahre lang auf diese Weise in Anspruch genommen, bis ich spürte, dass die innere Stimme zu meiner eigenen Intuition geworden war.

Die Stunden vergingen und ich hatte wenig zu tun, außer zu beschützen, zu unterstützen, ein wenig zu führen und die Energien ihren eigenen Ausdruck finden zu lassen.

Das Schreien löste Wut aus, die Wut wurde zu Traurigkeit, die Traurigkeit zu Tränen, welche die Tür zur Verletzlichkeit öffneten und die Sehnsucht loszulassen weckten.

Einige Teilnehmer zogen sich zusammengerollt zurück, andere umarmten sich oder lagen nackt nebeneinander, eine saß in einer Ecke und saugte an ihrem Daumen, während sie ihr Geschlecht mit ihrer anderen Hand hielt. Die Zeit verging und es wurde langsam still.

Wir legten eine Duschpause ein. Die Teilnehmer kamen frischer und emotional stabiler zurück. Jetzt war es an der Zeit, die Geschichte ihrer inneren Welten mit den anderen zu teilen: Das Elend, mit unwissenden, unsensiblen Eltern und missbrauchenden Verwandten aufzuwachsen, die Brutalität betrunkener Eltern, die geheime Vergewaltigung durch einen älteren Bruder, die Scham des zum Schweigen gebrachten Kindes, das ein solches Geheimnis bewahren musste. Die Schrecken der Hölle entfalteten sich vor mir.

Inzwischen konnte ich deutlich sehen, dass diese Tantra-Gruppe keine zivilisierte Therapieform sein würde, sondern etwas, was mir damals als die dramatischste und radikalste Katharsis aller Zeiten erschien.

An diesem Punkt beschloss ich, das, was in dieser Tantra-Gruppe geschah, nicht aufzuhalten, weil ich es „richtig machen" musste oder aus Rücksicht auf meinen beruflichen oder gesellschaftlichen Ruf.

Ich erkannte, welch unglaubliche Gelegenheit Osho mir bot: Ein Labor, um sich den Herausforderungen aller sexuellen Emotionen zu stellen. Es ging darum, den Schatten, den Staub, die Trümmer aus den Kellern unserer Häuser, aus unserem Wurzelchakra zu entfernen, damit wir zu höheren, feineren Schwingungen der Liebe aufsteigen konnten.

Am Abend dieses ersten Tages, nachdem wir uns so vieler negativer Emotionen entledigt hatten, die bisher unterdrückt worden waren, fühlte es sich an, als wären wir bereit, unsere Herzen einander zu öffnen. Wir liefen durch den Raum und umarmten uns lang und herzlich. Anstatt Feinde zu sein, fühlten wir nun, dass wir alle zum selben Stamm gehörten.

Wir spürten die Sehnsucht, tief und frei zu lieben, jenseits von Schmerz, und das wurde möglich, weil jedes Mitglied der Gruppe die Wahrheit über seine Gefühle, besonders seine Scham, offengelegt hatte und angenommen und akzeptiert worden war.

Bevor ich den Raum verließ, bat ich alle, nach dem Abendessen zu einer Heilungssitzung zurückkommen. Gegen 21:00 Uhr kamen wir wieder zusammen. Wir saßen im Kreis und hielten uns an den Händen, und ich sagte: „Ich bin berührt von den Geschichten der Frauen über sexuellen Missbrauch, und ich schlage vor, dass wir einen Heilkreis für die Frauen schaffen. Seid ihr dabei?“

Alle willigten ein, auch die Männer.

Wir bildeten drei Kreise mit jeweils vier Frauen, und die Männer wurden eingeladen, freie Helfer zu sein, die sich jedem gewünschten Kreis anschließen konnten.

Ich erklärte den Frauen: „Ihr habt eine großartige Lehrerin zwischen euren Beinen. Sie ist die Tür zu eurer Weiblichkeit, die Tür zum Leben, die Tür zu eurer Macht. Sie wurde zu lange verleugnet, und heute Abend werden wir ihre Kraft zurückfordern und ihr Liebe und Heilung spenden.“

Unter meiner Leitung zogen sich die Frauen aus, spreizten die Beine und zeigten ihre Vagina den anderen, die anerkennende Kommentare machten.

Ich ermutigte sie, ihrem Sexzentrum einen liebevollen Namen zu geben und ihm dann eine Stimme zu geben, damit sie sich vorstellen konnten. Es war mir wichtig, die vulgären Namen, mit denen unsere Geschlechtsorgane oft bezeichnet werden, zu eliminieren.

Um diese Übung zu beginnen, nannte ich mein eigenes Beispiel:

„Mein Name ist Yoni“, was „kosmische Matrix“ bedeutet. „Ich bin im Moment nicht so glücklich, weil Margot mich ruhighält, unter einem Tisch festgeklemmt, weil sie ein Buch über Tantra schreibt. Gedankenaustausch über Sex und Sex selber sind zwei verschiedene Dinge. Ich bin mir nicht sicher, ob sie den Unterschied kennt. Ich will endlich spielen!“

Eine nach der anderen legten sich die Frauen in die Mitte des Kreises und ließen ihre Sexzentren sprechen. Gita zuerst. Sie kam aus Schweden, Ende zwanzig, mit einem runden, sommersprossigen Gesicht, umrahmt von einer dicken Mähne aus lockigem, rotem Haar. Sie hatte einen üppigen, sexy Körper, mit großzügigen Brüsten, einem runden Bauch und schönen langen Beinen. Sie begann leise und zögernd, hielt ihre Hände an ihre Vagina und sagte:

„Mein Name ist Kirschblüte. Ich erinnere mich, als ich sehr klein war, vielleicht drei Jahre alt. Meine Eltern waren ausgegangen. Es war Abend und ich lag in meinem Gitterbett. Eine große Person kam in den Raum. Er war wie ein großer dunkler Schatten.

Dann spürte Kirschblüte, wie Finger an ihr herumkneteten und zogen. Es tat weh. Es war beängstigend. Der große Mann atmete schwer und sagte verrückte Dinge.

Ich erinnere mich, dass er sein großes Ding in der linken Hand hielt. Es war wie ein harter Stock. Er bewegte es auf und ab. Er schrie. Es spritzte. Das passierte jedes Mal, wenn meine Eltern abends ausgingen." Gita weinte. Sie wollte nicht sagen, wer genau die Person war, aber sie fühlte wieder den Horror und erzählte uns, wie der Missbrauch eskaliert war, bis der Punkt kam, als dieser Mann seinen Penis in sie schob.

„Als das passierte, hörte ich auf zu atmen und verließ meinen Körper", sagte sie. „Ich ging woanders hin. Ich weiß nicht mehr, was noch passiert ist."

Die Gruppe, die zugehört hatte, war fassungslos. Wir schwiegen lange, tief betroffen von Gitas Geschichte, sowohl die Männer als auch die Frauen.

Als ich Gita betrachtete, wie sie in der Mitte des Kreises lag, die Augen geschlossen, immer noch ganz das kleine Mädchen, war es eine Herausforderung für mich, herauszufinden, wie ich ihr helfen konnte zu heilen. Ich musste einen Weg finden, damit sie sich vom wehrlosen Kleinkind zur Erwachsenen weiterentwickeln konnte.

Ich wartete, bis sie ihre Augen öffnete. Ganz sanft fragte ich sie, ob wir die Szene nachbilden könnten, um ihr zu helfen, aus der Kleinkindphase herauszukommen. Sie nickte zögernd.

Um das Szenario nachzubilden, bat ich um einen männlichen Freiwilligen. Dies erforderte Aufmerksamkeit und Mut. Jürgen meldete sich freiwillig. Er war ein großer, stark gebauter Deutscher, sauber rasiert, mit kurzen Haaren und scheinbar selbstbewusst. Er setzte sich neben Gita und legte auf meine Aufforderung hin langsam eine Hand auf ihren Schambereich.

Dann leitete ich das kleine Mädchen an, langsam und tief zu atmen und die Szene noch einmal zu erleben: „Geh zurück. Was fühlst du? Der Mann ist hier. Atme, gib dem, was du fühlst, eine Stimme, bleibe präsent, atme."

Ich leitete Gita sanft an, damit sie vom Stadium des hilflosen Kindes in die Gegenwart zurückkehren konnte, ins Hier und Jetzt. Damit sie ihren Empfindungen, ihren Gefühlen eine Stimme geben und die Kraft finden konnte, die sie vom Baby zum Erwachsenen tragen würde. Sie ihre Wut und ihren Zorn herausschreien und den Täter mit ihrer wiedererlangten Kraft konfrontieren konnte.

Zuerst gab Gita keinen Laut von sich. Offensichtlich wollte sie ihren Körper wieder verlassen, aber ich sprach weiter mit ihr, versuchte ihre Aufmerksamkeit zu erregen, lud sie ein, ihre Augen immer mal wieder zu öffnen, damit sie präsent blieb. Sie begann kleine wimmernde Geräusche von sich zu geben, wie ein Kind, das versucht, sich von etwas Schlechtem zu befreien. Ich forderte Jürgen auf seine Hand auf ihrem Schambein liegenzulassen. Bald wurden die Geräusche lauter. Sie schrie jetzt. Dann bäumte sie sich auf. Dann protestierte sie noch lauter. Bis sie schließlich in einem voll entfalteten hohen Ton explodierte: „Geh weg von mir, du Widerling! Du bist ekelhaft!"

Andere Männer in der Gruppe waren spontan hinter Jürgen gerückt, um ihn in seiner unbequemen Rolle als Täter zu unterstützen und ihm die Kraft zu geben, der Heiler zu sein, egal was geschehen würde. Jürgen saß da, stellvertretend für alle Vergewaltiger der Welt, und es brauchte Mut, diese Rolle auszuhalten, den Zorn dieser Frau entgegengeschleudert zu bekommen. Denn genau genommen war es die Wut aller Frauen, die ihren Körper vom männlichen Besitz, der Herrschaft und der Ausbeutung zurückforderten.

Langsam nahm Jürgen seine Hand von Gitas Scham und die Frauen nahmen Gita in die Arme und dankten ihr für ihren Mut, während die Männer das Gleiche mit Jürgen taten.

Eine tiefe Heilung fand durch das Vertrauen statt, das Gita in uns alle gesetzt hatte, indem sie ihre Verletzlichkeit teilte, ihre Scham offenbarte und ihre Wut herausschrie und freisetzte, unterstützt durch den Kokon der Liebe und Akzeptanz, der sie umgab. Schließlich waren Gita und Jürgen in der Lage, sich gegenüberzutreten und einen Herzgruß auszutauschen, indem sie sich nach vorne beugten und die Hände vor ihrer eigenen Brust zusammenbrachten, in einer Geste, die ausdrücken sollte: „Ich ehre dich als einen Aspekt meiner selbst."

In diesem Moment verstand ich Oshos Bemerkung, die er einige Tage zuvor in einem Vortrag gemacht hatte: „Liebe ist die einzige Therapie."

Wir beendeten den Abend mit einer sanften Tantra-Übung, bei der man einen Partner auswählte und sich gegenseitig eine entspannende Massage gab. Es war ein wilder und anstrengender, aber auch befreiender Tag gewesen. Als wir den Raum verließen, bemerkte ich, dass mehrere der Massagepaare miteinander nach Hause gingen.

Die Gruppe dauerte noch zwei weitere Tage. Alles kam zur Sprache: Es gab eine Explosion der Eifersucht, weil eine Frau bemerkt hatte, wie ihr Mann in der Cafeteria mit einer anderen flirtete. Andere Frauen warfen den Männern vor, den Anschein zu erwecken, ein sexy Hengst und Casanova zu sein und dann die „Ware" nicht zu liefern. Dazu gab es Männer, die zugaben, dass sie in die Gruppe gekommen waren, um Sex zu haben.

Auf unserer gemeinsamen Reise fühlten sich die Frauen in der Gruppe frei, den Mann ihrer Wahl offen zu verführen und ihm vor allen anderen mitzuteilen, an was sie dabei konkret dachten.

Die Wahrheit kam in Form von rohen Fantasien zum Vorschein, über die normalerweise niemand spricht. Die Teilnehmer kamen in Stimmung und spielten diese Fantasien mit Freude, Kraft und Tränen durch und fanden dann einen Partner für eine respektvolle Nachstellung dessen, was bis dahin nur in den Köpfen geschlummert hatte.

Die Gruppe war in neuen Kombinationen sinnlich. Alles war möglich: zwei Frauen mit einem Mann, zwei Männer mit einer Frau. Jeder konnte seine sinnlichen und sexuellen Fantasien und Vorstellungen ausdrücken und jeder fand willige Freiwillige, um diese Wünsche umzusetzen.

Es wurde auch viel Arbeit zum Thema Rebirthing geleistet. Tiefe Emotionen wurden freigesetzt, Wut und Frustration ausgedrückt, dazu wurden auch dem ein oder anderen die Vorurteile gegenüber dem eigenen oder dem anderen Geschlecht bewusst.

Frauen sprachen mit den Penissen der Männer, als wären sie Menschen, während Männer die Vaginen der Frauen ansahen und ehrten und ihnen sagten, was sie sich wünschten. Im Allgemeinen schaffte es jeder, wild und gleichzeitig respektvoll zu sein.

Meine Führungsrolle bestand darin, vorgefasste Ideen abzubauen, im gegebenen Moment Strukturen zu schaffen und zu steuern, je nachdem, welche Situation sich ergab. Das war in der Tat das spontane Tantra, von dem Osho mir erzählt hatte.

Es ging nicht darum, ein gut ausgebildeter oder technisch versierter Gruppenleiter zu sein. Es ging darum, so offen und verletzlich zu sein wie alle anderen, tief präsent mit jeder Person zu sein, so dass ich, wenn ich mit jemandem arbeitete, das Gefühl hatte, dass ich er oder sie war und umgekehrt.

Es gab keine Trennung, keinen Unterschied, nur großherzige Zuwendung, und zwar in solchem Ausmaß, dass sich in meinem Gehirn die verschiedensten Fenster zu öffnen schienen. Ich hatte zahllose Visionen, was als Nächstes zu tun sei, und wusste intuitiv, wie ich all diese Vorhaben realisieren konnte.

Weil es keine vorher festgelegten Richtlinien und keine Limits gab, war es mir möglich, in einer Art Unschuld, im Unbekannten zu agieren und alles und jedes zuzulassen – natürlich keine physische Gewalt. Wenn ich „alles“ sage, meine ich damit, was auch immer sich zeigte. Es gab keinen vorher festgelegten Plan oder eine Richtung, sondern nur eine intuitive Reaktion auf das, was in der Gruppe aufkam. Es gab kein Gefühl von richtig oder falsch, Himmel oder Hölle, besser oder schlechter. Offensichtlich ging es bei dieser Art von Tantra nicht um moralisches Urteil, sondern um Ehrlichkeit, Mut und Integrität.

Ich erinnere mich an ein Szenario, in dem eine Teilnehmerin enthüllte, dass sie eine Lesbe war, aber auch einen Orgasmus mit einem Mann erleben wollte. Das Problem war, dass sie nicht wusste, wie sie dies realisieren konnte. Sie wusste nicht, wie man sich einem Mann öffnet. Es war beängstigend für sie. Frauen waren in ihren Augen viel ungefährlicher.

Sie hieß Kathryn. Sie war klein und zierlich, hatte kurze schwarze Haare, einen schlanken, muskulösen Körperbau und eine maskuline Ausstrahlung, die ein ängstliches kleines Mädchen zu verbergen schien. Der emotionale Auslöser für sie kam am Morgen des dritten Tages während einer Gruppen-Feedback-Sitzung, als eine Frau und ein Mann berichteten, die vorherige Nacht zusammen verbracht zu haben.

Sie waren ein schönes Paar in den Dreißigern aus Frankreich. Sie erzählten uns, dass sie die befriedigendste sexuelle Erfahrung ihres Lebens genossen hätten, und sagten Dinge wie: „Wir haben die ganze Nacht Liebe gemacht" und „Sie wurde zu allen Frauen, die ich je kannte, und ich liebte sie alle."

Die Partnerin berichtete von einem Ganzkörperorgasmus, bei dem die Energie in ihr Becken ein- und ausströmte und köstliche Gefühle, ein elektrisches Kribbeln und Vibrationen in ihre Vagina mit sich brachte.

Dieses Feedback löste in Kathryn einen Sturm von Emotionen aus. Sie sah die Frau an und gestand: „Ja, das will ich auch!" Aber als ich den Rest der Gruppe fragte, wie sie über Kathryns Art und Weise, sich auszudrücken, denken, waren sie sich alle einig:

Es klang wie: „Ich will das, aber ich werde es nie haben." In ihrer Stimme lag eine Art Resignation, die von tiefem Frust geprägt war. Sie erwartete ganz offensichtlich nicht, den Jackpot zu gewinnen. Dennoch wollte sie einen Orgasmus mit einem Mann erleben. Ein ungeheuerliches Szenario manifestierte sich vor meinem geistigen Auge. Meine Aufgabe war es, die Fantasie dieser Frau anzuregen und auf eine sichere und heilende Weise einen Durchbruch zu ermöglichen.

Kapitel 6

Ich sagte zu Kathryn: „Du willst also mit einem Mann schlafen, aber du hast Angst, von einem Penis penetriert zu werden?“

„Ja, genauso ist es“, antwortete sie.

„Glaubst du, wenn ein weicher, aber fester Penis im richtigen Moment in deine Yoni eindringt, könnte es eine gute Erfahrung sein?“, erkundigte ich mich.

„Ich weiß nicht. Ich schätze schon.“

„Hast du Fantasien darüber?“

„Oh, ja. Die ganze Zeit.“

„Bist du bereit, das zu erforschen?“

„Ja“, antwortete sie, mit der zögerlichen Stimme einer Frau, die interessiert, aber gleichzeitig verängstigt ist. Ich bat Kathryn, eine Augenbinde anzulegen, und führte sie dann langsam durch den Raum und lud sie ein, jeden Mann zu berühren und sich mit ihm zu verbinden. Ich führte ihre Hände, so dass sie die nackten Körper berühren und die männliche Energie wahrnehmen konnte, bis sie Jerry fand. Ich hatte ihn im Ashram gesehen; er war schon eine Weile dort. Er war in seinen Dreißigern, von mittlerer Größe, schlank, mit langen braunen Haaren und einem Bart, tatsächlich war er ein sehr behaarter Typ. Er war offensichtlich begeistert, von Kathryn erwählt worden zu sein.

Ich bat Kathryn, sich hinzulegen, und lud mehrere Frauen ein, ihr auf eine sinnliche und erotische Weise Freude zu bereiten, damit ihre Libido in entspannter Weise geweckt werden konnte.

Ich bat sie, die Augenbinde anzubehalten, und half ihr, sich auf die körperlichen Empfindungen zu konzentrieren und nicht auf den Sichtkontakt, der so viele vorgefasste Meinungen und mentale Projektionen mit sich bringt.

Ich bat auch Jerry, eine Augenbinde anzulegen und sich ein wenig abseits hinzulegen, worauf mehrere Frauen seinem Penis, oder Vajra[17], Freude bereiteten, bis er stolz aufrecht stand.

Vorsichtig halfen wir Kathryn aufzustehen und führten sie mit der Augenbinde zu ihrem auserwählten Mann, wobei jeweils eine Frau von links und rechts ihr erotische Ermutigungen zuflüsterte.

Ich beschloss, mit ihrer Vagina zu reden. „Schöne Yoni, du wirst geliebt und bist feucht, und wir fühlen deine Einladung, besucht und erfreut zu werden. Es ist an der Zeit, dass du die volle Verantwortung übernimmst, dich für den Besucher zu öffnen. Er wird stark, aber sanft sein. Er will dich und du willst ihn, ist es nicht so?"

„Ja", sagte Kathryn und atmete schwer, ängstlich und erregt zugleich, sich nach dieser Erfahrung sehnend. Ich erinnerte sie daran, dass sie jederzeit aufhören könnte, aber das war offensichtlich nicht nötig.

Ich half ihr, über Jerry zu klettern, ihre Beine um sein Becken und seine Erektion gespreizt. Ich sprach weiterhin mit ihr, bat sie, ihre Knie leicht zu beugen und sich über ihn zu hocken, ganz langsam, während sie von den sanften Liebkosungen der Frauen beruhigt wurde.

Zwei von uns stützten ihr Gewicht und hielten sie unter ihren Achselhöhlen, als sie sich herabsenkte, bis ihre Yoni die Spitze von Jerrys Vajra berührte. Kathryn atmete tief durch und hörte unseren Stimmen zu, die ihr verlockende Dinge über den Penis des Mannes sagten, und langsam, ganz langsam, erlaubte sie sich, ihre Yoni um seinen Vajra herum nach unten zu schieben.

Sie wusste nicht einmal, wer der Besitzer des Vajra war, und konnte sich ganz auf sich selbst konzentrieren, auf ihre eigenen Empfindungen. Sie beschrieb alles, was geschah: Die Wände ihrer Vagina pochten, entspannten sich, wurden feucht, wurden weich und einladend; der Vajra war erigiert, aber nicht bedrohlich.

---

[17] *Vajra* bedeutet auf Sanskrit „Donnerschlag" oder „Zepter der Macht". Ich benutze diesen edlen Namen für den Penis.

„Es fühlt sich gut an. Ich will, ich will es jetzt!“, rief sie aus.

Dann hörte sie auf zu reden und ging ganz in ihren sexuellen Gefühlen auf, tiefer atmend und leise Geräusche machend, näherte sie sich diesem männlichen Organ an, nahm es tiefer in sich auf, ganz in sich hinein.

Sie fing an zu stöhnen, begrüßte die neue Erfahrung, bis ihr ganzer Körper bebte, bis sie vor Tränen nass war, vor Schweiß, vor Yonisäften, und dann senkte sie sich ganz auf Jerry herab, bis sie auf ihm lag und mit seiner Energie verschmolz.

Ihr Becken bewegend ließ Kathryn sich völlig in die sinnliche Befriedigung jenseits von Schuld und Angst fallen, ohne sich noch weiter zurückzuhalten. Es war herrlich, sie so zu sehen. Ein totaler, den ganzen Körper erfassender Orgasmus. Ihr erster.

In diesem Moment schien Jerry von der Kraft seiner Rolle als Gott Shiva erfüllt zu sein, der in den hinduistischen Mythen unbeweglich daliegt und seine Erektion aufrechterhält, während seine Gemahlin Parvati auf seinem Vajra tanzt. Dank seiner Kraft und Ausdauer kam dieser Shiva nicht. So konnte Kathryn nach einer Weile noch einmal Liebe mit ihm machen. Ich konnte sehen, dass ihr Vergnügen ein heilendes und freudiges Ereignis war. Ich fühlte mich ein wenig wie ein Chirurg nach einer erfolgreichen Operation. Mein Herz war erleichtert. Dennoch blieb ich neutral. Ich hatte nicht die Mission, Kathryn zu bekehren, sie von einer Lesbe in eine heterosexuelle Frau zu verwandeln.

Das war nicht mein Job. Ich war da, um sie in ihrem Wunsch zu bestärken, eine Einschränkung zu durchbrechen. Wenn sie eine Hetero-Frau gewesen wäre, die gleichgeschlechtliche Impulse erforschen wollte, hätte ich sie genauso unterstützt.

Auch wenn in diesem Kapitel die Geschichten, die sich entwickelten und erzählt werden wollten, hauptsächlich auf Frauen ausgerichtet waren, habe ich mich im Laufe der Jahre immer bemüht, ebenso fair und aktiv mit Männern zu arbeiten.

An diesem Abend verließen wir alle den Raum in einem Zustand offenherziger Wertschätzung. Viele der Gruppenmitglieder gingen mit ihren neu gefundenen Partnern nach Hause, um ihre Erkundungen bis weit in die Nacht hinein fortzusetzen. Für mich fühlte sich die Erfahrung vollständig und erfüllend an. Tief in meinem Herzen wusste ich, dass ich meine Berufung gefunden hatte. Ich wollte eine Tantra-Lehrerin werden – ein Neo-Tantra-Lehrer, um genau zu sein.

Was ich gelernt habe

Die ersten Tantra-Gruppen, die ich im Poona-Ashram leitete, entstanden um das Jahr 1978. Stellen Sie sich diese Tage vor: Das Leben war dank der Pille durch eine neue Freiheit geprägt. Sie war die erste wirklich befreiende Methode der Geburtenkontrolle und bot unglaubliche Möglichkeiten, das eigene Sexualleben vor dem Aufkommen von AIDS zu erforschen. Es war einfach, sich auf das Hier und Jetzt zu konzentrieren, denn es gab kein Internet, keine E-Mails, keine Mobiltelefone, kein Facebook etc.

Es war eine ideale Umgebung, um eine offene, wilde und freie Sexualität zu entdecken. Es war eine Revolution, die in den sechziger Jahren in den Vereinigten Staaten begann und dann für mich in den siebziger Jahren im Ashram von Osho in Indien zur Blüte kam. Ich bin froh, dass ich es erleben durfte.

Allerdings hat es mich sehr viel Anstrengung gekostet, diese Geschichte zum ersten Mal auf Papier zu erzählen. Im Geiste kann ich sehen, dass die Leser von heute diese grenzenlosen Methoden der therapeutischen Arbeit als naiv, amateurhaft, gefährlich und symptomverstärkend beurteilen, anstatt als heilend. Damals hatten wir noch nicht die sanften Therapien, die seitdem entwickelt werden, wie Peter Levines *Somatic Experiencing* oder den *Theta Healing* Prozess. Die Zeit war eine Zeit der Begegnung verschiedenster Gruppen, der Urtherapie, der Bioenergetik, der Schrei-Therapie und der radikalen Konfrontationsarbeit.

Der Ansatz, den ich in den Tantra-Gruppen im Ashram verfolgte, war geprägt von meiner Bereitschaft, fast jede Art von Situation zu akzeptieren, im Vertrauen darauf, dass ich eine heilende Lösung finden könnte. Dies hat sich als richtig erwiesen. Die berauschende Mischung aus „no limits“, kombiniert mit dem Schutz eines großen Mystikers und einer Atmosphäre der Liebe und Akzeptanz, bot eine starke heilende Umgebung für die Teilnehmer. Ängstlich, wie ich anfangs war, als ich diese Gruppen leiten sollte, ließ ich mich doch mit ganzem Herzen auf sie ein.

Ganz einfach, weil ich Osho vertraute und darauf, dass er mir und uns allen etwas geben würde, was wir nirgendwo sonst lernen oder entdecken könnten. Bis heute bin ich dankbar, dass ich das Glück hatte, eine direkte und praktische Ausbildung zu erhalten, in der ich alles ausprobieren konnte, was meine eigene innere Führung vorschlug, ohne Rücksicht darauf zu nehmen, wie das von der Gesellschaft beurteilt wurde.

Dies schuf die Grundlage für meine spätere Arbeit. Es gab mir Selbstvertrauen und ein Gefühl der Gewissheit, dass ich mit jeder Art von sexuellen Problemen umgehen konnte. Indem ich den Keller ausmistete, konnte ich das Haus des Tantra auf einem soliden und sauberen Fundament bauen. Dazu kam der freie Zugang zu Osho, wann immer ich es wünschte.

Tantra, wie Osho oft sagte, ist eine Leiter, die vom Sex bis zum Überbewusstsein reicht. Sex ist die erste Stufe. Das Überbewusstsein ist die letzte. Die Torheit der meisten spirituellen Disziplinen besteht darin, dass sie versuchen, die erste Sprosse der Leiter zu entfernen, und dann die Menschen auffordern, auf die Spitze der Leiter zu klettern.

Osho änderte das alles. Er befestigte sozusagen die erste Sprosse wieder an der Leiter und zeigte uns, wie wir sie dazu benutzen konnten, um den Aufstieg zu höheren Bewusstseinszuständen zu ermöglichen.

Viele Jahre später, als ich als Therapeutin in westlichen Ländern arbeitete, arbeitete ich nicht mehr auf diese Weise. Ich fand Wege, den Menschen eine tiefgehende Heilung in einem etwas weicheren, sichereren Ansatz zu ermöglichen, der, um effizient zu sein, an die

Kultur und die Gesetze der Länder angepasst werden musste, in denen ich lebte. Schließlich arbeitete ich im Westen und nicht mehr in einem Ashram in Indien. Doch der Fortschritt und die Transformation der Arbeit geschahen organisch und natürlich.

Die Praxis: Die Fähigkeit, Glückseligkeit zu kultivieren

Im Folgenden möchte ich über die Fähigkeiten schreiben, die ich bei jemandem, der entweder eine Tantra-Gruppe leitet oder sich mit der tantrischen Praxis beschäftigt, außerordentlich wichtig finde. Bevor Sie diese Führungsqualitäten jedoch anwenden, schlage ich vor, dass Sie sie in Ihrem täglichen Leben kultivieren. Fragen Sie sich in jedem Moment des Tages, wie Sie diese Qualitäten zum Ausdruck bringen können.

1. Üben Sie Vertrauen. Vertrauen Sie sich selbst. Vertrauen Sie darauf, dass Sie die Fähigkeit haben, Ihre Mitmenschen und deren Schwierigkeiten zu verstehen, unabhängig davon, was mit Ihren Klienten und im Gruppenraum passiert. Vertrauen Sie darauf, dass sich die Existenz um Sie kümmert und Ihnen den Weg weisen wird.
2. Bleiben Sie präsent. Die größte Heilkraft besteht darin, mit einer anderen Person präsent zu sein, in Beziehung mit ihr, mit einem offenen, vertrauensvollen Herzen und ungeteilter Aufmerksamkeit. Das ist die Alchemie der Transformation.
3. Hören Sie, mit Liebe und Mitgefühl und ohne zu urteilen, zu. Das ist die beste Therapie. Versuchen Sie nicht, im Voraus zu wissen, was Sie dazu sagen oder wie Sie antworten sollen. Vertrauen Sie auf das „Nichtwissen".
4. Unterstützen Sie Ihre Gruppe, damit sie, wann immer möglich, ihre eigenen Antworten auf ihre Probleme findet. Das gilt auch für die Erziehung von Kindern, die

Führung im Team, den Umgang mit dem Chef bei der Arbeit und so weiter.

5. Leben Sie gefährlich, aber tun Sie es auf intelligente Weise. Ja, Ekstase ist ein Sprung ins Unbekannte. Gehen Sie dorthin, wo Sie noch nie waren, und vertrauen Sie Ihrer Intuition. Einfach ausgedrückt, ziehen Sie das Neue dem Alten vor, gehen Sie Risiken ein und erforschen Sie die Welt! Angst ist unterdrückte Spannung. Lassen Sie die Angst Ihr Lehrer sein.
6. Entscheiden Sie sich dafür, sich ihr direkt zu stellen. Drücken Sie sie aus. Fühlen Sie sie. In einer therapeutischen Situation zeigt sie uns, in welche Erfahrungen wir eintauchen müssen, damit wir durch und über sie hinausgehen können.
7. Achten Sie auf Ihre Glückserlebnisse. Sie treten oft in Ihr Leben, normalerweise, wenn Sie es nicht erwarten. Das Glück zeigt sich sehr diskret, wie ein Vogel auf einem Ast. Wenn Sie nicht aufpassen, verschwindet es wieder. Wenn Sie innehalten und zuhören, sich hinsetzen und still sind, wächst es und verschafft Ihnen Zugang zu Unerwartetem. Ein neues Abenteuer beginnt.

Lass die zehntausend Dinge beiseite
und liebe nur eines.
Geh nicht weiter zum nächsten.
Beschäftige dein lebendiges Bewusstsein
mit diesem einen Fokus –
Ein Objekt, ein Gedanke, ein Symbol.
Dann geh hinein.
Finde das Zentrum.
Genau hier,
in der Mitte des Gefühls.
Achte auf das Erblühen
– Aufmerksamkeit so groß wie der Himmel.[18]

---

[18] Lorin Roche, *The Radiance Sutras* (Boulder, Colorado: Sounds True, 2014), Sutra 39.

Kapitel 7
Kommen mit Gott

Willst du so im Büro deines Verlegers auftauchen, in dieser Aufmachung?"

Michel war kaum wach, schaute mit zugekniffenen Augen unter der Bettdecke hervor und sah mich mit einem missbilligenden Blick an. Die obere Hälfte seines Gesichtes war kaum sichtbar, sein graumeliertes Haar fiel über seine Stirn, seine normalerweise durchdringenden blauen Augen waren halb geschlossen vor Müdigkeit.

Elaine, seine Frau, lag neben ihm, ebenfalls halb wach, ihre braunen Haare bedeckten den größten Teil ihres schmalen, blassen Gesichts. Ich stand in der Tür ihres Schlafzimmers, nachlässig gekleidet in alte Bluejeans und ein T-Shirt, völlig identifiziert mit der linken, hippen, scheißegal-wie-ich-aussehe Denkweise der jungen intellektuellen Pariser.

„Nun, wo liegt das Problem?", antwortete ich abwehrend. „Schließlich liefere ich bei einem Verleger ein Manuskript ab und nehme nicht an einem Modewettbewerb teil."

„Falsch", sagte Michel. „Es ist ein Modewettbewerb, und du musst gewinnen. Willst du nicht, dass dein Buch veröffentlicht wird? Willst du keinen großen Vorschuss?"

„Doch", sagte ich, „aber ich verstehe nicht, was meine Kleidung damit zu tun hat."

Michel setzte sich auf, jetzt ganz wach.

„Sie hat alles damit zu tun. Du musst dort auftauchen wie die bezauberndste und reichste Prinzessin, die er je gesehen hat. Du musst da reingehen, als würdest du ihm einen Gefallen tun, nicht umgekehrt.“

„Hm“, grübelte ich, ohne es ganz zu verstehen. „Ich tue ihm einen Gefallen, indem ich ihn bitte, mir einen Freibrief für die Story zu geben, plus 30.000 Francs?“

„Es hängt alles vom Äußeren ab“, erklärte Michel. „Du musst so tun, als ob du schon alles hättest.

Elaine, sollen wir ihr einen deiner russischen Prinzessinnenmäntel anziehen?“

„Ja“, sagte Elaine, die sich jetzt auch aufsetzte und sichtlich amüsiert aussah. Sie zeigte auf ihren begehbaren Schrank und fügte hinzu: „Öffne den ersten Schrank rechts.“

Ich tat, wie mir geheißen, und enthüllte eine Sammlung der schönsten Pelzmäntel: Nerze, Silberfüchse, Persianer. Heutzutage ist es natürlich politisch falsch, Pelz zu tragen, aber damals war das nicht der Fall und ich war nur eine junge Frau, die von dem Anblick von so viel Extravaganz schlichtweg überwältigt war.

Elaine hatte sicherlich die Mittel, ihre Garderobe zu finanzieren. Sie war eine der reichsten Frauen Frankreichs. Jahre zuvor hatte sie von Michel Sokoloffs Talent als Astrologe gehört und war zu einer seiner Sitzungen gegangen. Sie klingelte an der Tür. Er öffnete. Es war Liebe auf den ersten Blick. Sie wusste sofort, dass er der Richtige war.

Jetzt, viele Jahre später, war sie seine geliebte Frau und sein Schutzengel. Ich konnte verstehen, dass sie sich in Michel verliebt hatte. Er war wirklich ein außergewöhnlicher Mann. Michel war russischer Abstammung. Im Jahr 1944 war er in Frankreich während der Befreiung von den Nazis auf einem Schlachtfeld zum Sterben zurückgelassen worden. Die Amerikaner fanden ihn. Er wurde in ein Krankenhaus gebracht und erwachte wieder zum Leben, gelähmt von der Taille abwärts.

Kapitel 7

Die Ärzte sagten, er würde für den Rest seiner Tage im Rollstuhl sitzen und keine Kinder bekommen können. Von der Regierung erhielt er eine Vollinvalidenrente. Michel aber glaubte nicht an die Diagnose der Ärzte. Er war überzeugt, dass er sich selbst heilen konnte. Er studierte Wege zur Heilung durch Energiezirkulation. Er arbeitete mit vielen Lehrern, Heilern, Meistern und Schamanen zusammen.

Nach einer Reihe von Abenteuern, darunter das Eintauchen in das Weihwasser der Jungfrau Maria in Lourdes und das Auftauchen als „Nichtgelähmter", erwarb er sich in Paris den Ruf, ein erstaunlicher Liebhaber zu sein, der eine Frau in den siebten Himmel bringen konnte.

Elaine war ihm völlig ergeben. Ihre beste Freundin, Tama, lebte bei ihnen. Ich wurde als dritte Konkubine in den Haushalt eingeladen und nahm dankbar an. Erstens, weil diese Leute meine lieben Freunde waren. Zweitens, weil sie reife spirituelle Wesen waren. Drittens, weil ich bei Michel das Unterwasser-Rebirthing üben wollte, welches er lehrte.

Viertens, weil ich es liebte, in ihrer Nähe zu sein. Die gesamte Intelligenz Europas kam zum Mittag- oder Abendessen zu ihnen. Man versammelte sich in ihrem runden Wohnzimmer, das mit einer Kuppel ausgestattet war, die an die Sacré-Cœur-Basilika erinnerte und dessen Wände bunte marokkanische Mosaiken zierten.

Last but not least war ich gerade aus Indien zurück und sie luden mich ein, kostenlos bei ihnen zu leben.

Unser Leben war wunderbar. Das Dienstmädchen räumte mein Zimmer auf, der Butler übernahm die Haushaltsführung, und der Koch aus Sri Lanka kredenzte köstliche Currys, während ich über meinem Buch brütete.

Ich wollte dieses Buch selbst gestalten – vom Format über die Schriften bis hin zu den Illustrationen. Ich wollte freie Hand sowohl auf künstlerischer als auch auf finanzieller Ebene.

Niemand im Paris der 80er hatte ein solches Buch je veröffentlicht. Das große albumähnliche Format war inspiriert vom kalifornischen

Whole Earth Catalog, dem neuen Gegenkultur-Magazin und Produktkatalog. Die Pariser hielten mich für verrückt. Wie sollte es mir gelingen, meinen Verleger zu einem Ja zu bewegen und ihn dazu zu bringen, die Rechnung für dieses Vorhaben zu bezahlen?

„Also, zieh den langen Silberfuchs-Mantel da drüben an", sagte Michael.

Bald hatten sie mich ausgestattet wie einen Pfau mit passendem Hut, Diamantohrringen. Ich wurde in mein Zimmer geschickt, um mein T-Shirt und meine Jeans gegen eine schicke schwarze Hose und eine beigefarbene Seidenbluse mit Rüschen um einen tiefen Ausschnitt herum zu tauschen.

„Achte unbedingt auf dein Make-up", rief Michel mir nach. „Ich will, dass du unwiderstehlich aussiehst."

Als ich mich Michel und Elaine zur endgültigen Begutachtung präsentierte, applaudierten sie und riefen: „Bravo! Du hast es kapiert!" Michel hatte recht.

Als ich in das Büro des Verlegers trat, fiel ihm tatsächlich die Kinnlade herunter. Bei unserem letzten Treffen hatte er hart gepokert, keine Zugeständnisse. Diesmal lächelte er und eine Stunde später hatten wir den Vertrag unterzeichnet – er hatte all meinen Wünschen zugestimmt. Erstaunlich, was das richtige Outfit bewirken kann!

Das Buch war ein Erfolg. Es wird heute noch in Paris publiziert, fünfunddreißig Jahre später.[19]

Trotzdem, der Erfolg hatte ein gewisses Opfer von mir verlangt. Ich war lange Zeit in Oshos Ashram in Poona geblieben und hatte erst eine, dann zwei und letztendlich drei Tantra-Gruppen im Monat geleitet.

Als die Zeit kam, nach Paris zurückzukehren und mein Buch zu veröffentlichen, rief mich Osho zum Darshan. Er lud mich ein, bei ihm in Poona zu bleiben, und sagte, dass der Glanz und Glitter der Welt nicht

---

[19] Margot Anand, Le Chemin de l'Extase: Tantra: vers une Nouvelle Sexualité. (Paris, A. Michel, 198)

das war, was meine Seele wirklich wollte, dass Glückseligkeit das Einzige war, was zählt. Ich habe keine Aufzeichnungen von diesem Treffen gemacht, das mir sehr naheging, aber im Wesentlichen hat er mich eingeladen, ihn über meinen Ehrgeiz zu stellen.

Er wusste, dass ich spirituell erwachen, aber auch in der Welt erfolgreich sein wollte. Jetzt sagte er mir, ich solle die Welt vergessen, denn „Erfolg" würde meine Seele nicht befriedigen. Er sprach lange Zeit und ich war tief berührt von seiner Fürsorge und Einsicht. Aber die ganze Zeit über bot mein hinterhältiger Verstand einen alternativen Dialog an, flüsterte leise: Du kannst sagen, was du willst, Osho, aber ich werde die Erste sein, die beides tut!

Zurück in Paris absolvierte ich mein Rebirthing-Training bei Michel und begann, Gruppen in ganz Europa zu leiten. Dank meiner Poona-Erfahrung war ich in der Lage, spontan mit Menschen zu arbeiten und mich mit all den Problemen zu befassen, mit denen sie kämpften.

In meine Gruppenprogramme habe ich auch intensive Energiearbeit integriert, die Atmung, Bewegung und Stimme kombiniert, um eine Verbindung zwischen den Chakren herzustellen. Ich spezialisierte mich auf das „Tantrische Rebirthing", bei dem sich die Teilnehmer auf den Rücken legen und ihre Knie hochheben und die Rotation des Beckens in Kombination mit tiefer Atmung durch die Chakren ausprobieren.

Schließlich wurde daraus das, was ich heute sexuelles Atmen nenne, eine Möglichkeit, sich eines zentralen Energiekanals durch den Körper bewusstzuwerden, dem ich den Namen Innere Flöte gab. Die Balance zwischen Yin und Yang, unseren inneren männlichen und weiblichen Energien, bildete ebenfalls einen zentralen Bestandteil des Programms. Das Gleiche galt für Heilkreise, die mit Gesang und tibetischen Klangschalen arbeiteten.

Ich stellte von Arica inspirierte Meditationen vor, die sich auf verschiedene Tugenden wie Mut und Wahrhaftigkeit konzentrierten, mit jeweils einem speziellen Bija-Klang und Handmudra für jede Tugend. Auf diese Weise schuf ich langsam meine eigene Vision des tantrischen Weges – die Kanalisierung und Umwandlung der sexuellen Energie in Meditation und innere Weite.

In diesen frühen Tagen, als ich meine eigenen Workshops leitete, wurde ich von einem wunderbaren Mann namens Ariel unterstützt. Wir hatten uns in Paris getroffen. Er war mittelgroß und hatte einen kompakten, muskulösen Körper mit lockigen schwarzen Haaren, großen Lippen und einer ausgeprägten jüdischen Nase.

Ariel war ein vielseitiger Musiker, der Saxofon, Flöte, Harmonium und Tambura spielte. Ich hatte ihn durch Freunde kennengelernt, weil ich nach jemandem gesucht hatte, der mir beibrachte, wie man indische Ragas singt. Nach der dritten Lektion verliebten wir uns um Mitternacht in einer Badewanne sitzend ineinander.

Es passierte in Michel und Elaines Haus, das leer war, da die gesamte Truppe zu ihrem Sommerhaus in Südfrankreich aufgebrochen war. Wir liebten uns im Wasser, und es war herrlich.

Später erfuhr ich, dass Ariel mit einem tantrischen Meister trainiert hatte, der ihm gezeigt hatte, wie man sein Durchhaltevermögen stärken kann, indem man die sexuelle Energie auf das dritte Auge kanalisiert. Wir reisten zusammen und boten Workshops an. Ich war die Gruppenleiterin, was für ihn kein Problem darstellte, da er die Rolle des Liebhabers bevorzugte, während er zu meinen Veranstaltungen Musik, Gesang und Tanz beisteuerte.

Vielleicht sollte ich hier, an dieser Stelle in meiner Erzählung, erwähnen, dass, auch wenn es den Anschein haben mag, dass meine Annäherung an Liebe und Sexualität sehr locker war und ich mir einen Liebhaber nach dem anderen nahm, es sich für mich nicht so anfühlte.

Ich fühlte, dass ich auf einer Reise war, einer Reise der Selbstfindung, und dass jeder Mann, der in mein Leben kam, ein mystischer Bote war, der Geschenke aus unbekannten Bereichen brachte und mir bei meinem Bestreben half, die glückselige Verbindung zwischen Sexualität und Spiritualität zu verstehen.

Es war Ariel, der eine der mächtigsten Erfahrungen meines Lebens orchestrierte, in der ich nicht nur mit zwei Männern, sondern auch mit der Existenz selbst Liebe zu machen schien.

Es geschah in der Provence, in Südfrankreich, in einem Seminarzentrum namens Trimurti, wo ich eine Tantra-Gruppe leitete. Der Ort war wunderschön, eine rustikale, geräumige Anlage, die sich über 20 Hektar Land erstreckte und die mit duftenden Thymiansträuchern bedeckt war. Dort traf ich mich mit einem alten Freund aus den Vereinigten Staaten, Jack Painter, dem Gründer einer Form der Körperarbeit namens Postural Integration.

Jack leitete dort ebenfalls einen Workshop. Jack stellte mir Aman vor, einen jungen Deutschen aus Zürich, den er als seinen „begabtesten Schüler“ bezeichnete. Aman war in den Zwanzigern und wirkte schüchtern. Er hatte perfekte arische Merkmale: einen kräftigen, markanten Kiefer, eine gerade Nase, hellbraunes Haar und einen großen, sinnlichen, schlanken Körper. Seine Bewegungen waren katzenartig und geschmeidig: Jedes Gelenk in seinem Körper wirkte gut geölt.

Als die Tage voranschritten, fühlte ich, wie Aman mich beobachtete, was mir gefiel. Eines Nachmittags gingen unsere beiden Gruppen an den Strand. Ich saß alleine auf meiner Decke. Er näherte sich mir leise und setzte sich neben mich. Dann sah er mir in die Augen, nahm meine Hände und sagte mit zitternder Stimme, dass er mich als seine Tantra-Lehrerin erkannte und Zeit mit mir verbringen wollte. Seine Augen waren feucht. Er schien kurz davor, in Tränen auszubrechen.

Offensichtlich war dies ein großer Moment für ihn. Ich fand es etwas seltsam, da wir uns gerade erst getroffen hatten und er nichts über meine Arbeit wusste. Doch wirkte er ehrlich und sein Wunsch schien aus tiefstem Herzen zu kommen, also fragte ich ihn, wie er zu dieser Annahme kam. „Ich weiß nicht, woher dieses Gefühl kommt, aber es ist sehr tief in mir, und ich weiß einfach, dass es so ist“, erwiderte er. Eine Träne begann seine Wange hinunterzurollen.

Ich war gerührt und verwirrt. Niemand hatte je so mit mir gesprochen. Seine Worte waren so einfach, fast bescheiden. Seine Stimme so weich, ein bloßes Flüstern. Doch sein Ton hatte eine Gewissheit, die keinen Zweifel aufkommen ließ.

Wir standen an der Schwelle zu einem Mysterium und wussten es. Es gab nichts zu diskutieren. Keine Worte konnten eine so ergreifende Erkenntnis vermitteln. Es gibt Momente im Leben, in denen man jemanden trifft und weiß, dass man nie wieder derselbe sein wird. Jetzt war ich an der Reihe, mich befangen zu fühlen. Ich wollte die Intensität abschwächen und das Ganze etwas auflockern. „Nun, lass uns einander kennenlernen und sehen, wohin es führt“, sagte ich. Wir unterhielten uns eine Weile und verbrachten dann Zeit mit anderen Leuten.

Am Ende des Tages kam er auf mich zu und fragte: „Darf ich die Nacht bei dir verbringen?“ Dieser Mann verschwendete keine Zeit – was für eine Bitte! Er hatte gerade das größte Dilemma meines Lebens angesprochen: die Ethik der Lehrer-Schüler-Beziehung im Tantra. Er bat mich, seine Lehrerin zu sein, aber ist es ratsam, gleichzeitig seine Geliebte zu werden?

„Das ist eine heikle Angelegenheit“, sagte ich ihm. „Ich bin mit Ariel hier, meinem Partner. Du musst das mit ihm klären.“

Aman war davon sichtlich getroffen, was ich erwartet hatte. Ich hatte es absichtlich gesagt, als Herausforderung. Er hatte viel Potenzial, aber kein Selbstvertrauen. Nun, ich wollte es ihm nicht leicht machen. Wenn er die Nacht bei mir verbringen wollte, müsste er seine Selbstzweifel überwinden. Er müsste sich meinem Geliebten stellen, von Mann zu Mann.

„Gut“, sagte er und sah nicht sehr glücklich aus. „Das werde ich tun.“

Wir gingen zusammen zu meinem Haus. Ich machte Aman und Ariel miteinander bekannt, und beide setzten sich, um ein Glas Tee zu trinken.

Aman sagte: „Ich bin gekommen, weil ich mich zu Margot hingezogen fühle. Ich habe sie als meine Tantra-Lehrerin erkannt. Ich kann nicht anders. Ich fühle mich sehr von ihr angezogen. Ich würde gerne die Nacht mit ihr verbringen." Ariel war aufgeschlossen und stark genug, um die Situation zu akzeptieren.

Er sah Aman an und sagte: „Nun, es ist in Ordnung für mich, wenn du die Nacht mit Margot verbringen willst. Aber, weißt du, wenn du mit der Göttin zusammen sein willst, musst du dich vorbereiten. Du kriechst nicht einfach so in ihr Bett, so wie du bist. Es ist keine gewöhnliche Begegnung, es ist eine Initiation. Um bei ihr zu sein, muss man sich auf allen Ebenen öffnen: Körper, Herz und Geist."

Aman hörte mit großen Augen zu. Ariel war in die Rolle des Lehrers geschlüpft, was es ihm, so verstand ich es, leichter machte, die Herausforderung zu bewältigen. Ich war dankbar für Ariels Großzügigkeit. Wäre Aman eine Frau gewesen, die um meine Erlaubnis gebeten hätte, mit Ariel auf diese intime Weise zusammen zu sein, bezweifle ich, dass ich so gastfreundlich hätte sein können. Diese unerwartete Situation war also auch für mich eine Lehre. Ja, die Liebe, die wahre Liebe, ist großzügig.

„Also, Aman, bist du bereit?", fragte Ariel.

Aman bestätigte das. Doch als ich mich anschickte das Schlafzimmer vorzubereiten, konnte ich spüren, wie die Kraft unserer Worte angesichts des bevorstehenden Ereignisses an Bedeutung verlor. Niemand hatte wirklich die Kontrolle und niemand wusste, was passieren würde.

Ariel nahm Aman mit ins Badezimmer und zeigte ihm, wie man ein rituelles Bad der Reinigung nimmt, indem er ihm ätherische Öle gab und ihm erklärte, wie man verschiedene Teile seines Körpers salbt, seine Aura und seine Chakren reinigt und sich duftend, frisch und bereit macht. Ariel machte dasselbe.

In der Zwischenzeit zündete ich im Schlafzimmer Kerzen an und arrangierte einen Kreis bunter Kissen auf dem Bett. Dann bereitete ich mich vor, frischte mein Make-up auf und kämmte meine Haare, zog ein rotes Seidenkleid an, atmete tief durch und versuchte mich zu entspannen. Ich setzte mich auf das Kissen vor der Tür und wartete auf meine beiden Shivas.

Zuerst kam Ariel, begeistert von der Umgebung und mit Freude an seiner Rolle als Pan, der erfahrene Liebhaber und Initiator, der er auch wirklich war. Dann kam Aman. Neugierig, eine neue Welt zu entdecken, in der die sexuelle Energie in einer heiligen Interaktion bewusst erforscht werden würde.

Ich begrüßte beide, berührte ihre Herzen mit meinen Fingern und segnete ihre Gegenwart: „Hier sind meine Augen. Tretet ein und lasst euch ansehen. Hier ist mein Herz. Tretet ein und werdet geliebt.“ Sie setzten sich auf die Kissen, dann hielten wir uns an den Händen, schlossen die Augen und verstummten.

In diesem gemeinsamen Moment der Stille konnten wir fühlen, fast hören, wie unser Herzschlag schneller wurde. Ich lud Aman ein, seine erhabenste Vision für die Nacht anzurufen. Was wollte er erschaffen? Aman antwortete: „Ich möchte in deiner Gegenwart lernen und für das, was geschieht, zur Verfügung stehen. Möge diese Nacht meine Einweihung in das SkyDancing Tantra sein.“

Ariel sprach zu Aman. Er sagte, dass er ihn als Bruder in unserem Kreis willkommen geheißen habe und dass er hoffte, dass Aman die Ehre schätzen würde, in die Wohnstätte der Göttin einzutreten, und erklärte, dass er, indem er mir mit Hingabe und Respekt diene, dem Geist der Weiblichkeit dienen würde. Schließlich verkündete er: „Möge diese Nacht die Tür zu unserer Freundschaft öffnen.“

Ein seltenes Ereignis, dachte ich, wenn zwei Männer eine freundschaftliche Verbindung aufrechterhalten können, während sie die gleiche Frau teilen, insbesondere wenn sie sich gerade erst kennengelernt haben.

In tiefer Dankbarkeit für das Geschenk, das mir gemacht werden sollte, erkannte ich, dass das Geheimnis des Erfolgs einer solchen Situation darin besteht, dass die Frau, wenn sie von dem einen geliebt wird, immer auch an den anderen denkt. Sie sollte ihre Aufmerksamkeit gleichermaßen auf beide Liebhaber verteilen, um nicht den Eindruck zu erwecken, dass der eine dem anderen gegenüber bevorzugt wird. Das war meine Aufgabe an diesem Abend: wachsam und aufmerksam zu bleiben, auch wenn ich auf dem Gipfel einer ekstatischen Welle ritt.

Die Kombination von Liebesspiel und Bewusstheit ist eine delikate Kunst. So oft wird die sexuelle Umarmung auf einen instinktiven Reflex reduziert, der uns dazu bringt, uns in der Lust zu verlieren, ohne Rücksicht auf alles andere, sogar auf den Partner, der uns hilft, diesen wünschenswerten Zustand zu erreichen.

Deshalb kommen manchmal Schüler zu mir und beschweren sich darüber, dass sie sich beim Liebesspiel allein fühlen, besonders im Moment des Orgasmus eines Partners. Sex kann eine einsame Angelegenheit sein, auch während des Geschlechtsverkehrs.

Es ist ein gesegneter Moment, wenn das Bewusstsein zulässt, dass sich die Lustgefühle steigern, während man die Stimmungen und Reaktionen des Partners auf eine offenherzige, fürsorgliche und liebevolle Weise wahrnimmt.

„Mögen wir heute Abend jenseits von Eifersucht in die Liebe eingeführt werden“, verkündete ich. „Ich will eine Hure und eine Göttin sein. Ich will tausend Orgasmen haben. Ich will ein Zeichen von den Göttern, dass sie heute Abend hier bei uns sind, ein Zeichen, dass ich nie vergessen werde. Ich möchte eine Frau sein, die so sehr geliebt wird, dass sie reine Energie wird. Ich will euch anmachen und euch jenseits aller Grenzen bringen.“

„So sei es“, antworteten sie und klatschten vor Freude in die Hände und lachten.

Ariel fügte hinzu: „Ich werde Shiva sein. Ich möchte, dass meine Liebe wie eine Symphonie ist, die alle unsere Sinne bedient und erfreut.“

Wir umarmten uns, tranken Champagner und feierten. Während die prickelnden Bläschen meine Kehle kitzelten, sahen die beiden Männer mich und einander mit solcher Zärtlichkeit und solchem Schalk an, dass ich plötzlich nervös wurde.

Für einen Moment verlor ich den Mut und wollte weglaufen. Als ob er meine Bedrängnis hören könnte, stand Ariel intuitiv auf, verschwand hinter einem Paravent und kehrte nackt mit einem Saxofon zurück. Er sah so attraktiv und verständnisvoll aus, die gebräunte Haut mit den starken Muskeln schimmerte im Kerzenschein. Ich vergaß meine Angst und entspannte mich.

Er begann, eine langsame, träge Melodie zu spielen, während er das Saxofon auf unsere Lenden richtete, der Klang umschmeichelte unsere Zentren der Lust. Ich ließ den Klang in mein Becken eindringen wie die Liebkosung harmonischer Noten, die uns dazu verleiten, die Gegenwart loszulassen und zu genießen.

Die klagenden Geräusche des Saxofons spülten alle Unreinheiten, jegliches Gedankenkarussell, alle Sorgen weg. Es war reiner Klang, erotisches Liebesspiel.

In den taoistischen und tantrischen Traditionen muss sich eine Frau dem Orgasmus nähern und dabei wahrnehmen, was passiert, und zwar mit Hilfe von sieben Stufen der Befreiung, um die Wurzel ihrer Kraft zu berühren. Jede Ebene ist durch bestimmte Reaktionen gekennzeichnet, die in ihr geweckt werden, wenn sie sich immer mehr dem erotischen Vergnügen hingibt.

Die erste Stufe öffnet die Lunge und vertieft ihre Atmung, indem sie den Mund, die Brustwarzen und die Klitoris verbindet.

In der Zwischenzeit öffnete Aman die Vorderseite meines Kleides und küsste langsam meine Brustwarzen. Sein Mund spielte mit meinen Brüsten im gleichen Rhythmus wie die Musik aus Ariels Saxofon. Ziehen, lecken, saugen. Oh, Gott! Welch unendliche Freuden. Ich fing an zu stöhnen, bäumte mich auf. Das Gewand löste sich von meinem Körper. Amans Hände waren so sanft, dass jede Berührung durch meine Muskeln floss wie flüssiges Gold. Ich wollte ihn.

Doch plötzlich hatte ich Angst, wurde ergriffen von einem intensiven Gefühl der Schüchternheit. Etwas in mir zog sich zusammen. Ich bat darum, von beiden Männern gehalten zu werden. Kein Sex. Nur Zärtlichkeit. Ich lag auf der Seite, Aman hinter mir und Ariel vor mir, beide umarmten mich. Eingebettet in diesen Schoß liebevollen Schutzes, brach ein Damm, eine Fassade zerbröckelte, und all meine Unsicherheiten wurden sichtbar.

Ich war nicht gut genug. Ich verdiente dies nicht. Von mir wurde erwartet, dass ich als allwissende Expertin, als „Tantra Queen" auftreten würde, und wenn ich nichts tat, würde ich ihre Erwartungen nicht erfüllen. Eine immense Last der Schuld, wie eine dunkle Wolke, schwanger mit ein Lebenlang zurückgehaltenen Tränen, sammelte sich um mein Herz, und bald begann der Regen zu fallen.

Alle Fassaden bröckelten. Meine alten Dämonen, meine Zweifel und Ängste, tauchten auf, um zerstört zu werden: Die Liebe, die ich als Kind nicht von meinem Vater empfangen hatte. Sein gebieterisches und herrschsüchtiges Verhalten gegenüber meiner Mutter, die ihn dennoch liebte. Der Stress des Gefühls, dass ich Ergebnisse erzielen musste, um liebenswert zu sein. Die Erschöpfung durch das Lehren, das Streben, das Erreichen.

Ich begann zu schluchzen und zu schluchzen, während die Männer mich festhielten. Verschwunden waren die Göttin und die Herrlichkeit. Zum Glück verwandelten sich meine Liebhaber in ihrem Mitgefühl in meine Brüder und Freunde. Ich hatte die uneingeschränkte Erlaubnis, unter einem Tränenchaos zusammenzubrechen und meine Verletzlichkeit zu zeigen. Es fühlte sich so gut an, sich sicher genug zu fühlen, keine Erwartungen erfüllen zu müssen und trotzdem von beiden Männern akzeptiert, geschätzt und umarmt zu werden.

Das war Liebe. Wahre Liebe. Richtige Liebe. „Wir sind hier. Du bist wunderschön. Wir lieben dich. Es ist alles in Ordnung. Komm zurück. Sieh mir in die Augen." Ariels geflüsterte Worte lullten mich ein wie ein Schlaflied und sie begannen, mich sanft zu streicheln, am ganzen Körper, bis ich nach und nach meine Trauer vergaß.

Dieses schöne Gefühl, von zwei liebevollen Energien umgeben zu sein, inspirierte mich zu dem Vorschlag, dass jeder von uns die Chance haben sollte, in der Mitte zwischen den beiden anderen zu liegen und gestreichelt zu werden.

Ariel und Aman stimmten gerne zu. Guter Sex beginnt, wenn der ganze Körper angefasst worden ist. Wir wechselten uns ab, jeder von uns wurde von vier Händen gestreichelt, von vier Lippen geküsst, während wir hörten, wie Worte der Liebe in beide Ohren gleichzeitig geflüstert wurden. Was für eine großartige Möglichkeit, Ängste und Widerstände wegzuschmelzen.

All das führte zur zweiten Stufe: zum Orgasmus. Mein Körper bäumte sich in einem Gefühl des gemeinsamen und harmonischen Energieflusses auf und entspannte.

Als Nächstes liebten Ariel und ich uns. Aman sah zu. Er sah so komisch, verwirrt und neugierig aus, wie ein Kind an seinem ersten Schultag. Ariel, der wusste, dass er beobachtet wurde, schien größer und stärker zu werden, als würde er Lord Shiva selbst verkörpern.

Wir begannen damit, unisono zu atmen, unsere Münder berührten sich fast, die Lippen öffneten sich, wir teilten unseren Atem und erlaubten ihm, sich zu heben und zu senken, wie heftige Windstöße, die unsere Schaltkreise durchwehten. Durch den Mund und hinunter zum Bauch und dem Geschlecht, dann wellenförmig wieder hinauf entlang der Wirbelsäule und durch Brust, Hals und Mund hinaus aus dem Körper.

Atem ist der Weg jenseits des Verstandes. Dieser große Wind der Veränderung brachte Ariel und mir neue Energie, mit neuer Erregung, die unsere Körper durchflutete und jede Zelle darauf vorbereitete, mehr zu fühlen, besser zu reagieren. Wir stimmten uns ein, wie zwei Instrumente vor einem Konzert, und fanden die gleiche Tonhöhe, den gleichen Rhythmus, da sich unsere Körper synchron zueinander bewegten, aber noch nicht in der Penetration verbunden waren.

Als sich die Atmung intensivierte, verwischten sich die Grenzen zwischen unseren Körpern, das Feuer der Erregung wuchs, und die Sehnsucht, ihn in mir zu spüren, wurde fast unerträglich. Sein aufrechter Vajra, der sich an meinem Schambein rieb, bewegte sich sanft entlang der Wurzel meiner Klitoris auf und ab, im Einklang mit den Wellen unseres Atems. Er schob sich nicht selbst hinein. Er wartete, selbstbewusst, auf ein Zeichen, eine Bitte.

Ariel wusste, dass die Erregung einer Frau wächst, wenn der Mann „an der Tür wartet".

Er ist hart, bereit. Er weiß, dass sie ihn will, aber sie muss ihm ein Zeichen geben und ihn hereinbitten. Es gibt kein Drängeln, keine Angst, in dieser entspannten, männlichen Stärke, die einer Frau Zeit gibt, sich vorzustellen, wie es sich anfühlen wird, wenn der Vajra hineinrutscht.

Dann entwich mir ein Stöhnen, ein von ganz tief innen kommendes „Aaaaah".

Die dritte Stufe erregt ihre Stimme und gibt ihr Kraft.

Nun lag der Kopf seines erigierten Penis an meinem Tor, berührte ganz leicht den Eingang meiner Yoni und wartete immer noch. Noch eine Bewegung meinerseits und ja, ich habe mich ihm geöffnet. Er kam herein, glitt langsam hinein, während ich mich mit Hingabe und Respekt öffnete, immer tiefer und tiefer. Oh, es fühlte sich so köstlich an. Ich spreizte meine Beine und ließ ihn noch weiter hinein, und jetzt füllte er mich vollständig aus. Er hielt inne und ruhte sich aus.

Ich bin verankert. Ausgefüllt. Genommen.

Die vierte Stufe öffnet ihr Becken, das sich nach vorne in Richtung des Mannes bewegt, während sich ihre untere Wirbelsäule krümmt.

Ich fühlte mich rundum wie eine Frau. Er brachte mich auf eine Weise zu mir, wie es nur der Vajra eines Mannes kann. Jetzt endlich, konnte ich mich ganz entspannt zurücklehnen und die Dinge geschehen lassen.

Mein Verstand konnte loslassen und die Kraft des natürlichen Tanzes zwischen unseren Geschlechtern übernehmen lassen. Wir liebten uns, wobei wir kurz vor dem Punkt, an dem es kein Zurück mehr gibt, aufhörten. In diesem Moment strafften Ariel und ich die Muskeln im Bereich unserer Genitalien in einem yogischen „Wurzelschloss" und zogen mit einem tiefen Atemzug die Energie nach oben zur Krone des Kopfes, während der Rest des Körpers entspannt blieb.

Wie ein lebendiger Strom wanderte unsere Erregung durch die Chakren und erreichte schließlich das Gehirn und breitete sich in einem dezenten Gefühl von Geräumigkeit und Licht aus. Es war wie eine großartige Meditation. In diesem Moment waren wir nicht zwei, nicht getrennt voneinander, sondern Teil desselben Bewusstseinsfeldes, derselben Lebenskraft, die alle Wesen in einem Kontinuum verbindet. Als wir diesen Zustand der Vereinigung über die physische Penetration hinaus schmeckten, liebte ich Ariel nicht nur mit meinem Körper, sondern von Seele zu Seele und erkannte ihn als eine Tür zum Unendlichen.

Der Körper ist zur Freude da, die Seele zur Liebe. Wir sind für die Ekstase geboren, geboren, um in das Geheimnis einzutreten. Oder, wie mir ein Freund einmal sagte: „Ekstase ist die letzte Stufe der Intimität mit sich selbst. Es ist eine Veränderung in der Wahrnehmung, bei der der direkte Kontakt mit dem Geist hergestellt wird."

Nachdem wir uns dort für eine scheinbare Ewigkeit ausgeruht hatten, atmeten wir unseren Weg zurück durch die Chakren, zurück zu unseren Sexualzentren, und begannen wieder aktiv Liebe zu machen, bis ich mir zuflüsterte: „Jetzt komme ich. Ich bin so nah dran. Richte deine Aufmerksamkeit auf deine Atmung, damit du hierbleiben kannst, gegenwärtig, während alles verschwindet."

Aber nein. In diesem Moment glitt Ariel so langsam aus meiner Yoni, wie ein sanfter Regen, der von einem Dach tropft. Er legte seine Handfläche auf meine Yoni, um „die Tür zu schließen", wandte sich dann an Aman und sagte: „Du bist dran, die Göttin zu besuchen. Sie ist bereit."

Ich hatte keine Zeit zum Nachdenken. Ich konnte nicht einmal sagen, ob ich bereit war oder nicht, ob ich das wollte oder nicht. In Wahrheit war ich weit jenseits des Entscheidens. Ich war einfach eine Yoni. Eine Pforte. Ein Garten. Eine Quelle der Liebe.

Die fünfte Ebene erweitert ihr Herz und überflutet sie mit Dankbarkeit und Liebe. Sie fühlt sich unbesiegbar.

Nun kniete Aman zwischen meinen Beinen und sah mich mit solcher Ehrfurcht, Respekt und Anbetung an, dass ich mich geehrt fühlte, weil ich wusste, dass ich wirklich als Göttin gesehen wurde. Es war, als ob ich zu Aman sagte: „Ich bin die Quelle, die du vergessen hast. Nichts ist wichtig, außer diesem Moment. Jetzt weißt du es. Sei nicht schüchtern! Finde das Unsichtbare, indem du durch das Sichtbare eintrittst.“ Es war leicht, sich in diesem Moment als die schönste und begehrenswerteste Frau im Universum zu fühlen, nichts Geringeres als eine Göttin.

Innerlich widmete ich dieses kostbare Gefühl der ganzen Menschheit und verstand, dass jede Frau es verdient, es zu kosten. Je mehr von uns solche Momente der Wahrheit erleben können, jenseits aller von der Gesellschaft festgelegten Grenzen und Einschränkungen, der kulturellen und moralischen Hemmungen, an die wir programmiert wurden zu glauben, desto besser können wir unsere wahre Natur als weibliche Gefäße unendlicher Energie erkennen.

Die sechste Stufe erweitert ihre Energie über die Grenzen des Körpers hinaus in ein friedliches Gefühl der Weite jenseits des Geistes.

Aman legte sich langsam auf mich. Er war viel größer als Ariel, und es fühlte sich wunderbar an, von seinen Armen, seinem Körper und seinen Beinen völlig umschlungen zu sein. Sein Vajra war steif und ruhte auf meinem Geschlecht.

Er küsste mich. Nichts geht über einen Kuss, um die Yoni darauf vorzubereiten, sich zu öffnen. Seine Zunge war sicher und stark. Wie ein Vajra drang sie tief in meinen Mund ein. Ich nahm sie auf und, nun, da ich die Tiefe und durchdringende Kraft seines Kusses spürte, vertraute ich ihm mehr. Es gibt Männer, die küssen, aber dir nicht ihre Zunge geben wollen. Auf diese Weise erkennt man sofort, dass sie keine großartigen Liebhaber sein werden. Es fehlt etwas. Ein tiefes Maß an Misstrauen verhindert, dass sie alles geben.

Aber Aman gab mir alles, und die Freuden des Eindringens in meinen Mund schickten ein elektrisches Signal an unser Sexzentrum: Hier ist meine Yoni. Tritt ein und verschwinde darin.

Ich wollte ihn. Ich fühlte, wie er in mich eindrang. Er war so groß, so selbstsicher. Er füllte mich aus.

Es war neu. Aufregend. Der junge, zögerliche, unsichere Mann, der sich mir mit seiner Bitte, die Nacht mit mir verbringen zu dürfen, genähert hatte, hatte sich auf magische Weise in einen selbstbewussten, souveränen Liebhaber verwandelt.

Aman und ich liebten uns eine gefühlte Ewigkeit. Er hielt mich fest, zermalmte mich, zerquetschte mich. Er fühlte sich wohl dabei, nicht zu kommen. Immer weiter ging er, nicht im Geringsten besorgt über die Gefahr, seinen Samen zu verspritzen, und hielt jeden Tropfen Leben davon ab, sich in meinem Ozean aufzulösen.

Meine Erregung wurde unerträglich. Er wollte mich kommen sehen. Geduldig und hartnäckig erkannte er genau den Punkt, an dem das elektrische Pulsieren, die unfreiwilligen Kontraktionen, die Begierde in mir, sich immer mehr in Richtung Höhepunkt steigerten. Er wusste, wie er mich dabei zu begleiten hatte, wie man immer wieder die gleichen Stöße wiederholte, damit ich nicht durch unerwartete Positions- oder Rhythmuswechsel den Schwung verlor. In der Zwischenzeit beobachtete, streichelte, ermutigte Ariel uns und spielte auf der Flöte für uns.

Plötzlich hörten wir das entfernte Grollen eines nahenden Sturms. Wir stoppten unser Liebesspiel und hörten ehrfürchtig zu. Ariel sagte: „In der tantrischen Tradition heißt es, dass Donner das Signal ist, dass die Verbindung zwischen oben und unten hergestellt wird. Donner ist ein Zeichen, dass die Götter antworten."

Ich erinnerte mich auch an ein altes Sufi-Sprichwort: Warum gibt es Gewitter? Wegen der Leidenschaft des Himmels für die Erde.

Unser Liebesspiel wurde wilder. Ich wechselte von Aman zu Ariel, dann wieder zurück zu Aman, während die Donnerschläge des herannahenden Sturms immer lauter wurden, immer hartnäckigere, schärfere Explosionen, die mein Gefühl untermauerten, immer tiefer und tiefer in Schichten orgasmischer Selbstvergessenheit zu versinken – tiefer, als ich es je erlebt hatte.

In mir war ein Tanz zwischen zwei Polaritäten: loslassen und sich auflösen, um durch einen Donnerschlag wieder in den scharfen Fokus gerüttelt zu werden und gleich einem Donner einen von Gott gegebenen, herannahenden Orgasmus in den Wolken zu erhalten.

Dieser Tanz zwischen Wildheit und Hingabe, zwischen Loslassen und dem Gefühl, von himmlischer Macht überwältigt und betäubt zu sein, half, den Weg zu dem mächtigsten Orgasmus zu ebnen, den ich je erlebt hatte. Ich verschwand im strahlenden Glanz. Es gab niemanden mehr, nur Ströme pulsierender Energie, die in jeder Zelle meines Körpers explodierte. Dann, letztendlich, nichts. Leuchtende Leere. Ein Segen. Ein Geschenk, das jede Frau erhalten sollte.

Auf der siebten Ebene lernt sie zu fliegen, da die Grenzenlosigkeit ihres Geistes mit allem, was ist, vereint ist, und sie verschwindet in einer pulsierenden, leuchtenden Leere.

Aber der Sturm war noch nicht vorbei. Er wurde immer lauter und war jetzt direkt über uns. Ariel liebte mich wie wild und ich klammerte mich fest an ihn, schluckte seine Zunge, stöhnte unkontrolliert, kratzte ihn überall, wir rangen miteinander wie zwei schöne, leidenschaftliche Tiere. Ich jammerte, schrie, kreischte, als ich meinen Orgasmus erreichte, der Klang hallte in meinem Schoß wider.

In diesem Moment erhellte ein blendender Blitz den ganzen Raum, und ein gigantischer Donnerschlag rumpelte durch das Haus und erschütterte es bis auf die Grundmauern. Erstaunt richteten wir drei uns kerzengerade auf, als ob wir plötzlich in eine Dimension jenseits der Sexualität bloßer Menschen versetzt worden wären.

Es war das Zeichen, um das ich gebeten hatte und ich nun erhalten hatte. Es war Gottes orgasmisches Geschenk an uns, und wir waren perfekt aufeinander abgestimmt. Wir kamen mit Gott.

Was ich gelernt habe

Ich glaube, dass eine Frau die sieben Stufen durchlaufen muss, die ich beschrieben habe, um ihr orgasmisches Potenzial zu entfalten. Dies erfordert in den meisten Fällen Stunden um Stunden, sogar Nächte um Nächte des Liebesspiels. Es erfordert auch die Teilnahme eines Mannes, der gerne stundenlang Liebe macht, ohne zu ejakulieren.

Da dies für die meisten Männer schwierig ist und Training erfordert, sollte eine Frau in einer Nacht mit mehreren Männern schlafen dürfen. Dies ist eine Option, eine Möglichkeit.

Es muss jedoch daran erinnert werden, dass es einen tiefen heilenden Wert in der Pflege einer monogamen Beziehung gibt, und es ist auch wahr, dass eine Frau mit einem einzigen Mann zufrieden sein kann. Doch das ist eine andere Art der Befriedigung. Manch einer kann vielleicht beides umarmen, zu unterschiedlichen Zeiten und zu verschiedenen Gelegenheiten willkommen heißen.

Für mich brachte die Nacht mit Ariel und Aman ein Gefühl des Durchbruchs mit sich, denn obwohl ich viele herausragende orgasmische Erfahrungen in meinem Leben als tantrische Frau gemacht hatte, war ich immer von einer winzigen, schwachen, aber hartnäckigen Stimme in meinem Kopf gequält worden, die sagte: „Gibt es nicht noch mehr zu erleben? Und wie würde sich dieses Mehr anfühlen?"

In dieser Nacht wurde die Stimme zum Schweigen gebracht. In dieser Nacht geschah das „Mehr" in seiner Gesamtheit. Wenn der eine Mann aufhörte, ging der orgasmische Tanz mit dem anderen weiter, und so hörte er für mich nie auf. Es war ein ununterbrochenes Kontinuum.

Ich konnte endlos empfangen, was ich wollte und brauchte. Wenn der eine Liebhaber Ruhe brauchte, übernahm der andere eifrig die Leitung, denn meine Hingabe in immer tieferen Orgasmen war auch ihre Freude und eine Ermutigung weiterzumachen.

In dieser Nacht habe ich auch verstanden, warum männlich dominierte Kulturen Frauen unterdrücken, nämlich nicht nur, indem sie ihnen Ideale wie Jungfräulichkeit und Keuschheit aufzwingen, sondern auch bis zu dem Punkt gehen, an dem sie sie praktisch unter Hausarrest stellen und in extremen Kulturen ihre Genitalien verstümmeln und ihnen die Klitoris entfernen.

Warum werden Millionen von Frauen von ihren männlichen Partnern missbraucht? Es ist eine komplexe Frage, sie betrifft die gesamte Struktur patriarchalischer Gesellschaften und reicht Tausende von Jahren zurück.

Ein Großteil des Missbrauchs entstand aus dem Bestreben eines Patriarchen sicherzustellen, dass sein Eigentum nur an Söhne seiner eigenen Blutlinie vererbt wird. Aus diesem Grund, bestand er darauf, eine Jungfrau zu heiraten, und machte sie dann quasi zu einer lebenslangen Gefangenen, während sie seine Nachkommen zur Welt brachte.

Ich vermute, dass das Gefühl sexueller Unterlegenheit eine ebenso alte Wunde in der männlichen Psyche ist. Der Mann weiß, dass, sobald er ejakuliert hat, seine Potenz verbraucht ist, während die Frau die Fähigkeit hat, fast unbegrenzt weiterzumachen.

Das erzeugt Angst, ein Bedürfnis nach Kontrolle und Unterwerfung – wenn nötig mittels Gewalt. Der Schmerz in meinem Herzen ist groß, da ich weiß, dass so viele meiner Schwestern auf diese Weise behandelt werden. Aber in dieser Nacht habe ich verstanden.

Männer sind nicht in der Kunst der Liebe ausgebildet, und so fürchten sie die Fähigkeit der Frau zu multiplen Orgasmen und beneiden ihr Potenzial, immer weiter und weiter und weiter zu machen.

Nichts in der Physiologie einer jungen Frau zwingt sie aufzuhören, während die Tendenz bei Männern darin besteht, den Job „mit einem Höhepunkt zu beenden", der bereits nach wenigen Minuten eintritt. Nach ihrem ersten Orgasmus ist die Frau hellwach und bereit für mehr; nach ihrem ersten Orgasmus sind viele Männer erschöpft und brauchen Ruhe. Orgasmische Frauen sind mächtig, beherzt und unabhängig.

Mit anderen Worten, aus der üblichen männlichen Perspektive sind sie „außer Kontrolle". Eine orgasmische Frau ist eine Göttin im Entstehen, und die Göttin ist eine gleichwertige Gefährtin des Gottes. Zusammen sind sie die Schöpfer der Welt: Shiva und Shakti, Bewusstsein und Energie.

Uns wurde dieses heilige Vorbild unserer göttlichen Dimension vorenthalten. Das einzig Erlaubte ist die Muttergottes, die Jungfrau Maria. Es gibt keine fruchtbare, sexuelle, orgasmische, ekstatische Göttin, die als spirituelles Role-Model gefeiert wird und die in den wichtigsten Religionen der Welt als würdig erachtet wird, angebetet zu werden. Unsere sexuelle Kraft ist nicht heilig und wir haben kein Gesicht. Während dieser denkwürdigen Nacht mit Ariel und Aman verpflichtete ich mich, dieses orgasmische Erwachen zu nutzen, um durch meine Arbeit als Lehrerin zur Heilung des sexuellen Elends und Abschaffung der Unterdrückung von Frauen auf der ganzen Welt beizutragen.

Ich ehre auch Männer, die sich bemühen, die Alchemie der Liebe zu erlernen. Die ihre Ausdauer trainieren und ein gesundes Gleichgewicht zwischen ihrem starken männlichen Sexualtrieb und der Fähigkeit zu entspannen haben, um sinnliche Freuden zu genießen, die nicht nur die Ejakulation als Ziel voraussetzen.

Auf praktischer Ebene muss ich sagen, dass eine *Ménage-à-trois* eine heikle Angelegenheit ist, die von allen drei Partnern Vertrauen, Reife und Konzentration erfordert. Ein Ambiente aus Liebe und herzerfüllter Großzügigkeit ist unerlässlich.

An dieser Stelle möchte ich Sie an den Moment erinnern, als mein Selbstbild als Tantra-Lehrerin zusammenbrach, als ich mich komplett unfähig fühlte und zu weinen anfing. Diese Tränen hatten eine Botschaft, an die ich mich bis heute erinnere:

Wenn du eine Frau bist und diese Art des Liebeslebens erforschen möchtest, fang nicht mit Sex an. Kümmere dich zuerst um dein Herz. Zärtlichkeit hat Vorrang, der Sex folgt dann von selbst. So oft haben wir Frauen Sex, obwohl wir nicht bereit dafür sind, nur weil wir den Mann lieben und ihm gefallen wollen.

Wir ordnen unsere eigenen Bedürfnisse unter und zögern zu sagen: „Warte, ich bin nicht bereit. Ich will etwas anderes." Wir wagen es nicht. Wir haben Angst, dass wir dem Mann missfallen oder abgelehnt werden, wenn wir nicht liefern.

Ich hatte das Glück, dass mir gezeigt wurde, dass es nicht so sein muss. Die Liebe zweier Männer, ihre Geduld und Unterstützung, heilte diese alten Wunden und gab mir die Erlaubnis, die zu sein, die ich war, und es zu zeigen, auch wenn ich nicht gut dabei aussah.

Damit komme ich zu einem wichtigen Punkt: Das Treffen dreier Liebender ist eine Einladung, egoorientierte Emotionen wie Eifersucht und Besitzgier loszulassen und sie durch Offenheit, Großzügigkeit und Vertrauen zu ersetzen.

Dies erfordert Mut, offen für alle Möglichkeiten zu sein, den Glauben, dass alles gut wird, sowie die Bereitschaft aller drei Liebenden, das Heilige in der Sexualität zu ehren. Wenn ich die sieben Stufen beschreibe, möchte ich nicht den Eindruck erwecken, dass sie der einzige Weg zur orgasmischen Erfüllung sind.

Es gibt keine Regeln im Liebesspiel, kein „Sollte" und kein „Sollte nicht". Sie sind ein einzigartiges Energiewesen und Ihr Partner auch, also ist das Beste, was wir tun können, flexible Richtlinien zu schaffen, die Ihnen helfen, die Vollkommenheit der Verbindung zwischen Körper, Herz und Geist zu erfahren.

Dennoch muss ich sagen, dass die volle Bandbreite des Orgasmuspotenzials einer Frau wahrscheinlich leichter erreicht werden kann, wenn es zwei männliche Liebhaber gibt, die sie auf ihrer erotischen Reise begleiten. Männer, wie ich bereits erwähnt habe, sind anders verdrahtet. Für sie ist der Orgasmus normalerweise von einem Energieausstoß durch die Ejakulation begleitet.

Männer sind in der Lage, durch Training eine kontinuierliche multiorgasmische Reaktion ohne Ejakulation zu erfahren. Das Geheimnis liegt in der Kombination ausgeprägter Zustände sexueller Erregung mit tiefer Entspannung.[20]

Die Praxis: Ehre den Augenblick des Orgasmus

Lasst uns den Moment des Orgasmus in jeder Hinsicht ehren, nicht nur sexuell. Wenn wir auf diesen freudigen Ort zugreifen, in dem der Körper leuchtet und pulsiert, egal ob wir tanzen, lieben oder spazieren gehen, treten wir ein in das unendliche Potenzial, das immer da ist.

Wenn man am Leben ist, macht man Liebe mit dem ganzen Leben. Lasst uns das spüren und feiern! Das ist die tantrische Praxis. Das sind

---

[20] Mehr in meinem Buch *The Art of Sexual Ecstasy* (New York: Jeremy P. Tarcher/ Putnam, 1989, Kapitel 10)

die Lehren von Shiva an Shakti. Lassen wir uns inspirieren, hier zu meditieren: Im Moment des Orgasmus.

Leuchtet die Wahrheit auf,
Diejenige, nach der sich jeder sehnt. Liebe machen bedeutet
die Ströme der Erregung bis zur Offenbarung zu reiten.
Zwei Flüsse fließen zusammen,
der Körper erbebt.
Kein Innen und kein Außen, nur die Freude
an der Vereinigung.
Keine Innen- und keine Außenseite,
Der Verstand löst sich in göttliche Energie auf,
und der Körper weiß, woher er kommt.
Das ist die Realität, und sie ist
immer da. Jeder sehnt sich
nach der Quelle,
und sie ist
immer
überall.[21]

[21] Lorin Roche, *The Radiance Sutras* (Boulder, CO: Sounds True, 2014, Sura 46)

Kapitel 8
Der Guru zwischen meinen Beinen

Ich weiß, was wir tun", sagte Aman. „Wir werden mit der Gruppe eine Yoni-Heilungs-Session durchführen."

Ich starrte meinen Partner ungläubig an. „Was?", rief ich entsetzt aus. „Bist du verrückt? Nackt auf dem Boden liegen, meine Beine spreizen und deine Finger in aller Öffentlichkeit in meine Yoni lassen, während alle anderen zusehen? Nein! Auf keinen Fall! Keine Chance."

Ich fühlte mich wie eine Auster, die ihre Schale schließt. Das war nicht meine Vorstellung von einer Tantra-Gruppe. Aber Aman und ich arbeiteten zusammen und ich respektierte ihn, also musste ich seinen Vorschlag ernst nehmen.

Wir hatten einen wunderbaren Ort für unsere Workshops und Schulungen gefunden: ein altes Bauernhaus im Dorf Teufen, in St. Gallen, Schweiz. Die Osho-Sannyasins, Gunjan und Lukretia, hatten diesen Hof geerbt und das Erdgeschoss, in dem einst die Kühe gehalten wurden, in einen großen Gruppenraum mit allen notwendigen Annehmlichkeiten umgebaut.

Ich mochte diesen Ort mit seinen sanften grünen Hügeln und den weißen Bergen im Hintergrund. Er gab mir das Gefühl, in einer familiären Umgebung zu sein: Kinder liefen herum, spielten im Garten und aus der Küche kamen köstliche Gerüche.

Es fühlte sich heimelig an, als wären Lukretia und Gunjan Verwandte von mir und ich kam zu Besuch. Sie waren fürsorglich, herzlich und bereit, den Bedürfnissen unserer Teilnehmer entgegenzukommen, nicht nur bei einer unplanmäßigen Ankunft oder einem

Zimmerwechsel, sondern auch wenn jemand einen Zusammenbruch hatte und besondere Fürsorglichkeit benötigte.

Es gab immer eine Antwort hier auf dem Hof. Egal was in deinem Inneren passierte, du wusstest, dass du auf deinen Füßen landen würdest.

Aman und ich hatten eines der besten Zimmer, ganz oben im Dachgeschoß des Bauernhauses. Es bot einen Blick auf saftig grüne Felder und hohe schneebedeckte Berge, die uns überragten – es war die klassische Schweizer Postkartenidylle.

Unser gemütliches Zimmer war erfüllt vom Duft von Kiefernwäldern, es hatte einen knarrenden Holzboden und ein großes Bett mit einer riesigen Daunendecke, unter der ich für eine Pause verschwinden konnte, wenn die Tantra-Arbeit zu intensiv geworden war.

Zwischen Aman und mir bestand eine unaufhörliche sexuelle Anziehungskraft. Jede Nacht liebten wir uns stundenlang. Es galt immer neue Positionen zu erforschen, neue Formen der Atmung, neue Wege, unser Becken und unsere Genitalien zu massieren, um neue Empfindungen und Gefühlsregungen freizusetzen. Vajra und Yoni passten perfekt zusammen. Sie mochten sich wirklich sehr. Sie konnten es kaum erwarten, sich gegenseitig zu besuchen.

Aman war ein professioneller Therapeut, mit einem Doktor in Psychologie. Aman nahm seine Arbeit ernst und arbeitete gerne mit Menschen. Welche Probleme sich auch immer im Gruppenraum offenbarten, welche Schwierigkeiten die Teilnehmer hatten, wir würden sie am Ende des Tages gemeinsam in unserem Schlafzimmer analysieren und neue Ansätze, neue Praktiken finden, die zu unerwarteten oder nie da gewesenen Lösungen führen konnten.

Irgendwann während dieses speziellen Workshops hatte ein Mann geklagt, dass er nie in der Lage zu sein schien, seine Partnerin, eine Amerikanerin Anfang vierzig namens Ruth, zufriedenzustellen. Was auch immer er tat, sagte er, sie wollte mehr. Er fand das anstrengend und deprimierend. Was konnte er tun?

Ruth hingegen erzählte uns, dass sich ihre Yoni wie eine wütende Löwin in einem Käfig fühlte, die knurrte, um herauszukommen, aber es nie ganz schaffte, dies zu tun. Sie war verwirrt, weil sie sich beim Sex amüsieren wollte, es fühlte sich aber stattdessen wie harte Arbeit an, weil sie nicht viel in ihrer Yoni spürte. Keiner der beiden Partner wusste, wie er mit der Situation umgehen sollte. Am vierten Tag dieser einwöchigen Gruppe machten Aman und ich einen Spaziergang durch die sonnigen Felder und saßen schließlich am Ufer eines kühlen, plätschernden Bergbachs. Wir ruhten uns eine Weile aus, besprachen den Fall der „wütenden Yoni" und sahen zu, wie das Wasser über moosige Steine und Felsen, die in der Sonne leuchteten, floss.

Das war der Moment, in dem Aman seine überraschende Lösung für das Problem fand. Es erschütterte mich bis ins Mark. Ich meine, es musste ein gewisses Gefühl von Geheimnis und Würde erhalten bleiben, was meine Yoni betraf. Ich war nicht bereit, den Teilnehmern meine intimen Teile zu präsentieren – ich hatte so etwas noch nie vor einem Seminarpublikum getan.

Aman, der im Bereich der Körperarbeit ausgebildet war, blieb supercool und unbeeindruckt von meiner emotionalen Reaktion. Er hatte solche Sitzungen bereits viele Male gemacht.

„Ohne eine Demonstration wird es nicht dasselbe sein", erklärte er ruhig. „Gruppensitzungen, die mit einem Modell beginnen, funktionieren immer am besten für die Teilnehmer. Sie fühlen sich dann sicherer, weil sie es gesehen haben."

Ich musste zugeben, dass das stimmte. Ich hatte Jack Painter, den Erfinder der Posturalen Integration, gesehen, der solche Demonstrationen mit seiner Partnerin durchführte, aber es war mir nie in den Sinn gekommen, diese Übungen in meinen eigenen Gruppen einzuführen.

„Ich verstehe dein Zögern", fuhr Aman fort, „aber es wird gewaltige Effekte erzielen, wenn du und ich der Gruppe zeigen, wie es geht – und den ganzen Weg gehen, es wirklich tun – vor ihnen."

Alle möglichen seltsamen Gefühle kamen in mir auf. Meine Beine so zu spreizen, das fühlte sich fast an, als wäre ich Darstellerin in einer

Pornoshow in Amsterdam. Mindestens aber, als würden die Teilnehmer mich als eine Art sexuelle Exhibitionistin betrachten.

„Wenn du willst, kann ich es an jemand anderem demonstrieren", fügte Aman hinzu. „Aber es wäre nicht dasselbe."

Jetzt wurde es noch schlimmer. Natürlich wollte ich nicht, dass mein Geliebter vor mir und allen anderen die Yoni einer anderen Frau erforschte!

„Es ist weder legal noch ethisch vertretbar, dass ein Therapeut einen Klienten auf diese intime Art und Weise vor einer Gruppe behandelt", konterte ich, obwohl ich zugeben muss, dass meine Sorge mehr meinen zu erwartenden Eifersuchtsgefühlen als der Gruppenethik galt.

„Das mag wahr sein", antwortete Aman, „aber Jack nutzt diese Art von Demonstration in seinen Schulungen."

„Nun, das ist Jack", argumentierte ich. „Das ist Posturale Integration, Bindegewebsmassage. Hier geht es um Sexualität und Intimität. Schau, lass uns das vergessen. Wir haben bis jetzt alles hervorragend vermitteln können, auch ohne persönliche Demonstration. Es gibt eine Reihe anderer Programme, die wir anbieten könnten."

Aman aber war hartnäckig und überzeugend. Im Gegensatz zu mir waren seine Emotionen nicht involviert, so dass er den Sachverhalt von einer höheren Warte aus betrachten konnte.

„Ja, aber siehst du nicht, dass das genau das ist, was wir brauchen. Ruths Yoni ist nicht empfindsam, weil die Energie in ihrem Becken blockiert ist. Das wird wie eine Befreiung für sie sein. Du weißt, dass ich mich um dich kümmern werde. Ich würde dir gerne eine Sitzung auf diese Weise schenken. Wir werden so konzentriert sein, so total präsent, es wird eine tiefgreifende Erfahrung sein, du wirst sehen."

Es war nicht so einfach, Aman einen Wunsch abzuschlagen. Er schien so sanft und locker zu sein, aber hinter seiner Lässigkeit stand ein entschlossener Charakter. Er verführte mich dazu, seinen Vorschlag anzunehmen, indem er die Rolle eines abgeklärten Experten übernahm: „Wenn es passiert, ist es toll. Wenn nicht, ist es keine große Sache.“

Seine Worte erwärmten mein Herz und überzeugten mich, dass unsere Teilnehmer diese Art von Sitzung brauchten, dass sie Ruths Yoni wiederbeleben würde.

„Du weißt, dass diese Weisheit im Kern deines Seins verborgen ist“, fuhr er fort. „Deine Yoni ist dein Guru! Der Guru zwischen den Beinen. Sie wird befreit werden und neue Offenbarungen hervorbringen.“

Der Guru zwischen meinen Beinen....

Damit kriegte er mich. Ich liebte den Ausdruck. Es war ein sehr gutes Bild für meine Beziehung zu meinem Sexzentrum.

Im Laufe der Jahre hatte ich gelernt, auf sie zu hören, aufmerksam zu sein, sie jeden Morgen zu streicheln und zu fragen, was sie wollte. Sie ernst zu nehmen und zu versuchen, ihr zu geben, was sie brauchte.

Wenn sie einen „Besuch“ wünschte, sorgte ich dafür, dass sie ihn bekam. Wenn sie noch einen weiteren wollte, noch am selben Tag, dann arrangierte ich, dass es auch wirklich dazu kam.

Nach und nach hatte dieser Ansatz meine Yoni als Tür zu meiner weiblichen Kraft offenbart. Jedes Mal, wenn sie bekam, was sie wollte, stärkte es das Weibliche in mir, das Vertrauen in mich selbst, die Freude am Leben. All dies trug dazu bei, die Wunden, die durch falsche und oft repressive religiöse Tabus, welche Schuldgefühle erzeugten und Zurückhaltung in Sachen Sexualität forderten, entstanden waren, zu heilen. In diesem Sinne waren Aman und ich Pioniere.

Wir waren leidenschaftlich daran interessiert, die effizientesten Ansätze zu finden, die wirklich die Traumata und sexuellen Blockaden der Menschen durchbrachen. Unsere Diskussion über die Vor- und Nachteile einer Demonstration zur Yoni-Heilung dauerte weitere zwanzig Minuten, während derer ich erfolglos versuchte, Aman seine Überzeugung, dass dies der richtige Weg sei, auszureden. Schließlich willigte ich widerwillig zu dieser Demonstration mit Aman ein.

Kapitel 8

Nun war es an der Zeit, zum Hof zurückzukehren und mit den Experimenten fortzufahren – und meine Intimsphäre auf einem sehr öffentlichen Altar zu opfern. Es war das Beängstigendste, was ich je getan hatte. Aman schlug vor, dass ich nach oben gehen und mich fertig machen sollte.

In der Zwischenzeit bereitete er die Gruppe vor und wollte einen Mitarbeiter schicken, der mich abholen sollte, wenn alles arrangiert war. Ich stimmte zu, ging in unser Zimmer, duschte, erfrischte mich, gab einen Tropfen Lavendelessenz in meine Yoni und nahm mir einen Moment Zeit, mich hinzusetzen.

Dann kam einer unserer Assistenten, um mich abzuholen. Als ich in seine Augen sah, geriet ich in Panik.

„Ich kann es nicht tun", sagte ich. „Ich kann nicht."

Klugerweise versuchte dieser junge Mann nicht, mich zu überzeugen, sondern übergab den Job stattdessen einer Frau.

„Ich hole Anne", sagte er und verschwand.

Wenige Augenblicke später erschien ein bekanntes Gesicht: Anne. Ich war so froh, sie zu sehen. Sie war die Humorvolle in unserem Team, gleich einer warmen, beruhigenden Mutter. Sie hatte immer einen praktischen Vorschlag parat oder einen Kommentar auf den Lippen, der mich aufheiterte.

„Ich habe genau das Richtige für dich", sagte sie und präsentierte eine Flasche mit einem speziellen Bachblütenpräparat – in diesem Fall Tropfen von Blütenessenzen, die plötzliche Panikattacken verhindern sollen.

Meine Knie zitterten. Ich öffnete meinen Mund und hob meine Zunge an, und sie ließ zehn Tropfen in meinen Mund fallen.

„Gut", sagte sie und umarmte mich und gab mir einen Kuss. Dann nahm sie mich an die Hand und langsam, Schritt für Schritt, machten wir uns auf den Weg nach unten. Ich fühlte mich wie im Mittelalter, in einer Zeit, in der Hexen zum Scheiterhaufen geführt wurden, um verbrannt zu werden.

Ich konnte kaum laufen, solche Angst hatte ich. Ich ging in den Gruppenraum und trat langsam in die Mitte des Kreises, den die Teilnehmer gebildet hatten. Sie saßen in der Meditation. Ich spürte ihren Respekt und ihren Willkommensgruß. Es war beruhigend, aber ich hatte immer noch viel zu viel Angst.

Ich stand da und zitterte vor Nervosität, gestützt von zwei Mitarbeitern auf beiden Seiten von mir. Aman fand einen Weg, das Eis zu brechen. „Margot, was brauchst du jetzt?“, fragte er.

Meine Antwort kam sofort. „Afrikanisches Trommeln“, antwortete ich. „Ich muss mich erden.“

Aman legte eine Platte mit pulsierender afrikanischer Musik auf, die einen ansteckenden, erdigen Beat hatte, während zwei Gruppenmitglieder ihre Congas herbeibrachten, sich mit den Instrumenten zwischen ihren Oberschenkeln hinsetzten und sich am Trommeln beteiligten.

Alle begannen zu tanzen. Ich stampfte hart mit den Füßen auf den Boden und rief: „Hoo Hoo! Hoo!“ Dann wurde mein Bauch weicher und mein Solarplexus entspannter. Das Leben kehrte in mich zurück, die Angst verließ mich, meine Beine wurden warm, und meine Yoni fühlte sich durch meine Füße mit der Erde unter mir verbunden.

Langsam verwandelte sich meine Angst in freudige Erwartung, diese Sitzung mit den anderen zu erleben, und ich stürzte mich in diese unbekannte Situation, die bereits Vibrationen durch meinen Körper schickte und mein Herz schneller schlagen ließ.

Ich sah Aman in die Augen. Er kam näher, umarmte mich liebevoll und zärtlich und flüsterte mir ins Ohr: „Es wird alles gut werden.“

Ich schmolz dahin. „Okay, ich bin bereit“, sagte ich.

Aman bat alle, mich in den Kreis zu setzen und führte mich dann in die Mitte, wo ein schönes afrikanisches Tuch mit leuchtend roten und gelben Motiven ausgebreitet worden war, mit vielen Kissen, Gleitmitteln, einer Kerze, die brannte, und Räucherstäbchen, deren Rauch langsam nach oben waberte und mir einen subtilen Vanilleduft in die Nasenlöcher brachte.

Ich legte mich hin, mit vielen Kissen unter dem Kopf und der oberen Wirbelsäule. Aman setzte sich zwischen meine Oberschenkel und öffnete langsam meinen Sarong. Ich lag nackt vor der Gruppe. Die Teilnehmer verlagerten diskret ihre Position, rückten von hinter Aman weg, wo sie nichts sehen konnten, und versammelten sich an den Seiten. Ich schätzte ihr Schweigen.

Ich konnte erkennen, dass sie diesen ungewöhnlichen Moment zu schätzen wussten und den Mut respektierten, den ich aufbrachte, um mich dieser Demonstration zu unterziehen. In meinen Gedanken tat ich das, um Ruth zu helfen, der Frau mit der „wütenden“ Yoni. Ich ahnte nicht, wie sehr mir selbst durch diese erstaunliche Sitzung geholfen werden würde.

Aman legte die Handflächen beider Hände auf meine Yoni, schloss die Augen und sagte: „Yoni, ich ehre dich und danke dir für all das Vergnügen und die Freuden, die du mir bereitet hast. Ich ehre deine Weisheit, deine Geduld, deine Gastfreundschaft, deine Großzügigkeit. Du inspirierst mich und ich will dir das Beste geben! Lass uns diese Reise gemeinsam antreten. Du sagst mir, wann ich aufhören soll und wann ich tiefer gehen soll. Ich bin hier bei dir. Ich liebe dich.“

Dann hob Aman seine Hände hoch, beugte sich nach vorne und küsste meine Yoni.

„Danke“, flüsterte ich, mit Tränen in den Augen. Mann, oh Mann, die Hingabe an diese Erfahrung war kein einfacher Job! Loszulassen war eine Herausforderung. Mich auf diese verletzliche Weise anzubieten, war demütigend. Wer hat gesagt, dass das Unterrichten von Tantra ein Rosenbett ist?

„Nun“, fragte Aman, „ist es okay, wenn ich der Gruppe ein paar Dinge erkläre?“

„Ja“, erwiderte ich.

Tatsächlich ist das Geheimnis dieser Methode simpel, aber damals war sie noch nicht bekannt. Aman erklärte, dass das Vaginalgewebe schwammig und weich ist. Eine Massage zum Lösen von Verspannungen in diesem Teil des Körpers erfordert, dass der Therapeut tief hineingeht und langsam vorgeht. Dadurch spürt die Empfängerin der Massage, welche Bereiche entspannt und empfindlich sind und welche Bereiche taub sind.

Beim Betasten des Gewebes kann die Person, die die Massage durchführt, auf kleine Spannungsknötchen stoßen, die sich hart und unnachgiebig anfühlen. Die Empfängerin der Massage wird diese Knötchen spüren, wenn der Massierende stark drückt.[22] Damit beginnt die Heilung. Der Masseur bleibt mit den Fingern genau auf dem Knötchenpunkt und drückt fest auf ihn. Die Empfängerin der Massage fokussiert ihre Aufmerksamkeit, indem sie ihre Atmung auf diese Stelle lenkt, den Druck auf die Knoten begrüßt und den Massierenden anleitet, tiefer oder leichter zu drücken.

Innerhalb von zwei bis drei Minuten spürt der Massierende in der Regel ein starkes brennendes Gefühl in seinen Fingern. Die Empfängerin atmet unterdessen weiter tief ein und aus, gibt vielleicht Geräusche von sich, lässt mit ihren Hüften eventuell das Becken leicht kreisen, während die Stelle massiert wird.

Der Punkt wird immer heißer, fast wie ein Feuer, das in der Hand des Massierenden entfacht wird, und dann ist es vorbei. Die Knötchen haben sich aufgelöst, die Hitze ist weg und die kreisende Massage in der Vagina kann weitergehen.

Während dieser Sitzung ist es wichtig, dass der Masseur eng mit der Massierten in Kontakt bleibt. Die Empfängerin der Massage hält mit dem Massierenden Blickkontakt und sagt ihm, wie es sich anfühlt und was nötig ist.

Es ist verlockend für die Empfängerin, die Augen zu schließen und in einer inneren Welt der Sinne zu verschwinden, und das ist für einige Augenblicke auch erlaubt, aber dann muss sie die Augen wieder öffnen, damit die Verbindung mit dem Masseur wiederhergestellt wird.

„Denkt daran, dass ihr empfangen werdet, aber ihr werdet auch führen“, erklärte Aman den Teilnehmerinnen. „Übernehmt die

---

[22] Für eine Beschreibung der vollständigen Vorgehensweise lesen Sie das Kapitel *„Die Yoni heilen“* in meinem Buch *Tantra – Die Kunst der sexuellen Ekstase*, S. 266.

Verantwortung für eure Sitzung. Lasst euren Masseur wissen, wenn ihr einen Spannungsknoten spürt, wann er aufhören soll, wann er tiefer gehen soll."

Aman fuhr mit seinen Erklärungen fort und beantwortete weiterhin Fragen. Ich schloss meine Augen und konzentrierte mich auf meine Yoni, schickte ihr Atem, Liebe und Licht. Ich sprach mit ihr: „Hey, meine Freundin, wir haben schon so viel zusammen durchgemacht. Jetzt erhältst du einen ganz besonderen Besuch, um alle Spannungen zu beseitigen und alle negativen Erinnerungen, die in dir verborgen sind, zu beseitigen. Ich liebe dich."

Für einen Moment ruhten meine Hände auf meiner Yoni, um Kontakt aufzunehmen und anzuerkennen, wie viel sie mich gelehrt hatte und wie dankbar ich war, ihr zugehört zu haben und durch ihre Führung zu einer selbstbewussten Frau geworden zu sein. Unverschämt, laut, hungrig, geil, verrückt, hysterisch, weise.

Ich fühlte und erkannte, wie viel Sex ich in diesem Leben gebraucht hatte, damit das karmische Gleichgewicht auf der Reise meiner Seele wiederhergestellt wurde und der Schmerz früherer Leben geheilt wurde. Zum Beispiel als ich eine Nonne in Tibet oder ein Kriegsopfer war, das vergewaltigt und getötet worden war.

In diesem Leben forderte meine Yoni ihre Schulden zurück, und jeder Orgasmus war ein Sieg der Liebe und des Lebens über Tod und Unterdrückung. Nach Abschluss seiner Erklärungen wartete Aman schweigend ab und markierte damit den Übergang zur praktischen Demonstration.

Er begann damit, meinen ganzen Körper leicht zu massieren, damit ich mich mit ihm und mit jedem Teil von mir selbst verbunden fühlen konnte. Nun legte Aman mit großer Sanftheit seine linke Hand auf meinen Unterbauch, um ihn warm zu halten, und mit seiner rechten Hand gab er den Lippen meiner Vulva ein paar leichte Streicheleinheiten, die sich gut, beruhigend und sogar aufregend anfühlten.

Sehr langsam steckte er seinen rechten Zeigefinger und Mittelfinger in den Eingang meiner Yoni, während er mir in die Augen sah, völlig präsent und wachsam.

„Ich werde langsam vorgehen und tief hineindrücken, beginnend mit einer kreisenden Bewegung direkt in deiner Yoni, nahe dem Eingang“, erklärte er mir. „Wann immer du einen Spannungsherd im Weichgewebe spürst, lass es mich wissen und ich werde aufhören. Dann kannst du mich führen und helfen, die Spannung zu lösen, okay?“

Ich nickte und Aman fuhr fort, langsam mit seinem Mittelfinger in meiner Yoni zu kreisen. „Du kannst fester drücken“, sagte ich und atmete den ganzen Weg bis in mein Sexzentrum. Bislang gab es keine Spannungen, und der erste Kreis, oder Ring, wurde ohne Zwischenfälle vollendet.

„Jetzt“, sagte Aman, „fangen wir mit dem zweiten Ring an, der sich ein wenig tiefer im Inneren befindet.“

Weiter ging es. Bisher fühlte es sich wie ein Spaziergang im Park an. Ich atmete richtig tief durch und führte mit meinem Becken leichte Rotationsbewegungen aus. Aman vollendete den zweiten Ring und startete den dritten, der sich nun etwa auf halbem Weg zwischen dem Eingang der Yoni und dem Gebärmutterhals befindet.

Plötzlich spürte ich einen Brand, eine Explosion von Hitze, einen wütenden Spannungspunkt, auf der linken oberen Seite meiner Vagina. Wir waren auf ein Knötchen gestoßen.

„Da ist einer!“, rief ich aus. Aman stoppte und drückte tiefer auf den Punkt. Wenige Sekunden später wurde die ganze Welt rot. Blutrot. Ich empfand Amans Finger als rot, ich war rot, Aman war rot, mein Körper hatte die Farbe des Blutes. Der ganze Raum wurde wie durch rote Filter wahrgenommen.

Ich wurde überwältigt von einer riesigen Energie aus Rot, aus Mars und Wut. Zuerst wusste ich nicht, worum es ging, aber langsam tauchten durch den roten Nebel Schatten auf. Ich sah Szenen von Gewalt: Männer ficken Frauen rücksichtslos, grob, gierig, suchen die Erlösung nur für sich selbst und benutzen die Frauen als Loch zur Selbstbefriedigung.

Ich sah junge Frauen, die bereit waren, in Liebe zu erblühen, aber von inkompetenten Liebhabern misshandelt und unbefriedigt zurückgelassen wurden, ihr Körper mit unnötig verbrauchtem Sperma bedeckt. Ich sah Pornoszenen: Männer rammeln wie Fickmaschinen, weibliche Körper werden benutzt, um Männer zu erregen. Ich sah, wie sich seelenlose Zombies in ein riesiges, geistloses männliches Sexualorgan verwandelten und nach Möglichkeiten zur Penetration suchten.

Jetzt waren da auch Frauen, verführten Männer, um sie zu manipulieren, benutzten ihre Sexualität als Lockmittel, um Männern etwas vorzumachen, ihnen Geld abzunehmen und Geschenke zu fordern. Einige, die ich in meinen Gruppen gesehen hatte, nutzten die Hingabe und das Verlangen ihres Geliebten, um ihrer Wut freien Lauf zu lassen, Rache an der Männerwelt zu nehmen und sich in gefährliche Angreiferinnen zu verwandeln.

Ich erlebte erneut die vielen Male in denen ich gefickt wurde und nichts gespürt, nur Leere gefühlt hatte, in der unerfüllten Sehnsucht nach einem erfüllten Leben.

Es war ein roter Zirkus, der unter Amans Finger zum Leben erwachte. Er hatte den Punkt gefunden, den Punkt des kosmischen Zorns in meiner Yoni, das Sammelbecken wilder, liebloser Lust und Rache. Sie war nicht mehr nur meine Yoni, sondern die Yoni der Welt, die universelle Yoni.

Der Drang zu schreien war unkontrollierbar. Schlagartig setzte ich mich auf und fand mich Aman Auge in Auge gegenüber. Sein Finger berührte immer noch den Punkt in mir, drückte fest auf ihn und ich fing an zu knurren wie eine Löwin im Dschungel. Das Grunzen und Knurren kam von tief in meiner Yoni, stieg durch meinen Bauch, meine Brust, meine Kehle nach oben, um schließlich mit meiner ganzen Lebenskraft zu explodieren, um Aman zu verschlingen, um das Männliche zu verschlingen.

Wieder einmal schätzte ich Amans Fähigkeiten als Therapeut. Er war unbeeindruckt von meiner Wut. Er verlor nicht den Faden. Er blieb genau bei der Sache, saß vor mir, sein Gesicht Zentimeter entfernt, sein Finger drückte immer noch auf meinen Punkt, schaute in meine Augen, knurrte zurück und antwortete wie ein Mann.

So heftig ich knurrte, so heftig knurrte er zurück, wie du mir so ich dir. Wir wurden zu zwei Tieren in den Tiefen des Dschungels, entwickelten uns in ein vormenschliches Entwicklungsstadium zurück, wurden an den Anfang der Zeit zurückkatapultiert.

Es war eine Demonstration von Kraft, eine Demonstration von Stärke, die tiefste Katharsis, die ich je in meinem Leben erlebt hatte. Immer noch war die Welt rot und auch Aman war blutrot, und sein Finger drückte auf den Knötchenpunkt und blieb dort wie ein Anker, hielt unser Boot fest im Sturm und lud uns ein, alles loszulassen.

Wir setzten unser wildes Schreien und Knurren für zwanzig lange, ununterbrochene Minuten fort. Aman konnte sich behaupten. Er gewann meinen Respekt und meine tiefe Wertschätzung. Dann endlich war Yonis wütende Leidenschaft aufgebraucht, befreit. Es gab kein Brennen mehr, keine Wut, keinen Schmerz, kein Rot mehr. Nur freien Raum und Stille.

Ich legte mich wieder hin und bat darum, dass die Massage aufhörte. Vorsichtig nahm Aman seine Hand weg, legte sie für einen Moment auf meine Yoni, um die Tür zu schließen, und legte sich dann an meine Seite und umarmte mich, während Anne unsere Körper mit einer Decke umhüllte.

Spontan gruppierten sich die Menschen in einem Kreis um uns herum, hielten Händchen und begannen, ein leises, unaufhörliches „Om“ zu singen.

Ich war noch nie in einem so tiefen Loslassen, einer so tiefen Entspannung, einer so tiefen Dankbarkeit gewesen wie in diesem Moment.

„Danke, Aman“, flüsterte ich. „Du hast mir und allen Frauen in diesem Raum geholfen – allen Frauen auf der Welt.“

„Danke“, sagte er und küsste mich.

Den Rest des Tages verbrachte ich damit, mich auf die Gruppensitzung vorzubereiten und mich auf alle möglichen Gefühle einzustellen, die bei der Gruppe auftauchen könnten. Die Teilnehmer waren dankbar für unsere Demonstration, froh und erleichtert, dass eine solche Heilung tatsächlich möglich war.

Tatsächlich fühlte sich meine Yoni jetzt ganz an. Auch die Männer waren sehr dankbar für Amans Art und Weise, wie er mit meiner Wut umgegangen war.

Viele Frauen hatten Tränen in den Augen und erlebten die gleichen Zweifel und Ängste, die ich vor Beginn der Sitzung hatte: „Ich kann das nicht“, „Ich bin nicht ausreichend vorbereitet“, „Ich werde meinen Zorn nie loswerden“ und so weiter.

Um allen zu helfen, sich zu entspannen, führten wir die Teilnehmer in die Kundalini-Meditation (siehe Kapitel 4) ein, sie ist eine von Oshos Methoden, die hilft, Spannungen abzubauen. Man schüttelt Arme und Beine aus, bis der ganze Körper locker ist, dann tanzt man und legt sich schließlich hin und entspannt sich.

Nach dem Abendessen hatten die Gruppenmitglieder die Aufgabe, eine Stunde mit ihrem Partner zu verbringen, Hände zu halten, sich gegenüberzusitzen, in die Augen zu schauen und über alle Ängste und verwundbaren Gefühle, alle Sorgen und Wünsche zu sprechen, die durch die bevorstehende Sitzung ausgelöst wurden.

Am nächsten Morgen, nach einem Gruppenaustausch, machten wir eine Pause, damit Aman und ich reden konnten.

„Es ist noch zu viel Angst im Raum“, sagte ich zu ihm. „Ich versuche, ein Ritual zu schaffen, um unsere Genitalien zu ehren und ein Gefühl für das Heilige zu vermitteln. Im Moment tragen alle aus der Gruppe zu viele alte Ängste und schlechte Erinnerungen aus der Vergangenheit mit sich herum. Die meisten haben keine Ahnung, dass sie ihr Geschlecht als Tür zu ihrer persönlichen Macht, als Lehrer, als Guru ehren können. Wir brauchen ein Ritual.“

Aman stimmte zu, und so war der Tag der Schaffung einer Zeremonie gewidmet, die in den kommenden Jahren in meinen Gruppen beliebt werden sollte, bekannt als das Yoni und Vajra Verehrungs-Ritual, das sogenannte *Show and Tell Ritual.*

Lassen Sie mich für einen Moment in die Gegenwart kommen und in die Erklärung dieses Rituals eintauchen.

Wie gesagt, das Ritual konzentriert sich auf die Ehrung und Segnung unserer Genitalien. Es gibt keine Berührungen. Wir verwandeln den Gruppenraum in einen heiligen Raum, mit sanftem Licht, Musik und Weihrauch. Männer und Frauen kommen mit nur einem Lunghi (Sarong) bekleidet in den Raum. Sie wählen einen Partner und tanzen dann fünfzehn Minuten lang zu afrikanischen Rhythmen, was ihnen hilft, sich zu erden, gefolgt von ein paar romantischen langsamen Partnertänzen.

Die Partner setzen sich gegenüber. Ich bitte sie, die Augen zu schließen. Ich sage zu den Männern: „Erlaubt euch, innerlich zu reisen, um euch an jede Frau zu erinnern, die ihr in eurem Leben geliebt habt. Für einige von euch mag es die Mutter oder die erste Freundin sein, die Ehefrau, Tochter, Schwester."

„Jetzt erinnert euch an die Details. In einigen Fällen fühlt ihr euch geliebt und geschätzt, also erlaubt euch, Dankbarkeit dafür zu empfinden. Zu anderen Zeiten habt ihr euch vielleicht verlassen, unsichtbar, heruntergemacht, kritisiert, kontrolliert gefühlt. Spürt auch diese Gefühle und findet einen Ort in eurem Herzen, an dem ihr vergeben könnt, und konzentriert euch stattdessen auf die Liebe, die ihr gefühlt habt, auch bei diesen Frauen."

An die Frauen gerichtet, lade ich sie ein, ihre „innere Geliebte" zu wecken, ihre eigene Schönheit von innen heraus zu spüren und ihren eigenen Körper sanft zu streicheln.

„Gib dir selbst Anerkennung und Liebe, indem du dich selbst, sinnlich und langsam, an jedem Teil deines Körpers anfasst. Spüre deine Schönheit. Nimm sie an."

Wenn die Männer und Frauen bereit sind, lade ich sie ein, die Augen zu öffnen und ihre Partner anzusehen.

„Die Person vor dir repräsentiert alle Männer, die du je gekannt und geliebt hast, alle Frauen, die du je gekannt und geliebt hast."

Nach einer Weile lade ich die Männer ein, sich auf die Yoni der Frau zu konzentrieren, die nun unter dem Lunghi zu sehen ist.

Mit Hingabe verbeugt er sich vor ihr und senkt seine Stirn ganz tief hinab, um ihren Schambereich oder den Boden zwischen ihren Beinen zu berühren. In dieser Position rezitieren oder singen sowohl der Mann als auch die Frau drei „Oms" und lassen den Klang in ihrem eigenen Körper mitschwingen.

Im nächsten Schritt bringe ich ein wenig Humor ins Spiel, um allen zu helfen, in einem so heiklen Moment entspannt zu bleiben.

„Yoni hat heute ein Date", verkünde ich. „Sie bereitet sich darauf vor, ihren Liebsten im Café an der Ecke zu treffen, und sie freut sich darauf, denn sie ist so lange verhüllt und versteckt und schüchtern gewesen. Jetzt ist es an der Zeit, dass sie sich enthüllt, sich zeigt, sich stolz und geschätzt fühlt."

Wenn die Frau möchte, öffnet sie die Lippen ihrer Yoni und beschreibt, was sie sieht: „Du bist wie ein Schmetterling. Du hast Flügel. Du bist außen dunkel und rosa und innen zart wie eine Rose. Du bist glänzend und sanft. Ich mag dein Aussehen", und so weiter.

Mit diesem kleinen Spiel spürt die Frau, dass ihre Yoni geliebt und gesehen wird. Nach einer Weile beugt sich der Mann wieder zur Yoni, legt seine Stirn auf ihr Schambein und singt drei „Oms". Jede Frau gibt ihrer Yoni einen besonderen Namen, mit dem der Mann sie nun anspricht und sagt: „Du bist meine zarte Rose und ich werde dich mit Liebe und Fürsorge behandeln, auf dich hören und dich ehren."

Nach Abschluss des Rituals wird die gleiche Zeremonie für den Mann und sein männliches Organ, seinen Vajra, wiederholt. Jetzt schließt die Frau die Augen und erinnert sich an die Männer, für die sie in der Vergangenheit Liebe empfunden hat: ihren Vater, Bruder, Großvater, ersten Freund, Geliebten. Sie spürt die Dankbarkeit ihnen gegenüber und vergibt auch denen, die sie verletzt haben. Sie beschließt bewusst, dass sie für diesen Moment, zum Zwecke der Heilung, alte Verletzungen loslassen kann.

Tief durchatmend, ihr Herz öffnend, ist sie bereit, diesen Mann zu lieben und zu schätzen, der jetzt vor ihr steht und bereit ist, seinen Vajra zu ehren. Der Mann schließt auch die Augen und geht in sich und weckt seinen inneren Liebhaber, indem er seine innere Stärke und seinen edlen Charakter fühlt.

Dann öffnen beide Partner ihre Augen und die Frau beginnt das Ritual der Ehrung des Vajra, verneigt sich wie der Mann zuvor und beschreibt dann, was sie sieht, und ehrt ihn. Ich erinnere mich an eine Begebenheit, die mich am Ende eines dieser Rituale tief gerührt hat.

Eine asiatische Frau stand auf und trat auf meine Einladung hin vor die ganze Gruppe. Tränenüberströmt sagte sie mit leiser und zitternder Stimme, dass das Ritual für sie der tiefste Moment in der Gruppe gewesen sei. „Jeder in meiner Familie arbeitete hart, aber die Frauen wurden nicht geehrt. Einige wurden missbraucht. Nicht wenige von ihnen wurden als Arbeitspferde oder Gebärmaschinen ausgenutzt.[23] Es war, als wäre da unten nichts zwischen ihren Beinen.

Während dieses Heilungsrituals für meine Yoni sah ich, dass sich die gesamte Linie meiner Vorfahrinnen – meine Mutter, meine Großmutter, meine Urgroßmutter – vor mir verbeugte und mir dankte, dass ich dies für sie alle durchlebte."

Kommen wir nun zurück zum Workshop in der Schweiz.

Nach diesem Demonstrationsritual fühlte sich die Gruppe entspannter und selbstbewusster und die Leute waren bereit, die Yoni-Heilungs-Session am Nachmittag abzuschließen.

Ich werde hier nicht auf jedes Detail der Yoni-Heilungs-Session der Gruppe eingehen, da es sich nicht um ein Lehrbuch handelt. Es genügt zu sagen, dass die Gruppe mutig, konzentriert und aufmerksam unter unserer Anleitung war.

---

[23] Dieses Beispiel gilt natürlich nicht für alle Asiaten, es steht nur für eine tiefe Heilung, die wirklich so stattgefunden hat.

Aman wandte sich an die Männer und trainierte sie in der Kunst, in ihrem *Hara*, direkt unter dem Nabel, zentriert zu bleiben und sich dann von diesem Ort der Stärke aus mit ihren Partnerinnen zu verbinden.

Er ermutigte sie, während der kommenden Yoni-Massage Fragen zu stellen, z. B. „Fühlst du mich hier?“, damit ihre Partnerinnen präsent blieben.

In der Zwischenzeit wandte ich mich an die Frauen und erinnerte sie daran, tief durchzuatmen und jedes Gefühl zu beschreiben, während die Heilarbeit voranschritt.

Wir begannen die Sitzung. Als sie auf Knötchen blockierter Energie trafen, begannen die Frauen, ihren lang unterdrückten Gefühlen stimmlichen Ausdruck zu verleihen. Ich fühlte mich berührt von ihrem Schmerz und ihrer Aufrichtigkeit. Hier war ein verrückter, aber privilegierter Ort, an dem jeder Schrei, der mit Sexualität zu tun hatte, erlaubt und gefördert wurde. Es war, als würden Frauen sich selbst gebären und den Guru zwischen ihren Beinen befreien!

Im täglichen Leben haben wir nie eine solche Gelegenheit. Wenn wir das täten, würden wir uns selbst sicherlich für verrückt halten, aber hier war es erlaubt. Ich lief in einem Zirkus von verrückten, ohrenbetäubenden Schreien, donnernden Schreien, langgezogenem Wimmern und hohem Kreischen umher, und es schien, als würde die ganze Welt des emotionalen Ausdrucks, die im weiblichen Geschlecht gespeichert war, befreit werden.

Die Männer waren sehr präsent und erfüllten mutig ihre Rolle als Heiler. Am Ende der Sitzung ruhten und entspannten sich die Teilnehmer in den Armen des anderen. Überall gab es Tränen und Schluchzer der Dankbarkeit.

Am nächsten Tag waren die Männer an der Reihe und erhielten eine Massage der Muskeln um die Wurzel des Vajras und des Dammes, die sich auf dem Beckenboden befinden. Dazu gehörte auch eine Prostatamassage. Es galten die gleichen Grundsätze.

Im Allgemeinen entdeckten die Männer, dass viele der Spannungen, die sie in ihrem Becken hatten, mit Wut in der Kindheit verbunden waren, die auf ihre Eltern gerichtet war.

Sie hatten diesen Zorn vor ihren Eltern zurückgehalten, indem sie die Analschließmuskeln angespannt hatten, so dass dies einer der wichtigsten Spannungsbereiche war, der gelöst werden musste. Viele weitere Erinnerungen und sexuelle Frustrationen kamen auf und konnten gespürt, zum Ausdruck gebracht und losgelassen werden – oft zum ersten Mal.

Danach rieten wir jedem, vierundzwanzig Stunden lang keine Liebe mit Penetration zu machen, damit sich das Beckengewebe erholen und wieder normalisieren konnte.

Schließlich begannen unsere Teilnehmer, die Früchte ihrer harten Arbeit zu ernten, und sagten uns, dass sie sich in jedem Teil ihrer Geschlechtsorgane lebendiger fühlten. Auch Ruth verkündete, dass sich ihre wütende Yoni verwandelt anfühlte. Ihr Partner war erleichtert. Ihr Sexleben wurde um Welten besser.

Was ich gelernt habe

Diese Sexualheilsitzung wurde zu einem neuen und tiefgreifenden Gegenstand meiner Forschungen. Im Laufe der Jahre habe ich sie zu einer Kunst weiterentwickelt. Ich entdeckte, dass unsere alten, schmerzhaften sexuellen Erinnerungen im Gewebe unseres Beckens gespeichert sind. Das passiert jedes Mal, wenn wir uns erlauben, Liebe auf eine Weise zu machen, die sich nicht gut anfühlt – besonders wenn es beim Geschlechtsverkehr wehtut.[24]

Bei etwa 70 Prozent meiner Teilnehmer ist die Steigerung der angenehmen Empfindungen beim Liebesspiel nach einer solchen Sitzung bemerkenswert. Es kann aber mehr als eine Sexualheilung erfordern,

---

[24] Siehe das Kapitel „Anatomy of the Genitals“ und die Karte der Körperpanzerung in der Vagina in meinem Buch *The Art of Sexual Ecstasy* (New York: Jeremy P. Tarcher/Putnam, 1989).

um die über viele Jahre angesammelten tiefen Spannungen in diesem Bereich zu lösen. Die Heilarbeit ist abgeschlossen, wenn es keine Schmerzen mehr im Gewebe oder dunkle Visionen im Kopf gibt.

Als ich diese Sitzungen leitete, lernte ich, dass ein Teil meiner Mission darin bestand, den Menschen zu helfen, „den Keller ihres Hauses auszufegen“.

Ganz nach dem Prinzip, dass wir nur dann im siebten Himmel schweben können, wenn unsere Wurzeln tief in die Erde unter unseren Füßen eingedrungen sind.

Wir müssen tief in unseren erlernten sozialen Verhaltensweisen und vordefinierten sexuellen Rollen graben, um uns mit einer tieferen, verborgenen Wahrheit zu verbinden.

Wir müssen das wilde, ursprüngliche Tier in uns befreien, mit lauter Stimme, die starke Emotionen ausdrückt, die beim „zivilisierten“ Sex unterdrückt werden. Jeder von uns trägt jeden Aspekt der menschlichen sexuellen Erfahrung in sich: die Dunkelheit und das Licht, den Vergewaltiger und die Vergewaltigte, das Opfer und den Täter, den Engel und das Biest.

Alles wird in Erinnerung behalten. Sehnsüchte bei Frauen, die durch fast-aber-noch-nicht-ganz erreichte Orgasmen hervorgerufen werden, und das Gefühl des Versagens bei Männern, das durch vorzeitige Ejakulation entsteht. Diese und viele andere negative Prägungen werden als Muskelspannung im sexuellen Bereich gespeichert.

Es gibt so viel geheime Ressentiments, so viel unausgesprochene Scham, Schmerz und Elend. Ich wollte einen Weg zur Heilung finden, sowohl für Männer als auch für Frauen.

Diese traumatischen Situationen wurden während der sexuellen Heilung behandelt, und wie ich bereits angedeutet habe, war der Befreiungsprozess wie ein Gang über ein Schlachtfeld, mit den durchdringendsten Schmerzensschreien, die ich je von Frauen gehört habe.

Das war meine Aufgabe in jenen Jahren: Den Guru zwischen den Beinen der Teilnehmer zu wecken. Sie durch den Schmerz ins Vergnügen zu navigieren und vom Vergnügen ins Glück.

Ich habe gelernt, dass wir hierdurch leichter kommunizieren können, was wir beim Sex wollen, und zwar liebevoll und klar. Ich habe gelernt, dass wir alle, ohne Ausnahme, es in uns haben, eine orgasmische Frau oder ein orgasmischer Mann zu sein – und wir verdienen es.

Schließlich bewegen wir uns auf dem Weg des Erwachens über unsere Anhaftung an den Orgasmus hinaus, oder sogar über unsere Anhaftung an die Glückseligkeit, in einen Bewusstseinszustand, der das Begehren übersteigt – aber das kommt später. In der Zwischenzeit kann Sexualität die perfekte Meditation sein, um unsere Abhängigkeiten und Anhaftungen zu erkennen und bereit zu werden, sie loszulassen.

Die Praxis: Hören Sie auf Ihren Guru

Ich habe die vollständige Praxis der Sexualheilsitzung bereits an anderer Stelle beschrieben[25]. Dennoch möchte ich Sie dazu ermutigen, die Bedeutung des Gurus zwischen Ihren Beinen nicht zu vergessen. Die Weisheit des Gurus muss aus Ihnen herausgelockt werden. Also, mein Vorschlag für eine Übung ist folgender:

Berühren Sie jeden Morgen Ihr Geschlecht, streicheln Sie Ihr Geschlecht und danken Sie Ihrem Guru, dass er da ist. Fragen Sie, was er oder sie braucht. Hören Sie sich die Antwort an und versprechen Sie dann, zu sehen, was Sie tun können, um den Wunsch zu erfüllen, allein oder mit einem Partner – es spielt keine Rolle. Es funktioniert so oder so.

Beginnen Sie einen Gestaltdialog mit Ihrem Geschlecht. Geben Sie Ihrem Geschlecht eine Stimme, und Sie, als „Besitzer/in“ oder „Freund/in“, übernehmen die andere Stimme.

Legen Sie zwei Kissen vor sich. Das eine repräsentiert Ihr Geschlecht und das andere sind Sie. Wenn Sie sich mutig fühlen, können

[25] Die vollständigen Praktiken finden Sie in Tantra – Weg der Ekstase: die Sexualität des neuen Menschen, Simon und Leutner, 1997 und Magie des Tantra: skydancing: Die hohe Schule der Erotik für Paare und Singles, Goldmann, 2003

Sie Ihre Geliebte/Ihren Geliebten einladen, ein neutraler Beobachter des Dialogs zu sein, der zwischen Ihnen und Ihrem Geschlecht stattfindet. Das macht Spaß!

Lassen Sie Ihr Geschlecht mit Ihnen sprechen. Führen Sie einen offenen Dialog miteinander. Kommen Sie zu einer Einigung, die sich in Ihren Lebensstil einfügen lässt. Sie können die Stimme Ihrer Yoni oder Ihres Vajras benutzen, um unangenehme Momente zu überwinden, zum Beispiel jene Momente, in denen Sie sich angetörnt fühlen und gerne Liebe machen würden, aber Sie sich nicht sicher sind, ob Ihr Partner das auch will.

Stellen Sie sich diese Szene zwischen zwei Liebenden vor: Sie kommt ins Wohnzimmer und er ist mit seinem Computer beschäftigt. Sie würde gerne Sex haben. Sie geht zu ihm, gibt ihm einen Kuss oder umarmt ihn und sagt: „Ich muss dir etwas Wichtiges erzählen. Darf ich einen Moment deine Aufmerksamkeit haben?"

Er hört auf zu arbeiten. Sie nimmt seine Hände in ihre, atmet tief bis in ihr Herz, schaut ihm in die Augen und sagt: „Yoni ruft. Sie fühlt sich jetzt offen und einladend, und sie bittet Vajra, sie zu besuchen."

Er lächelt und antwortet: „Okay, aber Vajra hat ruhig geschlafen, unten im Keller, während ich gearbeitet habe. Was können wir dagegen tun?" – „Nun, wenn du jetzt eine Pause machst und mit mir kommst, können wir uns um ihn kümmern und ihn aufwecken."

Dieses Szenario könnte natürlich auch andersherum funktionieren: Zum Beispiel kommt er in das Zimmer und sagt: „Vajra ist bereit für Action und er will Yoni zu einem Tanz einladen. Was hältst du davon?"

Wie Sie sehen, kann man die Dinge spielerischer angehen, wenn man seinem Geschlecht eine Stimme verleiht. Dies ermöglicht es den Partnern, entspannt über heikle Themen so zu sprechen und emotionale Belastungen zu vermeiden.[26]

---

[26] Siehe meine DVD-Serie *Margot Anand's Secret Keys to the Ultimate Love Life* http://tantraskydancing.com/index.php/dvds.

Wenn wir dann unserer natürlichen spirituellen Entwicklung erlauben, sich in ihrer eigenen Zeit, in ihrem eigenen Tempo zu entfalten, können wir schließlich einen Zustand erreichen, in dem all dies unwichtig wird. Das Herz ist offen, der Geist ist friedlich und wir gehen über das Bedürfnis nach Sex hinaus.

Eine totale Akzeptanz deiner selbst
bewirkt
eine totale Transzendenz deines Selbst.
Keine Person oder Ereignis hat die Macht,
dich glücklich oder
unglücklich zu machen.[27]

---

[27] Adyashanti, *My Secret Is Silence* (Los Gatos, CA: Open Gate Publishing, 2003)

Kapitel 9
YabYum Initiation

Schau, wie ich es mache", sagte Michel. Ich saß auf einem großen Kissen auf der anderen Seite des Zimmers. Wir waren etwa drei Meter voneinander entfernt.

„Probiere das Sitzen in der Halblotusposition", leitete Michel mich an.

Ich bekam den Dreh raus: auf dem Kissen sitzen, mit gekreuzten Beinen und Knien, die tief genug waren, um den Boden zu berühren, so dass der Bauch entspannt war und die Wirbelsäule gerade, sanft durch die Nase atmend – eine großartige Haltung, um die Meditation zu erleichtern.

Ich schaute quer durch den Raum in Michels durchdringende blaue Augen. Sein Gesicht war entspannt, aber ernst, fast ausdruckslos. Seine vornehmen Gesichtszüge waren aufmerksam und gleichzeitig entspannt. Sein ovales Gesicht wurde von einer dünnen Schicht hellbrauner Haare gekrönt, das nach hinten gekämmt war, was seine glatte, hohe Stirn betonte. Obwohl er angeblich ein Krüppel war, hielt er mit seinem kürzeren linken Bein die Halblotusposition perfekt.

Ich rückte auf meinem Kissen zurecht. Dies war meine erste formelle Sitzung mit „Slawe", dem Namen, der ihm von seinen Freunden gegeben wurde. Ich starrte ihn an.

„Entspann deinen Blick", befahl er. „Es gibt keinen Grund, so intensiv zu schauen. Stell dir vor, du blickst aus deinem Inneren. Blicke aus der Mitte des Kopfes."

Ich war etwas verwirrt, aber ich fand meinen Blick entspannend, als ob ich mich nicht auf etwas Bestimmtes konzentrieren müsste, fast so, als würde ich die Welt durch Wasser betrachten.

„Jetzt", sagte Michel, „blicke in den Raum um mich herum."

Ich versuchte es, ohne großen Erfolg.

„Du gibst dir zu viel Mühe", sagte Michel. „Entspann dich und werde dir deines peripheren Blickfelds bewusst. Du siehst mich, aber auch die Malerei an der Wand hinter mir und die Tür daneben."

Bald begriff ich, was er meinte. Anstatt auf bestimmte Objekte zu schauen, entspannte ich meinen Blick in einen passiven Zustand, indem ich ihn einfach schweifen ließ, ohne ihn zu fokussieren.

Als ich dies für einige Minuten fortsetzte, begann ich Michel mehr als Präsenz und weniger als Person zu empfinden und wurde mir seiner Ausstrahlung bewusst, wie eine subtile Aura, die ihn umgab. Es fühlte sich nährend für mein Herz an, meine Brust weitete sich.

„Jetzt", flüsterte Michel. „Bewahre dein Bewusstsein für das Energiefeld, drehe deinen Kopf sanft zu der Thangka-Malerei auf der linken Seite." Das tat ich und drehte meinen Kopf sehr langsam, als ob ich mich in Honig bewegen würde.

Meine Augen ruhten auf dem Bild eines Buddhas, der in der Lotusposition saß, umgeben von Blumen und wogenden Bannern aus Seide. Auf seinem Schoß saß eine *Dakini*[28], ein weiblicher Buddha, ihre Beine um seine Taille gewickelt, ihr Gesicht angehoben, um ihn anzusehen, ihre Lippen lagen zart aufeinander.

---

[28] Im tantrischen Buddhismus sind Dakinis weibliche Geistwesen, die oft als „weibliche Buddhas" oder „Himmelstänzerinnen" bezeichnet werden.

Der Buddha hielt eine Glocke, die die Leere symbolisiert[29], in der einen Hand und einen *Vajra dorje*, oder Zepter der Macht, in der anderen.

Ich hatte dieses Bild mehrmals gesehen, aber ich hatte mich nie gefragt, wie ich es jetzt tat, was sie eigentlich taten.

Vorsichtig drehte ich meinen Kopf zurück zu Michel und fragte ihn: „Meditieren sie?“

„Das tun sie“, antwortete Michel. „Miteinander vereint.“ Ich war erstaunt über diesen unpassenden Gedanken. „Miteinander vereint.“

„Ja“, sagte Michel, gerührt von einer Leidenschaft, die plötzlich aus seinem Gesicht strahlte und seinen sonst blassen Wangen Farbe verlieh.

„Sie machen Liebe, vereinen geschickt Praktiken mit Leere. Sie repräsentieren die Verbindung zwischen grenzenlosem Bewusstsein und fortgeschrittenen Praktiken – Beherrschung der Energie durch Meditation.“

Ich sah Michel an, und auf mysteriöse Weise schien es, als würden sich diese Gottheiten auf uns projizieren. Er wurde nun der Buddha und ich die *Dakini*. Uns langsam aufeinander zubewegend, saßen wir schließlich, noch bekleidet, einander gegenüber, in der gleichen Position wie auf dem Gemälde, unsere Sexzentren jeweils gegen das des anderen gedrückt, unsere Lippen sich fast berührend.

„Beginne sanft, deine Beckenbodenmuskulatur anzuspannen und zu entspannen, in langsamem Rhythmus“, sagte Michel. „Wenn du einatmest, atme die Energie von meinem Geschlecht in dein Geschlecht ein, dann zieh sie durch deinen Körper nach oben und atme sie in Richtung meines Mundes wieder aus.“

Nach einer Weile bekam ich den Dreh raus und ließ langsam die Energie zwischen uns kreisen. Dadurch war ich weniger auf unsere

[29] Das Läuten des melodischen, flüchtigen Klangs einer tibetischen Glocke lädt den Geist ein, weit weg zu reisen, während er den Klang „reitet“ und nicht mehr mit dem Denken beschäftigt ist. Was übrig bleibt, ist Geräumigkeit oder Leere.

Verbindung als physische Wesen konzentriert und mir stärker der Auflösung in Energie, Atem und Bewusstsein bewusst.

Die Sitzung hatte eine zeitlose Qualität, also erinnere ich mich nicht daran, wie lange sie dauerte, aber schließlich haben wir uns auseinanderbewegt, nachdem wir eine warme, herzliche Umarmung ausgetauscht hatten.

So endete meine erste Einweihung in eine Praxis, die ich jahrelang erkunden und weiterentwickeln würde. Einige Tage später zeigte das *Guimet Museum* in Paris eine Ausstellung mit tantrischer Kunst aus Tibet, Indien und Bhutan.

Diese Gemälde, Thangkas, Miniaturen, Statuen und antike Manuskriptillustrationen erstrecken sich über viele Jahrhunderte. Die ältesten Exponate stammen aus dem 8. Jahrhundert nach Christus. Ich habe mir die Ausstellung mit Michels gesamtem Freundeskreis angesehen.

Ich werde meine Überraschung nie vergessen, als ich vor einer etwa einen Meter hohen, goldenen Statue stand, auf der genau das dargestellt war, was ich auf dem Gemälde in Michels Büro gesehen hatte: Ein Buddha, der im Lotus sitzt und eine *Dakini* auf seinem Schoß hält.

Es war ein außergewöhnliches Kunstwerk, das unter den weichen Lampen des Museums leuchtete, die beiden goldenen Körper, in die verschiedene Motive geschnitzt waren, die mich an die feinsten Spitzen-Stickereien erinnerten und die sie wie eine alte Version der modernen Tattoos bedeckten. Darüber lagen echte Seiden, bestickt mit Gold- und Silberfäden, die in bunten Mustern gewebt waren.

Die *Dakini* drückte sich gegen den Buddha, ihre Arme und Beine umschlangen seine Taille. Sie trugen beide Seidenkleider und Schals. Sie sahen gleichzeitig edel und wild entschlossen aus.

Der Buddha runzelte die Stirn und hatte einen dünnen Schnurrbart über seiner Oberlippe – eine ikonografische Darstellung von Padmasambhava, dem erleuchteten Meister, der den Buddhismus nach Tibet und Bhutan brachte. Die Frau auf seinem Schoß war seine

Gefährtin, Yeshe Tsogyal, auch bekannt als die *Himmelstänzerin*, eine erleuchtete *Dakini*.

Aus einem Impuls heraus beugte ich mich nach unten, um unter ihre Röcke zu schauen. Zu meinem Erstaunen sah ich Padmasambhavas goldenen Vajra, der zur Hälfte in Yeshe Tsogyals goldene Yoni eingedrungen war. Sie liebten sich.

An diesem Abend, zurück im Haus, hatten wir lange Diskussionen über *YabYum*, den tibetischen Namen für dieses Symbol einer männlichen Gottheit in sexueller Vereinigung mit seiner weiblichen Gemahlin.

Die wörtliche Bedeutung von YabYum ist „Vater-Mutter", was auf die ursprüngliche Vereinigung der Yin- und Yang-Elemente hinweist.

Bei unseren Diskussionen stellten wir fest, dass YabYum die Vereinigung zwischen der männlichen Figur, die Mitgefühl oder Liebe in Aktion repräsentiert, und der weiblichen Figur, die für intuitive Weisheit steht, symbolisiert. Die Vereinigung beider ist die hohe Kunst, um Erleuchtung durch die Umwandlung von Energie zu erreichen, die in dieser ekstatisch sexuellen Umarmung erzeugt wird. Sie symbolisiert damit auch das Gleichgewicht zwischen Yin und Yang. Es ist das höchste Yoga.

Jemand scherzte: „Also, was ist es, Yab oder Yum?" Michel antwortete: „Laotse sagt: ‚Ein voll verwirklichter Mensch kennt das Männliche und hält sich dennoch an das Weibliche.'"

Ich war weiterhin fasziniert von der verborgenen Bedeutung dieser Praxis. Offensichtlich war es eine Form der Meditation. Aber eine sexuelle? Seit wann praktizierte man sie? Was ist mit heute? Wird es immer noch praktiziert?

Die Antwort kam unerwartet einige Monate später, als ich mich zum Tee mit einem bekannten Autor buddhistischer Literatur in den Vereinigten Staaten traf.

Ich werde seinen richtigen Namen nicht nennen, um seine Privatsphäre zu respektieren, also nennen wir ihn Lama. Er war ein prominenter Lehrer des Dzogchen, einer Form der tantrischen Meditation.

Lama war ein Schüler des verstorbenen Kalu Rinpoche gewesen, einem verehrten tibetischen Meister, und hatte ihn auf seinen Reisen begleitet und ein halbes Jahr lang mit ihm in einem Kloster in Nepal gelebt.

Während dieser Zeit traf Lama Seine Heiligkeit, den verstorbenen Dilgo Khyentse Rinpoche, Abt eines anderen Klosters in Nepal, und freundete sich mit ihm an. (Ich wusste noch nicht, dass dieser Rinpoche einen wichtigen Einfluss auf mein spirituelles Leben haben würde, wie wir später im Buch sehen werden.) Schließlich erklärte Dilgo Khyentse Rinpoche meinem Freund Lama als Antwort auf dessen Frage, dass die YabYum-Praxis tatsächlich heute als eine sehr heilige und fortgeschrittene spirituelle Praxis aufrechterhalten wird.

Im Idealfall wird YabYum von zwei Praktizierenden auf dem buddhistischen Weg, einem Mann und einer Frau, vollzogen.[30] Traditionell werden diese beiden Partner von ihrem Lehrer ausgewählt, zusammengebracht und angeleitet.

Schließlich wurde Lama ermutigt, diese Praxis mit einer Nonne zu erkunden, die von Dilgo Khyentse Rinpoche eingeladen wurde und die sich als die eigene Tochter des Abtes herausstellte. Lama und die Nonne wurden Schritt für Schritt von dem Rinpoche selbst geführt. Lama hat nie erwähnt, ob diese Praktik sexuelle Penetration mit einschließt.

Die Idee der YabYum-Praxis ist es, die Fähigkeit zu schärfen, in „geräumiger Leere“ zu sein, während man bewusst den Prozess miterlebt, ohne sich auf Ebene der individuellen Person mit dem Partner oder der Situation zu identifizieren.

Inspiriert von Lamas Geschichte beschloss ich, dass diese Praxis erforscht, weiterentwickelt und im Westen eingeführt werden müsste.

---

[30] Ich weiß nicht, ob die Buddhisten diese Praxis auf gleichgeschlechtliche Paare ausdehnen. Meine Einstellung dazu ist, warum nicht? Später wurde es in der schwulen Tradition des SkyDancing Tantra unterrichtet.

Zu diesem Zeitpunkt hatte ich Michel und seine Gemeinschaft verlassen und leitete Workshops mit Aman. Ich bezog ihn in meine Bemühungen ein, die YabYum-Praxis zu erlernen, welches ich bald als die *Welle der Glückseligkeit reiten* bezeichnete.

Aman stürzte sich genauso leidenschaftlich auf die Erforschung dieser tantrischen Praxis wie ich, also begannen wir, sie fast täglich zu üben. Nachdem Aman diese Übung stunden- und tagelang gemacht hatte, gab er zu, dass er sie „absolut nicht verstand". Während ich die Welle gründlich ritt, hatte Aman wenig oder gar kein Gefühl von Energie, die sich durch seinen Körper nach oben bewegte.[31]

Dies inspirierte uns, den gesamten Prozess zu analysieren. Hier in Kürze unsere Beobachtungen zur Welle der Glückseligkeit:[32]

Die sitzende Haltung:

Es war für uns beide wichtig, über die Fähigkeit zu verfügen, im Halblotus zu sitzen, so dass unsere Knie den Boden berühren können, damit Taille und Bauch offen und entspannt sind. Wir mussten monatelang Yoga machen, damit wir körperlich dazu in der Lage waren.

Das Geraderichten der Wirbelsäule:

Wir bemerkten, wie leicht unsere Wirbelsäule ihre gerade Haltung verlor, nach links oder rechts einknickte, im unteren Rücken absackte oder steif blieb. Wir probierten alle möglichen, seltsamen Methoden aus, um die Wirbelsäule zu entspannen, einschließlich des Streckens im lauwarmen Wasser – eine Form aquatischer Körperarbeit, die Aman erfand, genannt *Wassertanz*. Das gab uns den nötigen Schwung für die Übung der *Welle*.

Die YabYum-Position:

Das war eine Herausforderung. Da ich groß bin, fürchtete ich, dass ich zu schwer für Aman sein würde. Es dauerte einige Zeit, bis wir uns beide wohl damit fühlten, Aman war größer als ich, also waren unsere Gesichter auf gleicher Höhe.

---

[31] Er lernte das Gefühl ein paar Jahre später kennen.

[32] Diese Praxis ist im dritten Zyklus des TEL integriert. Die ersten beiden Zyklen sind eine Vorbereitung auf die Welle.

Erregung:

Wir entdeckten bald, dass es in der YabYum-Position für einen Mann nicht einfach ist, eine Erektion aufrechtzuerhalten, bzw. für eine Frau, erregt zu werden. Wir haben Monate damit verbracht, daran zu arbeiten. Am Anfang hatten wir normalen und wilden Sex, und dann, auf dem Höhepunkt unserer Erregung, wechselten wir in die YabYum-Position. Bald jedoch entdeckten wir subtilere Ansätze.

Beckenschaukel:

Wir stellten fest, dass die Erregung in YabYum durch Mikrobewegungen aufrechterhalten werden konnte – zum Beispiel durch das Hin- und Herbewegen des Beckens, wie ein Ball, der vorwärts und rückwärts rollt. Das funktioniert gut, auch ohne Eindringen, wenn sich der Vajra des Mannes aufrecht an den Bauch der Frau schmiegt.

Die PC-Pumpe:

Der normale Schlüssel zur Erregung ist eine intensive Reibung zwischen den Sexzentren, um „das Feuer zu entfachen". Wir fanden heraus, dass wir dies durch rhythmisches Straffen und Entspannen der PC-Muskeln um unsere Geschlechtsorgane und den Beckenboden herum in einer pumpenden Bewegung ersetzen konnten, die ich daher die PC-*Pumpe* nannte.

Sexuelle Atmung:

Ich wusste bereits, dass Energie der Aufmerksamkeit folgt. Mit diesem Gedanken entwickelte ich eine Visualisierung, in der der Atem zu Beginn jeder Inhalation die im Sexzentrum erzeugte Energie „aufnimmt" und durch die *Innere Flöte*, zum Herzen, zur Kehle und zum *dritten Auge* trägt. Wir nannten es *sexuelle Atmung*.[33]

Diese drei grundlegenden Praktiken: Beckenschaukeln, die Pumpe und die sexuelle Atmung, die ich im Laufe der Zeit entwickelt und verfeinert habe, waren die „drei Stufen" des *Reitens der Welle der Glückseligkeit*.

---

[33] Siehe mein Buch Tantra – Die Kunst der sexuellen Ekstase: Die Innere Flöte öffnen.

Die Innere Flöte:

All diese faszinierenden Techniken konnten jedoch nur funktionieren, wenn ein zentraler Kanal durch den Körper gefunden wurde, der die Energie vom ersten Chakra zum dritten Auge leitet.

Ich entwickelte mehrere neue Praktiken, um einen solchen Kanal zu öffnen, und ich entschied, dass es am besten war, nicht durch den *Sushumna* zu gehen, den Kanal innerhalb der Wirbelsäule, der traditionell von Yogis als Kanal für die Kundalini-Energie benutzt wird. Der Prozess schien zu komplex und potenziell gefährlich.

Wir entwickelten ein neues Modell und suchten nach einem subtilen Kanal, der mit dem zentralen Meridian in der Akupunktur vergleichbar ist oder dem mittleren Kanal in taoistischen Traditionen, einem Kanal in der Mitte des Körpers, vor der Wirbelsäule. So entwickelte ich die *Innere Flöte.*

Nach Monaten, ja Jahren der Praxis habe ich alles zusammengefügt. Ich entwickelte eine Methode, die den Menschen die Erfahrung der sexuellen Erregung als Energieströmung ermöglicht, die durch Beckenschaukel und die Pumpe angeregt, vom Atem getragen und die Innere Flöte hochgezogen werden kann, um die anderen Chakren zu energetisieren.

Die Energie ändert ihre Frequenz und Qualität an jedem der Chakren und verwandelt sich von roher Sexualität in reines Bewusstsein. Wie in der Metapher von Jakobs Leiter in der Bibel erstreckt sie sich von der Erde zum Himmel, steigt vom Geschlecht zum Überbewusstsein auf und lässt die Liebe dann wieder nach unten fließen. Dort durchströmt sie die Wurzel oder das erste Chakra, woraufhin der Zyklus wieder von vorne beginnt.

Wird die sexuelle Erregung durch die Innere Flöte zum Herzen gelenkt, erleben die Partner eine tiefe Verschmelzung, eine sanfte Leidenschaft, das Gefühl, eins zu sein. Beim dritten Auge dehnt sich die Energie über die Grenzen des Körpers hinaus aus und vermittelt ein Gefühl von Weite.

An der Krone verschmelzen Energie und Bewusstsein zu dem Gefühl, eins zu sein mit allem, was ist. Es gibt keine Trennung, kein

Bewusstsein für mich und dich oder männlich und weiblich. Dies ist die Transzendierung der Dualität, die Tantrikas im Laufe der Zeit als „Himmelstänze" bezeichnet haben, die Fähigkeit, am Himmel zu tanzen, jenseits von Zeit, Raum und Ego. Eine glückselige Rückkehr zu den eigenen Ursprüngen: YabYum.

SkyDancing war für mich ein wichtiger Durchbruch. Die Technik wurde zum Grundstein meiner SkyDancing Tantra Schule. Am Ende verstand ich meine Faszination für diese Praxis, als ich durch sie die gleiche mystische Dimension erlebte wie in meinem ersten Liebesspiel mit Richard. Das Geheimnis dieser ekstatischen Erfahrung vor all den Jahren hatte mich zu meiner Suche getrieben, und hier nun endlich hatte ich sie wiedergefunden, die Herrlichkeit, die Verwandlung der orgasmischen Schwingung in Licht.

Der nächste evolutionäre Schritt in meinem Verständnis der Welle und ihrer Energiedynamik kam durch die Begegnung mit Ravi Dykema, einem versierten Yogi, der in den letzten sechzehn Jahren als außerordentlicher Professor an der Yogafakultät der Naropa University in Boulder, Colorado (USA), tätig gewesen war. Wir fingen an, uns zu treffen, und ich zog nach ein paar Monaten bei Ravi ein. Doch Ravi war beruflich stark engagiert. Er war beschäftigt, zu beschäftigt. Es wurde bald klar, dass wir, wenn wir jemals die Welle praktizieren würden, wie wir beide es wollten, uns von jeglichen beruflichen Verpflichtungen in seinem täglichen Leben lösen mussten.

Ich sagte ihm, dass ich ein Haus in Hawaii, auf der Insel Kauai mieten würde, und fragte, ob er mich dort treffen wolle, um Tantra zu praktizieren. Zu meiner Freude stimmte er zu.

Ravi war ein gutaussehender Mann. Er hatte jahrelang in indischen Yogaschulen studiert und ein starkes Erwachen von Kundalini-Energie erlebt, das ihn auf seinem Weg bestätigte. Er war groß, schlank und muskulös, mit einer großartigen Beherrschung seiner äußeren und inneren Muskeln und einem tiefen Verständnis der menschlichen und yogischen Anatomie.

Sein Gesicht wurde durch dicke, buschige Augenbrauen akzentuiert, die schwer über seinen Augenlidern hingen. Die Augen lagen tief, was ihm eine ernste Ausstrahlung verlieh, als ob er ständig nach einer wichtigen Antwort oder einer Lösung für ein mysteriöses Problem suchen würde.

Ich erkannte, dass ich mein Bestes tun musste, um die Stimmung dieses Mannes zu verbessern. Ich wollte einen Ort finden, an dem sich dieser eher ernsthafte Shiva wieder mit seiner inneren Freude verbinden und mit mir feiern konnte. Etwas sagte mir, dass ich seine verborgenen Schätze noch nicht entdeckt hatte und dass er mir viel beibringen würde. Als Yogapraktizierende war ich nicht einmal annähernd mit ihm vergleichbar. All meine Jahre des Reisens, Lehrens und Unterrichtens hatten wenig Raum für regelmäßige Yogastunden gelassen.

Ich reiste schon vorzeitig nach Hawaii und praktizierte Integrales Yoga, das ich von Swami Satchidananda in New York gelernt hatte. Ich schwamm lange Stunden im Meer, machte Spaziergänge und aß hauptsächlich Obst. Ich wollte dieses großartigen Yogis würdig sein. Ist es nicht so, dass wir Frauen den Shiva des Augenblicks immer idealisieren?

Schließlich kam Ravi an. Auf dem Flughafen sah er aus wie ein Cowboy, mit seinem großen Stetson-Hut und seinen dunklen, spitzen Stiefeln über engen Jeans. Sein weißes T-Shirt mit V-Ausschnitt hatte lange, fließende Ärmel, die an den Schultern in kleinen Falten gerafft waren, was seine Statur breiter wirken ließ und ihm einen romantischen Look verlieh. Ich war beeindruckt. Es war vielversprechend.

Als wir in unser Haus kamen, bat er mich, mich mit dem Gesicht zu ihm hinzusetzen, begrüßte mich mit einem *Namasté* und holte dann ein Geschenk hervor: eine rote, chinesische Schachtel aus Seide. Er bot sie mir auf rituelle Weise an, kniete vor mir nieder, wobei die rote Box auf der offenen Handfläche seiner Hände lag.

„Wunderschöne Shakti", sagte er zu mir, „Ich weiß, dass Shiva, wenn er die Göttin besuchen kommt, nicht mit leeren Händen kommen darf, sondern dass er ihr ein Geschenk bringen muss, das ihres Status würdig ist und die Art ihrer Verbindung symbolisiert. Möge dieses Geschenk die Reinheit, die Klarheit, die Eindeutigkeit unserer gemeinsamen tantrischen Übungen darstellen."

Ich nahm die Schachtel und öffnete sie langsam. Eingebettet in weiche, glänzend beigefarbene Seide lag ein Quarzkristall, perfekt spitz und absolut rein, ohne einen einzigen Fehler. Ich war sehr angetan.

„Danke, Ravi", sagte ich. „Ich fühle mich zutiefst geehrt durch die Schönheit deines Geschenks. Ich weiß, dass es dein Engagement für die richtige Praxis darstellt. Darf ich von dir lernen, was du mir beibringen möchtest?"

Auf die gleiche rituelle Weise machte ich Ravi ein Geschenk, in Geschenkpapier eingewickelt und mit einer goldenen Schnur zugebunden.

Ravi öffnete es. Es war eine „Aktionsmalerei", die ich mit schnellen Handgesten geschaffen hatte und die einen offenen roten Kreis zeigte, der eine durchbohrende blaue Form empfing. Der Name des Bildes war „Penetration".

Ravi mochte es, verbeugte sich und sagte: „Danke, Margot. Ich kann sehen, dass unsere Seelen und unsere Energien bereit sind, sich gegenseitig zu durchdringen. Ich freue mich darauf!"

Wir umarmten uns und dankten uns noch einmal. Und so begann unsere Reise.

Es gibt oft einen unangenehmen Moment, wenn sich ein Paar auf die tantrische Praxis vorbereitet, besonders zu Beginn, wenn sich die Partner noch nicht so gut kennen. Ich konnte dieses Gefühl der Nervosität spüren, und wir beide bemerkten es. Wir spürten aber auch, dass wir uns bald entspannen würden, wenn wir gemeinsam einfache tägliche Aktivitäten wie Kochen, Spazierengehen und Reden miteinander teilen würden.

Ravi und ich waren bereits ein Liebespaar, aber es war eher der „Quicki" und der „normale" Liebesakt, der uns verband. Es hatte sich gut angefühlt, am Ende eines arbeitsreichen Tages oder früh am Morgen vor dem Aufstehen intim zu werden. Doch das passte nicht zur zeitlosen Dimension der tantrischen Praxis. Diese verlangt von den Praktizierenden für einen längeren Zeitraum, in jeder subtilen Phase des Prozesses, ohne Zeitdruck und vorgegebenes Limit, aufeinander fokussiert zu bleiben. Tatsächlich verlangt die tantrische Praxis von uns, dass wir jedes Zeitgefühl hinter uns lassen.

Ich sage oft, der Grund, warum heute nicht mehr Menschen die tantrische Praxis aufrechterhalten können, liegt zum Teil in den Ablenkungen und Anforderungen unseres geschäftigen, modernen Lebensstils. Ich bewundere die alten Gemälde aus Indien, die lässigen *Maharadschas* oder *Maharanis*[34] in ihren ausgefallenen Gartenpavillons darstellen, umgeben von Dienern, die ihnen mit Pfauenfedern Luft zufächern. Sie hatten viel Zeit zur Verfügung.

Ich werde auch daran erinnert, dass ein Großteil dieses Yoga der Liebe von den chinesischen und hinduistischen Adligen, Königinnen und Königen entwickelt wurde, die Zeit hatten, sich in ihren Palästen zu entspannen und ihrer Suche nach Glückseligkeit zu folgen. Nun gut, hier und jetzt, in dieser bescheidenen hawaiianischen Hütte am Meer, würden wir versuchen, einen tantrischen Palast nachzubauen.

Wir verbrachten den ersten Tag damit, uns zu entspannen, am Strand spazieren zu gehen, den goldenen Sand unter unseren Füßen zu spüren und im Meer zu schwimmen. Dann kündigte Ravi an, dass er das Abendessen zubereiten würde, und ich entdeckte, dass er ein Gourmetkoch war.

Er produzierte ein exquisites Gericht aus in Misosoße gebratenen Pilzen, Safranreis und frischen grünen Bohnen mit Kräutern in Ingwersauce. Dazu gab es ein wundervolles Bananenmousse, bei dem wir nicht aufhören konnten, es uns gegenseitig von den Gesichtern zu lecken. Was für ein perfekter Anfang.

Am Abend lagen wir zusammen im Bett und unterhielten uns. Wir schliefen nicht miteinander. Noch nicht. Wir mussten uns erst wieder aneinander gewöhnen. Wir hatten uns schon lange nicht mehr gesehen. Ravi sprach über die Themen, die ihn betrafen – Familie, Geschäft, die Herausforderungen, vor denen er stand als einer der Leiter

---

[34] Weibliches Gegenstück *zum Maharadscha; Maharani* bedeutet „große Königin".

einer spirituellen Organisation. Ich konnte spüren, dass er endlich abschalten und sich mental entspannen konnte.

Dann schlug Ravi vor, dass wir einen Tagesplan für unseren zweiwöchigen tantrischen Urlaub entwerfen. Wir entschieden uns für zwei vegetarische Mahlzeiten pro Tag: Frühstück und eine weitere, entweder Mittag- oder Abendessen, aber nicht beide. Wir wollten schlank und beweglich bleiben.

Wir standen früh auf und praktizierten zwei Stunden lang Kundalini-Yoga unter seiner Anleitung. Dann frühstückten wir und machten einen Spaziergang am Strand, gefolgt von tantrischer Praxis bis zum Abendessen. Das ging für mich in Ordnung. Der Schwerpunkt, auf den wir uns geeinigt hatten, war die Entwicklung eines tieferen Verständnisses und Erlebens der Welle.

Am nächsten Tag führte uns Ravi in eine anspruchsvolle yogische Übung. Ich konnte kaum folgen. Er war das lebendige Beispiel eines versierten Yogis.

Wir praktizierten viele Asanas, die unser inneres Feuer erwecken sollten. Es wurde wirklich heiß und schweißtreibend. Dann verlangte eine Asana, dass wir im Lotus sitzen sollten, mit der Ferse des rechten Fußes gegen den Damm. Dies war ähnlich wie bei anderen Übungen, die ich praktiziert hatte, um unser inneres Feuer zu erwecken *und zu kontrollieren*.

Auf diese Weise schlossen wir die untere Tür und schickten die Energie zu den oberen Chakren. Das war Ravis yogische Methode, unseren zentralen Kanal zu öffnen. Perfekt!

Nach dem Yoga machte uns Ravi ein leckeres Frühstück: frische Erdbeeren mit Schlagsahne auf goldgelben Waffeln und einen speziellen Kräutertee, den er mitgebracht hatte, um die „Nierenenergie“ zu verbessern. Er war der Koch und ich seine Assistentin.

Später, nach unserem Spaziergang, begannen wir unsere tantrische Praxis mit Asanas, die speziell dazu dienten, jedes unserer Chakras zu öffnen. Dann sangen wir die Bijas und Mantren jedes

Chakras. Später visualisierten wir die Farbe jedes Chakras und sangen seinen Sanskrit-Namen.

Während er dies tat, zeigte mir Ravi verschiedene Möglichkeiten, die Chakrenportale zu öffnen, die uns mit unserem Hormonsystem und den inneren Organen verbinden. Es fühlte sich stärkend, tief wirksam und sehr intensiv an. Ich steuerte Übungen bei, die darauf abzielen, unseren zentralen Kanal, unsere Innere Flöte, zu öffnen.

Die Tage vergingen mit der Vorbereitung auf das abschließende Experiment, das alle diese Elemente beim Reiten der Welle der Glückseligkeit zusammenbringen sollte.

Wir begannen zunächst die YabYum-Haltung zu erforschen. Es war wunderbar zu spüren, wie wohl sich Ravi in dieser Position fühlte und die volle Lotushaltung aufrechterhielt, während ich lange Stunden auf seinen Oberschenkeln saß.

Nach einigen Tagen gingen wir in dieser Haltung zum Punkt der Penetration über. Ich übte die PC-Pumpe, straffte und entspannte meine inneren, sexuellen Muskeln, während ich das Becken in Mikrobewegungen vor und zurück schaukelte. Auf diese Weise konnte meine Yoni Ravis Vajra halten und massieren – und, Segen über Segen, sein Vajra reagierte, richtete sich auf und füllte meinen Garten.

All dies war sehr technisch, aber es diente dazu, mit meinen Zweifeln und Unsicherheiten zurechtzukommen. War ich zu schwer? Würde er seine Erektion verlieren? Waren meine sexuellen PC-(Beckenboden-)Muskeln stark genug?

Indem ich mich bewusst und konsequent auf die Praxis der drei Schlüssel – Beckenschaukel, PC-Pumpe und sexuelles Atmen – konzentrierte, konnte ich die Sorgen in meinem Kopf wahrnehmen und zulassen, dass sie sich in der Praxis auflösen. In gewisser Weise waren wir wie Schweizer Juweliere, die ihre filigranen Uhrwerke zusammensetzten.

Ravis Beitrag aus seiner Kundalini-Yoga-Tantra-Tradition war für mich völlig neu und hat die glückselige Natur unserer Praxis sicherlich verstärkt. Er lehrte mich die sechs *Laya Yoga Kriyas*. Ich kann sie hier nicht erklären, aber ihre Wirkung war sehr positiv, so dass wir zentriert, klar, ruhig und doch energiegeladen waren. Andere *Kriyas* sollten alle „anhaftenden" Eigenschaften ausgleichen, die von den vorherigen Praktiken übriggeblieben waren.

Nach einigen Tagen begann ich mich in der Technik zu entspannen und erkannte, dass die Technik nur ein Mittel ist, um eine Praxis zu beherrschen, die über alle Techniken hinausgeht. Sobald die Methode verinnerlicht wurde, können sich beide Partner gegenseitig vertrauen und mehr Spontanität und Lebendigkeit in die Erfahrung einbringen.

Jetzt, in Harmonie vereint, unsere Augen geschlossen, gelang es uns, diese Flüsse lebendiger elektrischer Ströme an der Wurzel aufzunehmen. Mit unserem Atem und unseren Bewegungen konnten wir die Energie und die Empfindungen des sexuellen Vergnügens bis in unseren Bauch und noch höher hinaufbefördern. Manchmal nahmen wir Wärme oder Energie in Form von Lichtströmen wahr, die den Bauch, das Herz oder das dritte Auge füllten, und bemerkten, wie sich die Energie verwandelte, wenn wir einen Klang sangen oder eine Farbe in jedem der Chakren auf dem Weg visualisierten.

Wir verbrachten viel Zeit an jedem Chakra, atmeten im Einklang miteinander ein und aus, während wir den Bija-Klang des Chakras zusammen sangen und die Visualisierung der entsprechenden Farbe und des Mandalas hinzufügten. Manchmal riefen wir die Gottheiten passend zu den Chakren an und sangen ihre Mantren.

Schritt für Schritt surften wir auf der Welle, öffneten die inneren Pforten und erhöhten die Energie. Dies waren Tage, die erfüllt waren von vielen subtilen Präzisierungen und Erkundungen. Im weiteren Verlauf traten wir in eine zeitlose Gegenwart ein, so dass sich eine Stunde auf zwei, dann auf drei und mehr erstreckte. Wir wandten uns von den Gesetzmäßigkeiten der äußeren Welt ab und kümmerten uns um die Lebendigkeit im Inneren.

Wir hatten bereits beschlossen, dass wir, wenn wir uns beide ausreichend vorbereitet fühlten, eine vollständige tantrische Zeremonie zelebrieren würden, die alle Elemente der Praxis in einem kontinuierlichen Fluss vom ersten Chakra bis zum siebten Chakra zusammenführen sollte.

Unsere Zeremonie der Welle der Glückseligkeit sollte in der Nacht des Vollmonds stattfinden. An diesem Abend war der Himmel klar, die Sterne funkelten und der Mond tauchte das Meer vor unserem Garten in silbernes Licht.

Langsam zogen wir uns gegenseitig aus. Das schimmernde Leuchten des Mondes gab unseren nackten Körpern einen kühlen, fast metallischen Schein. Eine leichte Brise streichelte unsere Haut, wie ein sanfter, natürlicher Atemzug. Glühwürmchen kamen in unser Schlafzimmer und flogen wieder hinaus, als ob diese kleinen funkelnden Lichter Freudenversprechen für unsere Feier blinken würden. Es war eine verheißungsvolle Nacht.

Mit Hingabe und bewussten Gesten verwandelten wir den Raum in einen heiligen Raum. Die Kerzen verliehen unserem Körper ein weiches, flackerndes Leuchten. Der Lotusduft machte die Luft süß und milderte das Zittern in unseren Herzen. Wir ließen eine sanfte Hintergrundmusik in Endlosschleife spielen, um unseren Geist zu beruhigen und langsame Bewegungen zu inspirieren.

Dann gaben wir uns gegenseitig eine leichte, sinnliche Massage, damit wir uns mit unserem eigenen Körper und untereinander verbunden fühlten. Als Nächstes saßen wir uns gegenüber und boten jedem unserer Chakren Blumen und andere Geschenke zusammen mit einem Segen in Form eines Wunsches an. Zum Beispiel bot Ravi eine Rose an, berührte mein Herz und sagte: „Möge die Tür zu deinem Herzen offen sein, damit deine Liebe heute Abend um uns herum erstrahlt."

Ich gab Ravi ein Parfum mit einem tiefen, erdigen Duft, an dem er riechen konnte und das ich dann an sein Schambein rieb und sagte: „Möge sich dein Vajra geliebt fühlen und in dieser Nacht stark sein. Möge er sich daran erinnern, dass ich ihn in all seinen Erscheinungsformen liebe."

Jetzt, nackt einander gegenübersitzend, waren wir bereit zu beginnen. Wir fingen mit einem Herzensgruß an, die Hände zum *Namasté* gefaltet. Dann beugten wir uns hinunter, um die Erde zu berühren und uns wieder aufzurichten, um die Energie von Mutter Gaia in unsere Herzen und zu unseren Geistern zu bringen, und dann wieder in die Erde zurück. Ich liebe diese Begrüßung, die es uns ermöglicht, unsere Energien zu schöpfen, um eine Verbindung von Seele zu Seele herzustellen.[35]

YabYum ist tatsächlich als ein Angebot der Heilung für alle Wesen und für Mutter Gaia gedacht.

Wir saßen in der YabYum-Position, unsere Geschlechter aneinandergepresst, und fingen an, unsere Becken hin und her zu schaukeln, die Ströme der Freude hochzupumpen, unsere Energien zu wecken und uns selbst zu inspirieren, nach mehr zu streben.

Die Säfte der Liebe begannen zu fließen, und Ravis edles Zepter der Kraft durchdrang langsam meine kosmische Matrix, während wir unsere Bewegungen fortsetzten, sanft ineinander schaukelnd, entspannt, angetörnt, präsent, tief atmend.

Während wir die Bijas des Wurzelchakras sangen, seine Farbe visualisierten und den Luststrom mit der Klangfrequenz verschmelzen ließen, spürten wir, wie die Gefühle des Begehrens tiefer wurden.

Dies konzentrierte unsere Energie und Aufmerksamkeit im Bereich des Dammes im Beckenboden. Beim langsamen Ausatmen spürte ich dort einen sanften Energieschub. Der gesamte Beckenboden wurde mit dem Klang, der Farbe und den Empfindungen der Sehnsucht, dem Ruf einer ursprünglichen Lust, durchflutet. Die rohe Energie des Sexualtriebs wurde geweckt und verlangte nach Entfesselung.

Für einen Moment spürte ich einen starken Impuls, eine fast unwiderstehliche Versuchung, die Zwänge der Übung zu vergessen, aufzuhören, die Energie bewusst in gelenkter Weise zu kontrollieren. Ich wollte ficken, schreien, zittern, mich gehen lassen! Oh, es war fast unerträglich, diese Aufregung, die wie Champagnerblasen unter der

[35] Siehe mein Buch s. o. Standardwerk, Kapitel: Den inneren Geliebten wecken.

Haut prickelte, dieses uralte Verlangen, sich zu paaren, genommen zu werden.

Aber nein. Wir hatten unseren Weg gewählt. Nun ging es um Kontrolle und Transformation. Ich musste atmen, langsam in meinen Bewegungen sein, die Mantren beachten und singen. Was für eine Zumutung! Unseren Atem nutzend, um die Energie im Sexzentrum aufzunehmen, brachten wir sie zum nächsten Chakra, direkt unter dem Nabel, und leiteten die Erregung hierhin, wo ich spüren konnte, wie sich Ravis Kraft mit meiner eigenen flüssigen Weichheit traf und verschmolz.

Ravi war erstaunlich, der perfekte tantrische Partner, mit seinem starken, aufrechten Körper, seiner Fähigkeit, mein Gewicht mit Leichtigkeit zu tragen, und seinen unglaublichen Muskeln, scheinbar wie aus Eisen durch lang geübte, yogische Praxis und doch irgendwie noch weich und formbar auf der Oberfläche. Er war der personifizierte Gott Shiva.

Im Nabelbereich, der Ebene des zweiten Chakras, spürten wir die Hitze der sexuellen Erregung, die in das Hara flutete, den Bauch mit flüssigem Feuer füllte und sich in einem wachsenden Anstieg des Vergnügens vermischte. Bei einem langsamen, sanften Ausatmen ließen wir die Energie durch unsere Lenden, unser Becken, unseren Unterkörper in die Tiefe gehen. Dann, beim Einatmen, initiierten wir eine Aufwärtsbewegung durch die Innere Flöte zum nächsten Chakra.

Diese Empfindungen, diese glückselige Reise, ist in Worten nicht zu beschreiben, aber dennoch müssen dafür Anstrengungen unternommen werden, sonst kann das Wissen um sie verloren gehen.

Der Beginn unserer Aufwärtsreise war wie eine Ehe zwischen den beiden ersten Chakren, die, als sie abgeschlossen war, nach oben weiterging, um eine weitere Ehe zu schließen, diesmal zwischen dem Solarplexus und dem Herzen ... und so weiter, durch den Körper aufwärts.[36]

---

[36] Osho beschreibt den Energiekreislauf zwischen Chakren unterschiedlicher Polaritäten in *Die tantrische Vision,* Innenwelt-Verlag 2006.

Wir waren uns auch bewusst, dass jedes Energiezentrum, oder Chakra, eine entgegengesetzte Polarität aufweist. So schwappt das Yin (Weibliche) in das Yang (Männliche), die beiden verschmelzen und expandieren, wie eine innere Widerspiegelung der äußeren Vereinigung zwischen Ravi und mir.

Diese stetige, langsame Fortbewegung durch die Chakren veränderte meine Wahrnehmung des sexuellen Vergnügens, das sich bei jedem Aufstieg durch unterschiedliche Qualitäten ausdrückte.

Im Solarplexus fühlte es sich an wie eine leuchtend goldene Sonne, die über der inneren Landschaft des Körpers aufging. Es brachte eine Sehnsucht nach Knurren mit sich, ein Tier, das sich danach sehnte, Macht auszudrücken, zu explodieren und nach außen zu leuchten.

Diese neue Kraft in meinem Herzen gab der Qualität des Ja einen neuen Stellenwert und ließ mich meinen Partner in seiner Gesamtheit annehmen: „Ich verstehe dich. Ich liebe dich. Ich öffne mich weit für dich.“ Das Herz beurteilt oder entscheidet nicht. Es begrüßt und liebt das, was ist. Diese Qualität der Akzeptanz brachte ein Gefühl des Friedens und des Mitgefühls, in dem das Selbst und das Andere mit dem Klang, den Mantren, den Farben, den Wiederholungen und den Bewegungen zu einem Strom der Liebe verschmolzen.

Als die Energie den Hals erreichte, brachte sie den Drang mit sich, den Klang der Wahrheit auszudrücken. Den Klang von „Om“, den wir als einen Ton, mit einer Stimme zusammen sangen. Dieser Klang umgab uns, als ob wir in einer Kathedrale wären, der Kathedrale der Seele.

Nun erreichten die Energie und der Klang gemeinsam das dritte Auge. Wir legten unsere Stirn gegeneinander. Ein subtiles blaues Leuchten breitete sich über den offenen Raum in unserem Inneren aus. Wir schienen als physische Wesen zu verschwinden, uns in diesem magnetischen inneren Reich aufzulösen und doch völlig wachsam und bewusst für die Geräusche um uns herum zu sein: das Meer, ab und zu ein Nachtvogel, die Grillen, das innere Pochen unseres Herzens.

Den Atem anhaltend, traten wir in völlige Stille und Ruhe ein. In dieser entspannten Position tauschten wir einen Kuss aus. Unsere Münder berührten sich und versiegelten sich, teilten einen Atemzug, der immer wieder zwischen unseren Körpern hin und her floss. Ganz langsam ausatmend und dann wieder einatmend, hinunter durch die Innere Flöte bis zum Geschlecht und wieder hinauf bis zur Krone.

Mit dieser Praxis füllt sich das siebte Chakra mit Licht und öffnet sich. Unsere Energie schwoll über die Grenzen unseres Körpers hinaus an. Wir waren keine feste Materie mehr. Wir verschwanden als Mann, als Frau, als Ego und Persönlichkeit. Wir waren ein Bewusstsein, tanzend im unendlichen Raum. Es war die Vollendung der Praxis. Wir erlebten die Weisheit der Leere in einem Himmelstanz. Das war SkyDancing.

Wir blieben lange Zeit in dieser gesegneten Dimension, verbanden uns unten am Wurzelchakra und darüber in dieser leuchtenden Leere, die nichts enthält und doch alles widerspiegelt.

In diesem Moment war die Wahrheit ihr Gegenteil. Sie konnte nicht definiert werden. Ja, die Welle war die ultimative tantrische Praxis, aber sie enthüllte die Illusion aller Praktiken. Ich lernte, dass es keine Übung gibt, keine Person, die übt, kein Selbst, keinen Anderen. Wie Shiva Shakti erklärt:

Achte auf die leuchtenden Verbindungen zwischen den Mittelpunkten des Körpers, wo sich der Geist gerne auflöst.
Die Basis der Wirbelsäule und die Oberseite des Schädels –
Die Genitalien und das Herz.
Das Herz und die Kehle. Die Kehle und die Stirn.
Die Stirn bis zur Krone des Kopfes.
Betritt das glühende Lichtnetz mit einem Fokus,
der aus Ehrfurcht geboren wurde.
Und sogar deine Knochen werden Erleuchtung erfahren.[37]

---

[37] Lorin Roche, *The Radiance Sutras* (Boulder, Colorado, USA: Sounds True, 2014, Sutra 27).

Dies zusammen zu erleben! So aufeinander eingestimmt zu sein wie zwei Instrumente in einem Konzert, die in perfekter Harmonie zusammenspielen. Diese Glückseligkeit ist selten und kostbar – bis auch sie transzendiert wird.

Als wir diesen magischen Austausch beendeten, ahnten wir nicht, dass dieses Ritual fünf Stunden gedauert hatte! Doch für uns fühlte es sich an, als wäre kaum eine Stunde vergangen.

In unserem gemeinsamen Austausch war ich froh zu hören, dass Ravi auch eine Auflösung seiner Grenzen erlebt hatte und im Unendlichen verschwunden war. Wie ich war er begeistert von dem, was geschehen war, und fühlte, dass es etwas Besonderes und Einzigartiges für ihn war.

Er lobte mich für meine Disziplin, die uns beide zum Höhepunkt unserer Zeremonie geführt hatte.

„Von Anfang an hatte ich das Gefühl, dass man in der Disziplin dieser fortgeschrittenen Kundalini-Yoga-Praktiken die ganze Zeit über verweilen kann und eine völlig neue Seite des Tantra kennenlernt", sagte er danach.

„Ich hoffte, dass sie ihre Magie in dir entfalten würden, wie sie es in mir getan hatten, und so meine Empfindungen, meine Wahrnehmungen, meine sexuelle Reaktion und alles veränderten."

„Nach unseren Yoga-Übungen wusste ich, dass mein Gefühl mich nicht trog", fügte er hinzu. „Du warst bereit für diese Lehre. Ich liebte es, sie mit dir zu praktizieren und hatte das noch nie zuvor mit einer Frau im YabYum gemacht."

Ich bin diesem großen Yogi dankbar, dass er in seiner Liebe zum Yoga makellos ist und somit ein tadelloser Partner in dieser Praxis.

Diese Zeremonie, mit Ravi auf der Welle der Glückseligkeit zu reiten, ist für mich die tiefste Anerkennung des mystischen Potenzials dieser Praxis geblieben.

Was ich gelernt habe

Die Welle der Glückseligkeit mit Ravi zu reiten, bedeutete für mich eine große Heilung. Zuerst bemerkte ich eine radikale Veränderung meiner Einstellung zum Sex, die ich gar ich angestrebt hatte.

Jahrelang war ich mit meiner Sucht beschäftigt gewesen, den „nächsten Schritt“ zu finden, angetrieben von der Sehnsucht, die außergewöhnliche Qualität dieser allerersten Liebeserfahrung mit Richard in Paris zu erreichen.

Jetzt war das nicht mehr nötig. Es hatte sich erledigt. Abgeschlossen. Ravi und ich hatten einen Schlüssel gefunden, eine Tür in das Unendliche geöffnet, um gemeinsam die volle Blüte der tantrischen Liebe zu erleben. Es gab nichts „mehr“, wohin man gehen konnte. Dies war die Geburt der Welle der Glückseligkeit in die Welt.

Heute – durch das Wachstum und die Verbreitung des SkyDancing Tantra in vielen Ländern dieser Welt – ist die Welle der Glückseligkeit für jeden zugänglich geworden. Es ist für alle möglich, diese Offenbarung zu erreichen.

Im Laufe der Jahre, während meiner ständigen Suche nach dem Potenzial des Tantra, realisierte ich, dass die wichtigste geheime Praxis, die ich wiederbeleben wollte, die Welle der Glückseligkeit war. Es war eine tiefe und anhaltende Befriedigung, einen Einstiegspunkt gefunden zu haben, eine Tür zur Glückseligkeit zu zweit (à deux).

Diese Öffnung, diese Offenbarung, die ich mit Ravi erlebte, hatte mehrere Voraussetzungen: Wir hatten die Vorbereitungen sorgfältig abgeschlossen: Wir waren sexuell ein Paar. Wir hatten alle anderen Zentren geöffnet. Wir wussten, wie man gemeinsam atmet und den Atem zwischen uns kreisen lässt – Chakra für Chakra; und wenn wir uns an unserem dritten Augen gegenüberlagen, konnten sich unsere Energien an diesem magnetischen Punkt verbinden.

Es brauchte einen schönen, intelligenten, engagierten, sachkundigen Genießer-Shiva, die Shakti in mir völlig zu befriedigen. Und bis heute bin ich dankbar.

Ich habe auch gelernt, dass normaler Geschlechtsverkehr eine Falle sein kann. Sein Grundimpuls ist stark, er sucht nach unmittelbarer körperlicher Vereinigung und löst sich dann auf. Das entspricht seiner ursprünglichen Natur. Aus biologischer Sicht betrachtet bedarf es nicht mehr, damit die Art fortbesteht.

Dieses elementare Verlangen ist mächtig. So ist die Entscheidung, in die tantrische Praxis einzutreten, gewissermaßen die Absicht, stromaufwärts gegen den Strom zu schwimmen und sich dem Verlangen zu widersetzen, die Energie in einer Abwärtsspirale zu verlieren, anstatt sich in das Licht des reinen Bewusstseins zu erheben.

Während dieser fünf Stunden, in denen ich mit Ravi auf der Welle unterwegs war, entdeckte ich, dass es ein intensives Maß an Willenskraft, Vertrauen und Disziplin bedarf, um dem Drang des Verlangens, durch einen genitalen Orgasmus befriedigt zu werden, zu widerstehen.

Dieses Vergnügen, zu reiten, die Sehnsucht und das elektrische Strömen zu spüren und sich dennoch nicht beirren zu lassen, also die Sehnsucht auszuhalten und ihr zu widerstehen und die Energie in den Kanal der Inneren Flöte umzuleiten, war eine echte Herausforderung für mich – und auch für Ravi.

Die Schwierigkeit bestand darin, das brennende Verlangen nach dem Orgasmus zu spüren, aber dennoch entspannt zu bleiben und die Energie immer höher und höher zu leiten, von einem Zentrum zum nächsten. Jedem Chakra auf unserem Weg Beachtung zu schenken, bis wir schließlich in der Lumineszenz der Krone landeten – bis wir von Licht gekrönt wurden.

Mit Ravi die Welle zu reiten lehrte mich, wie es möglich ist, in der Ekstase zu bleiben und gleichzeitig die „Wächterin auf dem Hügel“ zu sein, die sich nicht mehr mit der Versuchung identifiziert, nicht mehr dem Verlangen erliegt und verschlungen wird.

Dies war auch hilfreich bei der Kultivierung der ultimativen Fertigkeit einer Tantra-Gruppenleiterin: das Beherrschen und die Transformation des eigenen Verlangens, während man anderen hilft, ihr sexuell-spirituelles Potenzial zu entdecken.

Ist das Erwachen? Es ist es und auch wieder nicht. Du kletterst hoch auf die Dachterrasse. Du hast einen Panoramablick auf alles. Bekommst einen Vorgeschmack, aber noch ist nichts stabil. Es ist in der Tat, wie Osho einmal sagte, „ein Prozess, der beginnt und nie endet."

Es gibt auch innerhalb der Praxis selbst noch mehr zu entdecken. Zum Beispiel beschreibt Miranda Shaw in ihrem Buch *Passionate Enlightenment*, wie YabYum traditionell verwendet wurde, um Heilkräfte zu kanalisieren und anderen zu helfen.

Das ist eine ganz neue Dimension, die sich von der persönlichen Erfüllung unterscheidet. Außerdem gibt es subtilere Dimensionen dieser Praxis, die mit dem buddhistischen Mantra namens *Hundert-Silben-Mantra* in einem Ritual erlebt werden kann. Ich diskutiere das *Hundert-Silben-Mantra* ausführlich in Kapitel zwölf.

Die Praxis: Sex in Meditation verwandeln

Wie Sie Ihr Sexualleben in eine glückbringende Meditation verwandeln können? *Überwinden Sie Ihren geschwätzigen Geist.* Ich schlage vor, dass Sie Ihr „persönliches Mantra" finden, einen Satz, der einen Aspekt von Ihnen hervorhebt, den Sie laut aussprechen und sich in Erinnerung rufen möchten. Mein Mantra war lange Zeit „Ich bin eine orgasmische Frau". Sie können Ihr Mantra in allen Situationen wiederholen, aber besonders beim Liebesspiel, um an die Stelle aller Gedanken zu treten, die Sie sonst ablenken. Entsprechende Vorschläge für Männer: „Ich bin ein starker Mann" oder: „Ich habe Durchhaltevermögen". Für Frauen: „Ich bin ganz präsent und lasse los."

Erweitern Sie Ihr Orgasmus-Potenzial. Dies kann auf subtile, aber effiziente Weise geschehen, indem man sich an die drei Schlüssel zur sexuellen Alchemie erinnert: Beckenschaukel, die PC-Pumpe und das sexuelle Atmen. Üben Sie sie jedes Mal, wenn Sie Sex haben.

Seien Sie bewusster Zeuge. Kultivieren Sie die Kunst, auf dem Höhepunkt des Begehrens frei von Begierde zu bleiben. Dies ist ein sehr wichtiger Aspekt. Wenn Sie im Jetzt sind, wissen Sie nicht, was als Nächstes passieren wird. Seien Sie also ohne Verlangen in Hinsicht darauf, wohin es Sie führen will. Sexuelles Verlangen fokussiert unser

Bewusstsein in Richtung Zukunft. Es steht für die Sehnsucht nach Erlösung und verspricht Erfüllung durch den Orgasmus. Die Kunst besteht darin, sich vom Ergebnis zu distanzieren, auch von der Idee, ob man zum Orgasmus kommt. Wenn Sie losgelöst von jedem Ziel bleiben, kann die Energie durch den zentralen Kanal zu den anderen Chakren fließen.

Wie Shiva sagt:
Was auch immer dein Fokus ist, gib dein ganzes Wesen, allmählich, Schritt für Schritt.
Die Unendlichkeit, aus der ihr beide hervorgegangen seid, wird euch mit Segen umschließen.[38]

---

[38] Lorin Roche *The Radiance Sutras* (Boulder, Colorado, USA: Sounds True 2014, Sutra 49)

Kapitel 10
Geheimnisse der orgasmischen Reaktion

Es besorgt bekommen ...

Diese umgangssprachliche sexuelle Einladung klingt nicht gerade romantisch, oder? Dennoch stellte dieses Thema die nächste Herausforderung auf meiner Suche nach Glückseligkeit, meiner ständigen Erforschung der Welt des sexuellen Tantra, dar.

Obwohl ich 1985 das erste SkyDancing Tantra Institut in Frankreich[39] gegründet hatte und meine Entdeckungen mit Hunderten von Menschen im *Training für Ekstase und Liebe (TEL)* teilte, erforschte ich immer noch eifrig neue Wege, Sex, Liebe und Orgasmus zu verstehen.

Diese Mission hatte mich nach Kalifornien geführt. Dort wohnte ich in der Bay Area und nahm an Coaching-Sitzungen der More University, einer Gemeinschaft, die von Dr. Victor Baranco in der Nähe von Oakland gegründet worden war, teil. Gemäß dem More-Ansatz lag der Schlüssel zu einem erfüllten Liebesleben in der Fähigkeit einer Frau, ihre Klitoris von ihrem Partner verwöhnen zu lassen. Dies geschah getrennt vom Geschlechtsverkehr, als Übung an sich, und konnte zu einer hohen Kunst entwickelt werden, bis eine Frau in den geschickten Händen eines erfahrenen Praktizierenden schnell und vollständig zum Höhepunkt kam. Das nannte man „es besorgt bekommen".

---

[39] Später in anderen Ländern in Europa und dann in den USA.

Ich war fasziniert und nicht nur um meiner selbst willen. Ich sah in der Erhöhung der Qualität des Orgasmus eine Möglichkeit, die Wirkung meines Tantra-Trainings zu steigern, indem ich eine klarere Verbindung zwischen Sexualität und Spiritualität schaffte. Ich unterrichtete bereits Menschen im Bereich der sexuellen Heilung und der Bewegung von Energie durch die Chakren. Wenn die Kraft des Orgasmus irgendwie gesteigert und erweitert werden könnte, würde dies dem gesamten Prozess einen Schub geben.

Für mich war die Erfahrung des Orgasmus schon immer eines der großen Geheimnisse. Was passiert, wenn wir miteinander schlafen? Es ist wie ein Symphonieorchester. So viele Instrumente beginnen ihre eigenen Töne zu spielen und setzen verschiedene Schwingungen frei: Das Herz schlägt schneller, das Blut fließt wilder durch die Adern, die Atmung wird tiefer, die Zellen im Körper werden elektrisiert, die Haut kribbelt und schwitzt. All dies trägt dazu bei, die Energie zu einem köstlichen Crescendo zu steigern.

Aber der Orgasmus ist mehr als die Summe dieser Teile. Er führt uns über die physischen Empfindungen hinaus und erschüttert uns – wenn wir das Glück haben, richtig gestimmt zu sein – von Kopf bis Fuß und trägt uns hinaus in den Kosmos. Wohin gehen wir, wenn wir in diesen gesegneten Zustand eintreten? Was ist ein Orgasmus wirklich, wenn er gleichzeitig in Körper, Geist und Seele stattfindet?

Die Antwort auf diese Fragen zu finden war meine Passion. Ich wusste bereits aus meiner ersten Liebeserfahrung, dass ein Orgasmus ein Energieereignis sein kann, das sich über den Körper hinaus ausdehnt und zu leuchtender Glückseligkeit wird.

Durch das Studium des Tantra und zahlreicher Therapieformen wusste ich, dass die Vermählung zwischen Shakti und Shiva, die Energie und Bewusstsein symbolisiert, der Schlüssel ist. Energie folgt dem Bewusstsein. Das Bewusstsein erweitert die Energie, indem es sich ihrer bewusst wird.

Nach meiner Erfahrung verkörpert Shiva reines Bewusstsein und Shakti verkörpert die Kraft dieses Bewusstseins als Energie in Bewegung. Die Vereinigung zwischen Shiva und Shakti, in der fundamentalen tantrischen Kosmologie, ist es, was unser Universum und all seine unzähligen Formen hervorbringt.

Das ist wichtig. Es bedeutet, dass sich unsere Spiritualität, aus tantrischer Sicht, in einem Akt der Liebe zwischen männlichen und weiblichen Aspekten des Göttlichen gründet.

Für jemanden wie mich, der in einer christlichen Kultur aufgewachsen ist, kann man sich vorstellen, was für eine revolutionäre Idee das war. Anstatt Jesus und seine jungfräuliche Mutter Maria als heilige Ikonen zu verehren, bedeutete es, Jesus und Maria Magdalena in einer tantrischen YabYum-Umarmung zu sehen.

Dies mag ungeheuerlich erscheinen, aber das ist es, was auf so vielen tantrischen Gemälden, Thangkas und Statuen des tibetischen Buddhismus dargestellt ist. Einschließlich der goldenen Statue von Padmasambhava und Yeshe Tsogyal, die ich zum ersten Mal in Paris im Guimet Museum sah (siehe Kapitel 9).

Auf einer mehr technischen Ebene untersuchte ich jedes Detail des Orgasmus-Prozesses. Es gab den sexuellen Orgasmus, genital verortet, dann den Ganzkörperorgasmus, dann den Orgasmus im Gehirn, der, wie ich später entdeckte, die Zirbeldrüse mit einschließt. Dann gab es noch den mysteriösen X-Faktor des Orgasmus als eine Tür zur Meditation und zum inneren Raum.

Zum Zeitpunkt meiner Coaching-Sitzungen an der More University hatte ich das Glück, einen jungen Partner namens Sergio zu haben. Er war 28 Jahre alt, groß und gut gebaut, mit schulterlangem, schwarzem lockigem Haar, einem cherubinisch aussehenden Gesicht und einer jugendlichen, aufnahmefähigen Energie.

Wir hatten uns in einem Café in Zürich in der Schweiz kennengelernt, und unsere Tasse Kaffee wurde zu einer dreistündigen Meditation, bei der wir uns in die Augen schauten, und diese sich zu einer Vereinigung von Seele zu Seele vertiefte. Bald darauf erkannten wir, dass wir verliebt waren.

Sergio hatte an mehreren Tantra-Schulungen teilgenommen und war an weiteren Erkundungen interessiert. Ich lud ihn ein, mit mir nach Kalifornien zu ziehen, und er stimmte zu. Dies kam gerade zur rechten Zeit, es verschaffte mir einen enthusiastischen Partner, mit dem ich erforschen konnte, was Kalifornien in den 80er Jahren im Bereich der Sexualität zu bieten hatte.

Meine Zeit und meine Studien in Kalifornien waren wichtig, nicht nur wegen des Coachings, das wir erhielten, sondern auch, weil ich die Möglichkeit erhielt, meine Vision mit anderen Schulungskonzepten zu vergleichen.

Ich erkundete das Tribal Tantra mit Joseph Kramer und Annie Sprinkle, die beide bahnbrechende Sexualpädagogen waren und sich gleichermaßen mit gleichgeschlechtlichen und heterosexuellen Praktiken auskannten. Ich studierte erweiterten sexuellen Orgasmus bei Dr. Alan und Donna Brauer und war bereit, mit Trainern von Victor Barancos More University das „Es-besorgt-Kriegen" zu erlernen.

Ich erkannte, dass viele der amerikanischen Kurse nicht auf die spirituelle Dimension der sexuellen Erfahrung eingingen und auch nicht die Kunst, Energie durch die Chakren zu leiten, beinhalteten. Einige Ansätze konzentrierten sich nicht gleichermaßen auf Männer und Frauen.

Oftmals waren die Praktiken nur für Männer oder jeweils nur für Frauen geeignet, während ich es immer darauf angelegt hatte, sicherzustellen, dass alle Praktiken für beide Geschlechter gleichermaßen konzipiert waren. Ich lege prinzipiell großen Wert darauf, dass Männern und Frauen in meinen Kursen der gleiche Respekt und die gleiche Aufmerksamkeit entgegengebracht werden.

Im Es-besorgt-Bekommen-Ansatz mussten mein Partner und ich zuerst die Barriere der „Kapitulation vor dem Orgasmus" durchbrechen. Das klingt vielleicht nicht schwierig, denn wer will nicht zum Orgasmus verführt werden? Dennoch erwies es sich als große Herausforderung für mich.

In Anbetracht der „Keep Busy"-Haltung des modernen Lebens gab es für mich immer etwas Wichtigeres zu tun, als sich einfach auf ein Bett oder eine Couch zu legen und „es sich besorgen zu lassen".

So gingen Sergio und ich die feste Verpflichtung ein, eine Sitzung des Vergnügens pro Tag zu haben, wann immer es in unseren Zeitplan passte. Wenn wir morgens und abends beschäftigt waren, dann musste es eben am Nachmittag passieren – aber es *musste* passieren. An diesem Punkt zweckentfremdete ich den Spruch: „Ein Orgasmus pro Tag hält den Arzt fern!“

Zu Beginn unserer ersten Coaching-Sitzung hatten unsere Lehrer Sergio gesagt: „Margot ist eine energische und beschäftigte Frau. Du musst sie an ihrem Hals packen, um sie zur Kapitulation zu bewegen.“

Sie schlugen ihm auch vor: „Während der ersten Sitzung wird Margot entscheiden, wann sie fertig ist. Beim zweiten Mal entscheidest du, wann du aufhören möchtest. Das bedeutet, dass es so lange oder so kurz dauern kann, wie du willst, und Margot muss diese Entscheidung akzeptieren.“

So begann unsere erste Sitzung. Ich legte mich nackt hin, mit weit auseinanderliegenden Beinen, und Sergio trug mein Lieblingsgleitmittel auf und begann, mich sanft mit seinen Fingern zu verwöhnen. Ich führte ihn zum angenehmsten Ort auf Clio, meinem Kosenamen für die Klitoris. Ich steuerte die Geschwindigkeit, den Druck, den genauen Fokus, um das angenehme Gefühl möglichst lange anhalten zu lassen, sobald wir es gefunden hatten. Es war eine Kunst. Nicht einfach.

Sergio musste den Punkt finden, dort bleiben und genau wissen, wie man Clio vergnügt, nach meiner Anleitung: „Geh tiefer, langsamer, bleib so. Ja, das ist es. Nun, sehr leicht, bitte, wie eine Feder.“

Meine größte Herausforderung war es, das Gefühl zu pflegen, dass ich all dieses Vergnügen verdiente. Viele Male während dieser ersten Sitzung sah ich Szenen aus der Vergangenheit vor meinem inneren Auge und erinnerte mich daran, wie ich das Liebesspiel verkürzte, ohne mir die Zeit zu nehmen, einen Orgasmus zu erreichen oder meinen Partner zu bitten, das Liebesspiel so lange fortzusetzen, wie ich es brauchte.

Tatsächlich hatte ich viel zu oft aufgegeben oder so getan, als wäre ich fertig. Nicht heute. Jetzt hatte ich diesen sexy, eifrigen jungen Partner, der mir half, das Echte zu erleben – bis zum Ende.

Es dauerte zwei Stunden, bis ich meine Ängste, meine Schüchternheit und meine Widerstände durchlebt hatte. Ich erkannte, dass wir Frauen oft denken, dass wir diese nur uns selbst dienenden Dinge besser alleine handeln können. Oft fühlen wir, dass wir zu anspruchsvoll sind und unsere Partner sich langweilen könnten, und ganz sicher hatte ich diese Bedenken auch bei Sergio.

In enger Kommunikation verbrachten wir zwei Stunden damit, den klitoralen Orgasmus zu verfolgen, bis ich schließlich diese stille Explosion hatte, die als feines elektrisches Kribbeln an der Wurzel meiner Clio beginnt und sich dann langsam und sehr subtil von der Wurzel bis zur Spitze, dann bis zum Rest des Genitalbereichs und dann in Wellen durch das Becken und den ganzen Körper ausbreitet. Zwei Stunden „es besorgt kriegen" – können Sie sich das vorstellen? Ich war meinem Partner dankbar. Er war so präsent, so aufmerksam, so willig.

Es gibt viele tapfere und sehr präsente Männer in der Welt des Tantra und des Neo-Tantra, und ich verbeuge mich vor ihrem Mut. Heute ein Mann zu sein, ist nicht einfach. Ein tantrischer Mann zu werden, ist noch viel schwieriger. Du musst die Verantwortung tragen, aber auch zuhören, lernen und es richtig machen. Nun, diesmal war es ein Erfolg.

Der nächste Tag war hart. Es gab eine Menge Probleme, mit denen ich zu kämpfen hatte. Mein Verleger rief an. Das Manuskript meines nächsten Buches war zu spät. Ich fühlte mich angespannt und ängstlich, meilenweit davon entfernt, „es besorgt bekommen zu wollen". Doch unsere Sexual-Coaches hatten darauf bestanden, dass wir uns an unsere Verpflichtung halten, und sagten: „Du wirst sehen. Wenn du einen Orgasmus hattest, sieht die Welt heller aus und dein Sinn für Humor wächst. Du nimmst die Dinge nicht so ernst. Keine Dramen mehr."

Nun, ich konnte es nicht glauben. Schon gar nicht heute. Am Nachmittag nutzte Sergio seine Autorität, um mich trotz meiner Proteste aufs Sofa zu bringen. Ich meckerte innerlich, weil wir abends Verabredungen hatten und es tausend Sachen gab, die wir vorher erledigen mussten.

Wir begannen die Sitzung, fanden den Klitorispunkt, hielten das Lustgefühl aufrecht und massierten dann kontinuierlich, ohne den Fokus zu verlieren. Nach einer Weile begann es, sich gut anzufühlen, und ich entspannte mich.

Zehn Minuten nach Beginn der Übung erklärte Sergio: „Ich habe einen Krampf in meinem Bein. Lass uns jetzt aufhören."

„Ich bin noch nicht fertig!", rief ich empört aus. Offensichtlich war ich am Tag zuvor zu sehr verwöhnt worden und war nun schockiert von der Kürze dieser Begegnung.

„Nun, Liebes, es tut mir leid, aber ich bin an der Reihe zu entscheiden und ich muss aufhören", beharrte Sergio mit Nachdruck.

Ich stand von der Couch auf und kehrte zu meinen alltäglichen Angelegenheiten zurück, wobei ich noch immer total scharf war. Meine Yoni rief und wollte mehr. Zuerst tauchte ich in eine Stimmung der Unzufriedenheit und Gereiztheit ab, aber dann stoppte ich mich selbst, um meine eigene Reaktion zu beobachten, und untersuchte sorgfältig die physischen Empfindungen, die in meinem Körper vor sich gingen.

Ich entdeckte dabei etwas sehr Interessantes: Es sind nicht die Empfindungen, die meine Laune bestimmen, sondern die Art und Weise, wie ich sie interpretiere. Etwas passiert in meinem Körper und mein Geist bildet sich sofort eine Meinung darüber, bestimmt, ob es gut oder schlecht ist, verknüpft es mit einer vergangenen Erinnerung oder einer zukünftigen Möglichkeit, und dann beginnt der ganze Zirkus: Launen, Emotionen, Erwartungen, Interpretationen, ein Sturm von Reaktionen und schrägem Verhalten anderen gegenüber.

Konfrontiert mit dieser gottlosen Verlassenheit inmitten eines heißen und vielversprechenden Anstiegs zum Orgasmus beschloss ich, meine negativen Gefühle auf Eis zu legen und einfach bei der körperlichen Empfindung zu bleiben und sie als das zu akzeptieren, was sie war: ein Kribbeln zwischen den Beinen.

Während ich mit neutraler, fast wissenschaftlicher Distanz beobachtete, was vor sich ging, begann sich die heiße Ladung langsam in meinem ganzen Körper auszubreiten. Okay, ich war heiß – und zwar überall, vom Geschlecht über das Herz bis zum Gehirn. Es war ein angenehmes Gefühl. Ich wollte es zwar immer noch „besorgt bekommen“, aber da dies keine Option war, konnte ich mich mit der unverbrauchten Ladung entspannen.

Der nächste Tag war herrlich: Ich kam komplett innerhalb von dreißig Minuten. Inzwischen kannten wir die Punkte und den Weg dahin, um sie zu genießen. In der Zwischenzeit hatte mein Verleger wegen der Verzögerung mit meinem Manuskript einen Anfall, aber erstaunlicherweise reagierte ich mit Humor und Distanziertheit. Da ich ruhig und hilfsbereit blieb, änderte mein Verleger seinen Ton und wir beendeten unser Gespräch auf freundliche Weise.

Ich habe definitiv gelernt, wie man eine orgasmische Frau ist, wie man die Lehren des Gurus zwischen seinen Beinen auf alle Aspekte seines Lebens anwenden kann: entspannen und genießen! Inzwischen habe ich meine eigene Methode entwickelt, die über das hinausgeht, was uns gelehrt wurde. Nun ging es darum, nach meinem Prinzip der Geschlechtergleichstellung einen Weg zu finden, „es dem Mann zu besorgen“.

Am Anfang, wenn ich Sergio beglückte, fühlte ich mich unsicher. Ich glaubte, dass mein Selbstwertgefühl als Frau vom Verhalten seines Vajras abhängt. Wenn sein Organ nicht mit einer Erektion reagierte, fühlte ich mich schlecht und kritisierte mich selbst, weil ich keine gute Liebhaberin war. Die Gewohnheit, sich für alles verantwortlich zu fühlen, übernahm die Oberhand. Das ist eine große Illusion. Wir sind nicht für das Glück eines anderen verantwortlich, oder vielmehr sind wir nur so weit verantwortlich, wie wir im Moment präsent bleiben und das Beste tun, was wir können. Danach geht es darum, wie sich die andere Person dafür entscheidet, es zu empfangen.

Einmal fragte ich Sergio, was er während der vergnüglichen Sitzung brauche. Was würde ihm am besten helfen? Er antwortete: „Ich möchte, dass du geerdet und zentriert bleibst, egal was passiert. Ich fühle es, wenn du unsicher wirst, und dann verliere ich das Vergnügen und meine Erektion. Bleib zentriert und stark, und alles ist gut.“ Das war ein Ratschlag, den ich nie vergessen werde. Er hat mir sehr geholfen.

Sergio zu befriedigen, war großartig. Er lernte, Energie-Orgasmen zu haben, ohne zu ejakulieren. Wir fanden heraus, wie wir kurz darauf stoppen konnten, bevor es kein Zurück mehr gab. Ich strich dann die Energie sanft nach oben zu seinem Herzen, weg von der Stauung und der pulsierenden Erregung in seinen Genitalien. Gleichzeitig atmete er tief ein, zog die Energie hoch und presste seine Beckenbodenmuskeln leicht zusammen, um die Tür unten zu „schließen".

Er begann die Erregung zu spüren, als sie sich durch seinen Körper in Form von Schwingungen, die in Richtung seines Herzens strömten, nach oben bewegten.

Beim Zusehen hatte ich eine Erkenntnis, die später zu einem der zentralen Grundsätze meiner Lehre wurde: Um einen Ganzkörperorgasmus mit oder ohne Ejakulation zu kultivieren, *müssen wir die Kunst beherrschen, in hohen Erregungszuständen entspannt zu bleiben. Dies ist der Schlüssel zur Verbreitung der Energie im ganzen Körper.*

Nun, da wir verstanden und gemeistert hatten, wie man „es einander besorgt", war der nächste Schritt, zu lernen, was passiert, wenn man gleichzeitig innere und äußere Orgasmuspunkte stimuliert.

Wir entdeckten, dass jeder von uns zwei große orgasmische Auslösepunkte hatte. Für die Frau ist die Klitoris oder Clio der äußere Punkt und der G-Punkt ist der nach innen gerichtete Punkt. Für den Mann ist der nach außen gerichtete Orgasmuspunkt die Eichel oder Spitze des Penis, während der nach innen gerichtete Punkt die Prostata ist.

Wie der G-Punkt kann die Prostata zunächst nur schwach oder gar nicht erregbar sein, kann es aber durch Übung werden. Die Prostata kann extern oder intern stimuliert werden. Da ich die interne Stimulation bereits in meinem Buch *Magie des Tantra: SkyDancing: Die hohe Schule der Erotik für Paare und Singles*[40], beschrieben habe,

[40] Siehe auch mein Buch *Sexual Ecstasy: The Art of Orgasm*, ein Buch, das dieser Sitzung gewidmet ist.

werde ich hier den Prozess der externen Stimulation beschreiben, die durch die Fokussierung auf den Damm des Mannes, der sich zwischen Anus und Hoden befindet, erfolgen kann. Indem man die Muskeln des Beckenbodens sanft massiert und dann mit zwei Fingern tief drückt, trifft man auf einen festeren Bereich, der es einem ermöglicht, den Prostatabereich zu stimulieren.

An diesem Punkt entdeckt der Mann ein ganz anderes Gefühl als das durch die Stimulation des Vajras. Es ist mehr wie ein Empfangen, mehr so, wie es eine Frau erleben würde.

Als ich Sergios Vajra erfreute, war der natürliche Impuls seiner Energie, nach oben und nach außen zu strömen, als ob sein Penis irgendwo hingehen wollte – zweifellos tief in den Garten meiner Yoni. Als ich seine Prostata stimulierte, war es ganz anders. Er wurde eingeladen, seine Energie nach innen zu wenden.

Es gab also einen Doppelimpuls. Der Vajra wollte nach außen gehen, während die Prostata empfänglich sein wollte. Die Idee war, dass wir, indem wir beide gleichzeitig erfreuen, ein Gleichgewicht zwischen Sergios männlichen und weiblichen Energien schaffen würden.

Als die kombinierte Erregung ihren Höhepunkt erreichte, erlebte Sergio die Energieladung als eine Folge von inneren Explosionen, weich, kraftvoll und fließend, eine Folge von „Mini-Orgasmen"! Mit „inneren" meine ich, dass es sich nicht um eine nach außen gerichtete Erlösung handelte, sondern um einen stillen Strom aufsteigender Freude, der sich als Energiewellen manifestierte, die zu seiner Krone hinauf und dann durch seinen Körper hinunterflossen. Zu meiner Freude schwebte er praktisch vom Bett. Doch er ejakulierte nicht.

Was mein eigenes Vergnügen betrifft, so folgte es einem ähnlichen Muster. Als Sergio die Kunst beherrschte, meinen Clio und meinen G-Punkt[41] in der richtigen Art und Weise und mit dem richtigen Rhythmus zu stimulieren, erreichte auch ich ein Gleichgewicht zwischen äußeren und inneren Empfindungen, die sich auf natürliche Weise in einen strömenden Energiefluss nach oben durch die Chakren und dann

---

[41] Befindet sich an der oberen Wand der Vagina

meinen Körper hinunter bewegten. Auch ich konnte eine ganze Reihe von Mini-Orgasmen hintereinander erleben.

Wir waren auf etwas Bedeutendes gestoßen: die Kunst, eine multiorgasmische Reaktion sowohl beim Mann als auch bei der Frau zu entwickeln und den *Unterschied zwischen dem explosiven Orgasmus der Entladung und dem implosiven Orgasmus der Expansion zu verstehen.*

Der Schlüssel ist die Innere Flöte. Sie ist ein zentraler Kanal in der Mitte des Körpers, vor der Wirbelsäule, eine Leitung, durch die Energien zirkulieren können. Sie macht es möglich, dass die Empfindungen des Vergnügens transformiert werden, während sie sich durch diesen Kanal bewegen und dabei auf ihrer Reise nach oben umso feiner und subtiler werden, je weiter sie von der Erregung des sexuellen Zentrums entfernt sind. Dies war ein Schlüssel, um die Lust in Glückseligkeit zu verwandeln.

Diese Praktiken bildeten schließlich den zweiten Zyklus meines *Trainings in Ekstase und Liebe (TEL)*, den ich Entwicklung der multiorgastischen Reaktion genannt habe. (Der erste Zyklus konzentriert sich auf die sexuelle Heilung, wie in Kapitel acht beschrieben.)

Inzwischen, dreißig Jahre später, wurde dieses Training in verschiedenen Ländern rund fünfhundert Mal unterrichtet und war die Inspiration für eine ganze Subkultur in vielen Ländern, insbesondere in Deutschland. Die Absolventen des *TEL* treffen sich in regionalen Gruppen, um die erlernten Werkzeuge anzuwenden, insbesondere die Sitzungen der multiorgastischen Reaktion.[42]

Die Übungen des zweiten Zyklus sind eine ausgezeichnete Möglichkeit, die Partner dabei zu unterstützen, zu lernen, wie sie sexuell funktionieren, wie sie geben und empfangen können, was sie sich wünschen und wie sie mit vollständiger Präsenz und Bewusstsein diese Kunst erkunden und erleben können.

---

[42] Für die technischen Details der Übung siehe mein Buch *Sexual Ecstasy: The Art of Orgasm.*

Den Paaren gelingt dies nicht, wenn sie auf normale Weise ihrem Liebesleben nachgehen. Sie sind zu nah am Geschehen, zu „heiß“, um etwas Abstand zu gewinnen und ihre Empfindungen zu beschreiben. Als ich anfing, Gruppen im Westen zu leiten, um 1981 herum, hatte niemand das Wort Tantra überhaupt je gehört. Niemand wusste, was ein Ritual war. Niemand wusste, was eine tibetische Klangschale war. Kein einziger Therapeut benutzte Musik in seinen Therapiesitzungen.

Soweit ich weiß, war ich die Erste. Ein tiefer Drang, die sexuelle Unwissenheit und das Leiden der Welt zu heilen, motivierte mich mehr als alle anderen Aspekte. Ich war immer auf der Suche nach Wegen, um einen persönlichen Durchbruch in eine Heilung für andere zu verwandeln. Selbst in meinem Privatleben, in unserem Schlafzimmer, schienen die Teilnehmer anwesend zu sein. Ich habe sozusagen mit ihnen Liebe gemacht, um eine neue Heilmethode für eine Vielzahl von Krankheiten oder Beschwerden zu finden.

Die Antworten kamen in Form von Visionen und Leitlinien für neue Übungen und Prozesse, die ich dann im Gruppenraum unterrichten würde. Ich werde diese Übertragungen in Kapitel zwölf beschreiben.

In der Zwischenzeit, als ich Gruppen und Seminare auf der ganzen Welt leitete, war ich zu dem Schluss gekommen, dass ich bestimmte Regeln für meine Arbeit festlegen und einhalten wollte. Warum? Weil ich glaubte, dass Tantra es verdient hätte, aus der etwas akademischen und wissenschaftlichen Besenkammer, in die es verbannt war, geholt zu werden.

Es war Zeit für ein „Neo-Tantra“, das eine Mischung aus Ost und West bieten konnte. Tantra war in meinen Augen ein seltener und kostbarer Ansatz, denn es war einer der wenigen spirituellen Wege, die sexuelle Energie als ein wertvolles Vehikel für das spirituelle Erwachen zu nutzen.

Obwohl mein Ansatz in den ersten Tagen der Entwicklung dieser Arbeit eindeutig auf Sexualität ausgerichtet war, wusste ich, dass Tantra die Tür zum spirituellen Erwachen öffnete, und ich wollte den Respekt vor dieser Wissenschaft in der westlichen Welt wiedererwecken.

Ursprünglich hatte ich das Tantra aus einem Gefühl der Rebellion heraus erforscht, entschlossen, über die Regeln und Normen der Gesellschaft hinauszugehen. Dabei habe ich auch herausgefunden, was nicht funktioniert und was man dagegen tun kann, nicht nur im Schlafzimmer, sondern auch im Gruppenraum.

Eine wichtige Regel war: kein Sex im Gruppenraum. Dieses Maß an sexueller Intimität muss für die Privatsphäre der Schlafzimmer der Menschen nach der Gruppenzeit reserviert werden. Der Zweck dieser Regel war es, die Teilnehmer herauszufordern. Es war selbstverständlich für mich, eine Methode beizubringen, eine Herangehensweise zu demonstrieren, Erklärungen zu geben, ja es sogar zu demonstrieren, wie es die von mir erstellten Lehrfilme tun.[43]

Es war auch in Ordnung, dass die Teilnehmer die Grundelemente der Sitzung im Gruppenraum Schritt für Schritt nachvollzogen und das Gelernte in der Demonstration anwendeten, während sie von uns gecoacht wurden. Außerhalb des Gruppenraums waren die Teilnehmer auf sich selbst gestellt. Das war wichtig. Jetzt mussten sie sich auf ihren gewählten Partner einstellen, eine klare Kommunikation aufbauen, Grenzen aussprechen und experimentieren, bis sie ihren eigenen Weg fanden. Das sogenannte „Fummeln“ war ein großer Teil dieses Lernens, denn wenn es zum gewünschten Ergebnis führte, bedeutete es einen Sieg, an den man sich erinnern und den man wiederholen konnten.

Dieser Ansatz minimierte auch das allgegenwärtige Risiko von Übertragung und Gegenübertragung – mit anderen Worten, den idealen Vater und die ideale Mutter auf die Gruppenleiter zu projizieren und dann zu erwarten, dass die Eltern „die Regie übernahmen“. Ein weiteres Worst-Case-Szenario war die Idee, die Coaches zum Partner haben zu wollen, jemand Besonderer sein zu wollen oder sich in einen Mitarbeiter zu verlieben.

---

[43] *Margot Anand's Secret Keys to the Ultimate Love Life* (Box mit 3 DVDs) unter http://margotanand.com/products/dvds/margot-anands-secret-keys-to-the-ultimate-love-life.

Mein Bestreben in meinen Kursen war es immer, Menschen anzuleiten, ihre eigene Kraft, ihre eigene Quelle zu finden und niemals ihr Guru zu werden. Indem ich den Teilnehmern helfe, aus ihrer eigenen Erfahrung heraus ihre eigene Wahrheit zu finden, helfe ich ihnen, die volle Verantwortung für ihr Sexualleben zu übernehmen. Das ist überaus bedeutend. In seinem Buch *The Way of Liberation: A Practical Guide to Spiritual Enlightenment* sagt Adyashanti:

> „Den Weg zur eigenen Erleuchtung an den Rockzipfeln eines Erleuchteten hängend gibt es nicht." Während es verständlich ist, dass viele Menschen ihre ungelösten Probleme mit den Eltern, Beziehungsfragen, Autoritätsfragen, Sexfragen sowie Gottesfragen auf ihren spirituellen Lehrer projizieren, ist es wichtig zu verstehen, dass die Rolle eines spirituellen Lehrers darin besteht, ein guter und weiser spiritueller Führer sowie eine Verkörperung der Wahrheit zu sein, auf die er oder sie verweist.[44]

In meinen Kursen gab es kaum ein eindeutiges Vorgehensmuster. Die Theorie lernte man oft im Gruppenraum, ging dann aber mit dem Partner in das Schlafzimmer. Unsere Schulungen fanden in einem Wohnheim statt und dauerten acht Tage.

Die Eltern waren nicht verfügbar. Das war Teil des Erwachsenwerdens, des Reifens und natürlich des Lernens, wie man ein guter Liebhaber wird. Es ging darum zu lernen, wie man sich selbst liebt, wie man sich selbst vertraut, wie man entdeckt, was funktioniert, wie man es besser macht.

Die Übungen, die aus meiner eigenen persönlichen Erfahrung heraus entstanden sind, haben hervorragend funktioniert, und so öffnete am Ende jede Praxis die Tür zu Liebe und Wertschätzung. Die Herzen schmolzen. Jeder einzelne Teilnehmer fand heraus, dass sich die Quelle im Inneren befindet. Noch wichtiger war das Gefühl des Vertrauens und des Loslassens, das sich im Laufe jedes Kurses allmählich entwickelte, so dass die Teilnehmer den Prozess in vollen Zügen

---

[44] Adyashanti, The Way of Liberation: A Practical Guide to Spiritual Enlightenment, (Campbell, CA: Open Gate Sangha, 2012), S. 4–5.

genießen konnten, nicht länger besessen davon, es „richtig" zu machen. Es gab keinen Erfolg oder Misserfolg. Es war der Prozess, der zählte.

Wir alle lernten eine neue Sprache, die der tantrischen Sexualität, Liebe und Intimität. Diejenigen, die sie beherrschten, bemerkten, dass die verbesserte Kommunikation den Schlüssel zu einer tieferen Intimität und einer stabileren, zuverlässigeren Verbindung mit sich selbst und anderen enthielt. Wenn Sie wissen, dass Ihr Partner mit Ihnen zusammen die Dinge so steuern kann, dass Sie jedes Mal einen Orgasmus haben, schätzen und respektieren Sie ihn.

Da es im Gruppenraum keinen Sex gab, musste ich einen Weg finden, den Menschen beizubringen, wie sie ihr orgasmisches Potenzial entwickeln können und die orgasmische Reaktion unabhängig vom sexuellen Inhalt zu beschreiben – keine einfache Sache. Ich musste es tun, während ich selbstbewusst und zentriert blieb, ohne einen Moment lang daran zu zweifeln, dass ich das Richtige tat, so dass die Welt ein besserer Ort für die Menschen werden würde.

Im ersten Schritt ging es um Bewusstsein, „Sich-in-die-Augen-Schauen" und darum, die Kommunikation zu fördern, damit die Partner lernen konnten, wie man in ständigem Kontakt miteinander bleibt. Der zweite Schritt bestand darin, die beiden Hemisphären des Gehirns zu aktivieren: die rechte ist Yin, der Gefühlsaspekt, der in der Lage ist, tief in Empfindungen und Emotionen einzutauchen. Die linke ist Yang, der logische Aspekt, mit der Fähigkeit, Empfindungen verbal zu beschreiben und zu bewerten. Der dritte Schritt war, beide Hemisphären dazu zu bringen, während des Genusses gleichzeitig zu arbeiten, bis sie im Nullpunkt des Orgasmus miteinander verschmolzen – eine echte Herausforderung!

Es bedeutete, dass der Empfänger „bedient wurde", angenehme Empfindungen verspürte, aber diese Yin-Einstellung musste mit dem Yang ausgeglichen werden. Diese Vorgehensweise zwang den Empfänger dazu, seine sexuellen Empfindungen verbal zu beschreiben und seinen Partner anzuleiten in der Art, wie er Vergnügen spenden sollte: An welchen Stellen, wie schnell, wie langsam, wie tief und so weiter.

Unterdessen hatte derjenige, der seinem Partner Vergnügen bereiten wollte, eine ähnliche Gelegenheit, Yin und Yang auszugleichen, indem er die erregende Massage durchführte und gleichzeitig voll empfänglich für die Führung durch den Empfänger war. Hier galt es, die Tendenz zu beseitigen, „besser zu wissen", was der andere braucht, und die eigene Interpretation auf den Prozess zu projizieren.

Im Gruppenraum, in diesem verrückten orgasmischen Zirkus, musste jedes Paar eine Verbindung, einen heiligen Raum schaffen, in dem es sich in seiner eigenen Blase befinden konnte, ohne sich von dem ablenken zu lassen, was um es herum geschah. Diese Herausforderung an sich war ein exzellentes Training, sich auf das eigene Vergnügen zu konzentrieren.

All dies erforderte eine nachhaltige Fokussierung. Man musste auf das achten, was in seinem Körper passierte, unabhängig davon, was außerhalb geschah. Ein großartiges Training in Aufmerksamkeit und Präsenz.

Jeder bemerkte, wie heikel es war, solche Stellen wie die Klitoris oder das Frenulum[45] zu spüren und gleichzeitig die Worte zu finden, um das Gefühl auszudrücken und um eine Art der Stimulation zu bitten, die sich genau richtig anfühlt. Man kann sich vorstellen, wie viel Widerstand und wie viele Tabus man überwinden muss, um in einer Gruppe an diesem Prozess teilzunehmen. Heute bieten viele Tantra-Workshops und -kurse solche Praktiken an, aber in den 80er Jahren und noch später war das noch kein akzeptierter Teil der allgemeinen Sexualkultur.

Natürlich erlebten viele zunächst ein Gefühl der Unbeholfenheit, aber sobald der Teilnehmer tatsächlich mit der Massage und dem Vergnügen begann, wurde alles entspannter und einfacher. Schließlich sind dies nur Teile des Körpers, wie die Nase oder die Finger. Es besteht keine Notwendigkeit, irgend einen Körperteil als beschämend oder sündhaft darzustellen; das sind alles nur überholte

[45] Lustpunkt an der Nahtstelle zwischen Eichel und Penisstamm.

Überzeugungen aus einer vergangenen Zeit. Wenn wir erwachen wollen, müssen wir den ganzen Körper aufwecken, innen und außen.

Die große Frage in meinen Kursen war, wie man den orgasmischen Prozess unabhängig vom sexuellen Kontext darstellen, generieren und modellieren kann, da es im Gruppenraum keinen Sex geben sollte.

Ich wollte etwas schaffen, was für die Menschen leicht zu merken und später in ihr Liebesspiel integrierbar war, in der Privatsphäre ihres eigenen Schlafzimmers. Tatsächlich wollte ich eine Technik entwickeln, die so gut integriert ist, dass der gesamte tantrische Prozess spontan und mühelos Elemente davon aufnehmen kann. Genau das tat ich auch.

Im normalen Orgasmusprozess kann die Erregung bis zu einem Punkt ansteigen, an dem der Orgasmusreflex einsetzt, bei dem die Genitalmuskulatur in Pulsationen zu schwingen beginnt, die unabhängig von jeglicher mentaler Kontrolle ausgelöst werden.

Dieser Streaming-Effekt ist es, den ich im Gruppenraum reproduzieren wollte, als Energieereignis, das als Modell für den Orgasmus dienen und dennoch unabhängig vom sexuellen Kontext bleiben könnte. Einen ersten Einblick bekam ich bei der Ausübung der Kundalini-Meditation, die eine der beliebtesten täglichen Meditationen war und ist, die von Osho entwickelt wurde. Die Meditation ist eine Stunde lang und besteht aus vier Stufen von jeweils fünfzehn Minuten. Im ersten Schritt, wie ich in Kapitel vier beschrieben habe, schüttelt man sich. Jeder Teil des Körpers zittert und löst eine Art bioelektrische Ladung aus, die sich von Zelle zu Zelle überträgt und allmählich den ganzen Körper umfasst.

Ich habe es von dort übernommen. Nachdem ich drei Jahre lang in Paris und London Bioenergetik studiert hatte, habe ich einige Elemente hinzugefügt, um die Fähigkeit des Körpers, mit Energie zu strömen, zu fördern und zu verbessern, indem ich lernte, wie man während des Prozesses entspannt bleibt. Dadurch konnten die elektrischen Ströme ungehindert durch die Innere Flöte fließen, den zentralen Kanal, der vom Damm bis zur Krone verläuft.

Ich habe diesen Prozess in vielen Schritten entwickelt und ihn schließlich als *Dynamic Streaming Process* bezeichnet. Ich wollte den Begriff Kundalini vermeiden, weil die meisten Menschen nicht wissen, was das ist, oder nur eine vage Idee aus dem indischen Yoga über zusammengeringelte Schlangen haben, die an der Basis der Wirbelsäule liegen. Dies hilft nicht, den Prozess zu erklären, während es für jeden verständlich ist, wenn man vom dynamischen Streaming spricht und darüber, in einem hohen Erregungszustand entspannt zu bleiben.

Insbesondere dieses alte Motto fand ich sehr hilfreich: „Täusch es vor, bis du es schaffst." Konkret bedeutete dies, dass zunächst das Schütteln bewusst geschehen sollte und dann bis zu dem Punkt fortgefahren wird, an dem sich die Teilnehmer entspannen und die Kontrolle loslassen können. Im Nachhinein geschieht das Schütteln wie von selbst, um zu einem subtileren Strom von Energie durch den Körper zu werden.

Dies war ein Schlüsselerlebnis, eine Möglichkeit, Menschen dabei zu helfen, vom anorgasmischen zum orgasmischen Zustand zu gelangen, so dass der ganze Körper mit angenehmen Empfindungen lebendig wird. Lernte man, diesen Prozess des Streaming beim Sex anzuwenden, war die Lektion abgeschlossen.

Es gab andere, weniger direkte, aber ebenso effektive Methoden, die ich entwickelt habe, um zu helfen, sich mit der flexiblen, sich ständig verändernden Natur der menschlichen Energie vertraut zu machen.

Zum Beispiel ist eine der zentralen Lehren des Tantra, dass wir alle in uns einen inneren Mann haben, eine Yang-Energie, und eine innere Frau, eine Yin-Energie. Carl Jung, der erste westliche Psychologe, der diese ausstrahlenden und empfangenden Energien untersucht hat, nannte unsere innere männliche Polarität den *Animus* und unsere innere weibliche Polarität die *Anima*.[46]

---

[46] Für Details s. mein Buch *The Art of Sexual Ecstasy* (New York: Jeremy P. Tarcher/Putnam, 1989).

Wie wir in der Beschreibung von „es besorgt bekommen" gesehen haben, sind sowohl Yin- als auch Yang-Energien notwendig, wenn Menschen die Gesamtheit ihres orgasmischen Spektrums erleben wollen. Es gibt jedoch viele Aspekte bei der Erforschung unserer inneren männlichen und weiblichen Polaritäten, die auf dem Weg zur Vertrautheit und zum Wohlbefinden mit ihnen in Betracht gezogen werden müssen.

In gewisser Weise neigen die Partner, die wir im Leben auswählen, dazu, die Vorstellungen von unserem inneren Mann und unserer inneren Frau wiederzugeben. Mit anderen Worten, der äußere Partner spiegelt unseren inneren Archetyp wider.

Umgekehrt spiegelt das Innere auch das Äußere wider, in dem Sinne, dass viele der Grundhaltungen unseres inneren Mannes und unserer inneren Frau in unserer Jugend entstanden sind, vor allem durch die Prägungen, die wir von unseren Eltern erhielten.

Zum Beispiel wurde mein innerer Mann von meinen frühen Bemühungen geprägt, das Leben mit meinem Vater zu bewältigen, einem mächtigen, autoritären Mann, der versuchte, mich zu kontrollieren. Wie Sie sich vielleicht erinnern, habe ich dies im ersten Kapitel dieses Buches erwähnt.

Um in unserer Familie zu überleben, musste ich mich stark machen und mich ihm entgegenstellen. Das hat natürlich viele Konflikte zwischen uns ausgelöst, aber es hat auch meinem Animus, meinem inneren Mann, eine gewisse Form und Gestalt verliehen, der manchmal, ich muss es zugeben, bemerkenswerterweise wie mein Vater handelt!

Durch solche Erkenntnisse, das Verstehen meiner eigenen inneren Gegebenheiten, wurde deutlich, dass es eine positive Erfahrung wäre, den Teilnehmern meiner Gruppe ihre männlichen und weiblichen Energien näherzubringen. Es würde ihnen aus zwei Gründen zugutekommen:

Erstens konnten sie Eigenschaften entdecken und erforschen, die ihnen unbekannt waren. Als Männer konnten sie erfahren, wie es sich anfühlt, ihr inneres Weibliches zu wecken, Qualitäten wie Erlebnisfähigkeit, Geduld und Intuition anzunehmen. Als Frauen konnten sie erfahren, wie es sich anfühlt, wenn ihre innere Männlichkeit gestärkt wird, wenn sie Selbstvertrauen, Entschlossenheit und Tatkraft entwickeln.

Zweitens konnten sie sich der von ihren Eltern geliehenen Muster und Einstellungen bewusstwerden, indem sie sich mit diesen Mustern anfreundeten und sich von ihnen befreiten. Also habe ich ein Yin-Yang-Spiel in mein Training aufgenommen, das im Gruppenraum oder, privater, zu Hause durchgeführt werden konnte.

Ich habe bereits in Kapitel vier eine Version des Yin-Yang-Spiels beschrieben, als ich von meiner Liebesaffäre mit Miles erzählte. Es gibt aber auch eine andere Art, Yin und Yang zu erforschen: in einem Rollenumkehr-Psychodrama. Nehmen Sie sich einen Tag frei, um mit Ihrem Partner zusammen zu sein, weg von Familie und Kindern. Laden Sie einen engen Freund oder Therapeuten als Zuschauer ein. Der Zuschauer sollte neutral sein und sich nicht in das Spiel selbst einmischen.

Jetzt verwandeln Sie sich in Ihren Partner: Tragen Sie die Kleidung Ihres Partners, nehmen Sie seinen Namen an, ahmen Sie die Art und Weise nach, wie er seinen Körper hält.

Sprechen Sie in seiner typischen Art und Weise, erzählen Sie seine Geschichten und ahmen Sie seine Gesten und Eigenheiten nach. Spielen Sie die Rolle vor ihrem Partner für ein paar Stunden. Wechseln Sie sich ab. Sehen Sie, was dabei herauskommt. Fordern Sie Ihren Zuschauer oder Therapeuten auf, Ihnen mit neutralen Beobachtungen und Erkenntnissen zu helfen. Wenn Sie fertig sind, beenden Sie den Prozess im Herzen, mit Humor und Dankbarkeit. Ziehen Sie wieder Ihre eigene Kleidung an und kommen Sie zu sich selbst zurück.

Die beste Annäherung an das Tantra geschieht, wenn wir uns sowohl in der Yin- als auch in der Yang-Polarität wohlfühlen können, alternativ empfänglich und aktiv.

In einer guten Beziehung weiß jeder Partner, wann er Yin sein muss, empfänglich, und lässt den anderen leuchten und reden. Jeder Partner weiß auch, wie man Yang ist, wie man Dinge übernimmt, inspiriert, leitet und entscheidet. In einer guten Beziehung wechselt man zwischen den beiden ab. Man braucht beide Polaritäten.

Gelegentlich funktioniert das Gleichgewicht natürlich nicht, in diesem Fall kann es passieren, dass Sie beide gleichzeitig Yang sind. Wenn dies der Fall ist, könnten Sie durchaus aneinandergeraten, da beide das Sagen haben wollen. Wenn beide Partner gerade Yin sind, wird jeder darauf warten, dass der andere die Initiative ergreift. Kein Funke wird da sein und nichts wird passieren.

Die spirituelle Dimension erwacht hier, wenn wir erkennen, dass der beste Orgasmus, einschließlich beider Polaritäten, nur eine flüchtige Offenbarung des Lichts der göttlichen Ehe zwischen Shiva und Shakti ist. In diesem Moment löst sich die eigene Identität im Bereich des universellen Lichts auf.

Was ich gelernt habe

Es ist ein Paradoxon des geistigen Lebens, dass alles in der Offenbarung seines Gegenteils voranschreitet. Zum Beispiel glauben wir allzu oft, dass wir, bevor wir eine hohe tantrische Übung beginnen, in Harmonie mit unserem Partner sein müssen.

Dies ist nicht der Fall. Die Bereitschaft, sich zu zeigen und in der Meditationspraxis präsent zu sein, ist der springende Punkt. Das ist der Schlüssel, der ein Gleichgewicht schafft, wenn der Übungsprozess weitergeht. Das ist es, was die *Samskaras*, die inneren Widerstände oder Missverständnisse auflöst. Sie werden in der Verbindung zwischen Energie und Bewusstsein verbrannt.

Zusammen, in Harmonie, können zwei Menschen die schönsten orgasmischen Erfahrungen machen. Das wird in meinen Augen ins Gegenteil verkehrt, denn es ist unsere Natur als Mensch, Momente der Vollkommenheit zu schaffen und dann wieder in Dualität, Schwierigkeiten und Zweifel zu fallen. So verstand ich, nachdem ich wieder einmal den schwer fassbaren Zustand der multiorgasmischen Reaktion gefunden hatte, dass es nicht der Punkt des Erwachens war, sondern nur ein weiteres Sprungbrett auf dem Weg.

Die Reise ist im wahrsten Sinne des Wortes das Ziel. Die Evolution von einem Zustand zum nächsten dient nicht dazu, einen besseren Zustand zu erreichen, sondern vielmehr dazu, alles aufzulösen, was uns daran hindert, die Wahrheit zu erkennen, die immer direkt vor uns oder besser gesagt in uns liegt. Die Göttlichkeit ist unsere Natur, unsere „Buddha-Natur". Es ist nicht so sehr eine Entdeckung, sondern eine Erinnerung.

Jeder Moment kann orgasmisch sein. Es ist nicht nötig, dass der gegenwärtige Moment anders ist, als er ist. Es ist nicht nötig, für einen besseren Orgasmus zu kämpfen. Es steht jedem frei, jeden Moment in vollen Zügen zu genießen.

Dennoch ist der Orgasmus in der Verbindung zwischen Sex und Geist ein privilegierter Moment, um den Geist zu stoppen und in die Stille des Shiva-Bewusstseins einzutreten.

Wie die alten Seher Indiens es ausdrückten: „Das bist du." Fülle und Leere. In diesem orgasmischen Moment des Verschwindens ins Unbekannte trittst du in die Ewigkeit ein und alles ist perfekt, so wie es ist.

Die Praxis: Integration von Sex und Meditation

Auf diesem Weg können Sie Meditation und Liebesspiel miteinander vereinen. Sitzen Sie bequem in der Halblotusposition, mit geradem Rücken, Körper und Geist entspannt. Wählen Sie eine Zeit der Stille – ganz alleine mit sich selbst. Früh am Morgen gegen 5:00 oder 6:00 Uhr, oder spät in der Nacht.

Schließen Sie die Augen. Atmen Sie sanft durch die Nase ein, innerlich und leise folgenden Bija-Klang rezitierend: „Sooooooooo." Während Sie das tun, bringen Sie Ihren Fokus und Ihren Atem in die Mitte Ihres Kopfes, während Sie gleichzeitig Ihre Augen geschlossen halten.

Atmen Sie durch die Nase aus. Wiederholen Sie, innerlich und leise, folgenden Bija-Klang: „Haaaaaaaaaaaaaaaaaam." Fahren Sie zehn Minuten lang auf diese Weise fort. Das Mantra, Soham, bedeutet „Ich bin das".

Beenden Sie nach zehn Minuten die Übung und bleiben Sie völlig entspannt und still und lauschen Sie auf die entferntesten Geräusche, die Sie hören können. Es kann das Rascheln von Blättern in einem Baum sein, ein bellender Hund, ein wegfahrendes Auto.

Seien Sie sich dessen bewusst, was ist. Keine Gedanken, keine Geschichten, nur diese innere Schwingung, die vom Klang Soham hinterlassen wurde, die von selbst schwingt in der Stille. Spüren Sie den Frieden und die innere Stille, die innere Stille und Weite.

Die zweite Stufe: Wenn Sie das nächste Mal einen intimen Moment mit Ihrem Partner teilen und in seinen Armen liegen, versuchen Sie das weite Bewusstsein von *Soham* in die Liebeserfahrung mit einzubringen. Sie haben Sex und beobachten dennoch mit vollem Bewusstsein. Machen Sie es langsam.

Vergessen Sie alle Ziele. Seien Sie einfach mit Ihrem Körper, Ihren Empfindungen, Ihrem Partner. Bleiben Sie wachsam und sehen Sie, was passiert.

Wenn sich die Feuer in sexueller Freude aufbauen,
Betritt diesen gesegneten Ort zwischen den Beinen.
Nimm die heiligen Energien an, die dort funkeln,
Und folge dem steigenden Strom,
Wellenförmig durch die Wirbelsäule,
Zitternd vor Vergnügen.
Wenn das Feuer intensiver wird
Und nach oben aufleuchtet,
Halte den Atem für einen Moment an.
Wirf dein ganzes Selbst hinein.
Werde zur Brillanz
In deiner körperlichen Form.
In Verbindung mit der ursprünglichen Glückseligkeit.[47]

---

[47] Lorin Roche, *The Radiance Sutras* (Boulder, CO: Sounds True, 2014) Sutra 45

Kapitel 11
Tantra: Der Schatten und das Licht

Ich habe die Trainingsgebühren bezahlt und bin hierhergekommen, weil ich dir als Lehrer, Kollege und Therapeut vertraut habe. Dann hast du meine Frau gefickt. Ist es das, wofür ich bezahlt habe?

Frederik war wütend. Sehr wütend. Als Schweizer Psychiater hatte er sich mit seiner attraktiven Partnerin Adele für das *Love and Ecstasy Training* angemeldet, und dann fand er heraus, dass sie mit Aman, meinem Co-Leiter, geschlafen hatte.

Für Aman war der Vorfall untypisch. Normalerweise war er ein eher konservativer, wohlerzogener, gut organisierter Deutscher. Er war nicht nur mein Co-Leiter, sondern auch mein Geliebter, der ausschließlich in den Zeiten mit mir zusammenlebte, in denen ich mit ihm unterrichtete – zumindest war das unsere Vereinbarung!

Adele war eine zierliche, schlanke Brünette Ende zwanzig, mit kurzen Haaren und einem sehr attraktiven Körper, ziemlich hübsch, aber nicht auffallend schön. Sie hatte braune Rehaugen, einen gut proportionierten Körper, muskulöse Beine und spitze Brüste. Insgesamt hatte sie eine jugendliche, studentische Ausstrahlung, ganz unschuldig, was ihre wilde Entschlossenheit, jeden Mann zu verführen, zu dem sie sich hingezogen fühlte, effektiv verschleierte.

Das machte Frederik, der zehn Jahre älter war, das Leben schwer. Er war ein gutaussehender Mann von mittlerer Größe, mit braunem Haar und einem jungenhaften Pony, der den oberen Teil seiner Stirn bedeckte. Er hatte strahlend blaue Augen. Von Natur aus war er ehrlich und geradeheraus, weshalb er das Treffen einberufen hatte.

Ich hatte keine Ahnung, dass diese kleine Affäre im Gange war. Als wir also das Serermeeting hatten, sagte ich ausnahmsweise einmal wenig, weil ich am wenigsten in diese Situation verwickelt war. Ich hatte unterrichtet, während sie miteinander geschlafen hatten.

Aman und ich leiteten eine große Trainingsgruppe mit 54 Personen. Meine Hauptsorge war, dass wenn sich ein solcher Vorfall herumsprechen würde, die Atmosphäre des Vertrauens gefährdet würde. Dieses Gefühl der Sicherheit war umso wichtiger, wenn man bedachte, dass die Gruppe über ihre Hemmungen und Selbstzweifel hinausgehen musste, um ihr sexuelles Potenzial zu erforschen.

In der Zwischenzeit schrumpfte Aman peinlich berührt auf die Hälfte seiner normalen Größe und war eindeutig beschämt über den schweren Verstoß gegen die Ethik der Lehrer- und Schüler-Beziehung. Adele hingegen zeigte sich reuelos und sagte, dass sie sich stark von Aman angezogen fühlte und nicht widerstehen konnte.

Andererseits – als Frederik ankündigte, dass er das Training verlassen würde, bestand sie darauf, dass er auf jeden Fall bleiben sollte – wohl auch, weil er für sie zahlte. Nachdem er sich beruhigt hatte, stimmte Frederik zu und versprach zu bleiben, allerdings unter der Bedingung, dass Aman und Adele ihren sexuellen Kontakt nicht fortsetzten, bis der Kurs beendet sei. Da das *Love and Ecstasy Training* auf drei jeweils einwöchige Abschnitte im Jahr verteilt war, bedeutete dies weitere zwei Wochen Training in den kommenden acht Monaten.

Frederik beschrieb ausführlich die von ihm geforderte Hände-weg-Haltung, einschließlich der Forderung, dass sie in den nächsten acht Monaten nicht in Workshop-Übungen zusammenarbeiten und sich überhaupt nicht treffen sollten. Aman und Adele stimmten zu, seine Bedingungen einzuhalten.

Nachdem das Treffen beendet war, kehrten Aman und ich in unsere eigene Suite oben im Bauernhaus zurück. Ich war nicht in bester Stimmung. Tatsächlich war ich wütend. Ich beschuldigte Aman, schwach und unaufrichtig zu sein. Er erklärte die hanebüchenen Details von Adeles unwiderstehlichen „Verführungsversuchen“. Ich schmollte. Wir verbrachten die Nacht auf platonische Weise, getrennt durch eine weite und kalte Fläche in der Mitte des Bettes.

Der nächste Morgen war unangenehm, aber wir schafften es, uns zu versöhnen. Eigentlich hatten wir auch gar keine andere Wahl. Wir hatten die Aufgabe, eine Gruppe zu leiten, also war der Anreiz, zu vergeben und weiterzumachen, stark. Im Laufe der nächsten Tage waren wir so mit unserer Arbeit beschäftig, dass wir die Begebenheit fast vergaßen. Da wir anderen mit diesem Training helfen wollten, mussten wir Empathie zeigen – sogar gegenüber den Adeles dieser Welt. Für mich war die Sache damit erledigt.

Nach dem Ende dieser ersten Woche des Trainings gingen alle nach Hause, und einige Tage später verließ ich die Schweiz für meine nächste Aufgabe. Aman blieb in Zürich. Eines Morgens klingelte es an der Tür seiner Wohnung. Es war Adele. Sie schlug ihren Mantel auf, um ihn mit dem Anblick ihres perfekt geformten nackten Körpers zu konfrontieren. Innerhalb weniger Minuten lagen sie im Bett und hatten Sex. Ich kann mir nur vorstellen, was Frederik gefühlt haben muss, als er das herausfand. So unglaublich es auch klingen mag, Adele und Frederik schafften es dennoch, das Training gemeinsam abzuschließen.

Meine eigene Situation, während der Jahre, in denen ich das *Love and Ecstasy Training* in vielen Ländern persönlich managte, war einzigartig. Ich weiß nicht, ob eine andere Frau auf der Welt die Art von Wahnsinn gelebt hat, die für diese globale Mission zur Heilung der sexuellen Unwissenheit notwendig ist.

Seit 1981 wurde ich zunächst ohne mein Wissen langsam zur Schöpferin und treibenden Kraft einer neuen tantrischen Bewegung im Westen. Dabei war meine persönliche Motivation nicht so sehr sexuell als vielmehr spirituell. Es war meine Suche nach Glückseligkeit, die mich in die Welt des Tantra geführt hatte.

Die sexuelle Chemie war jedoch ein Teil des Pakets, ebenso wie der Verstoß gegen Regeln. In den ersten Tantra-Gruppen, die ich im Poona-Ashram leitete, spielte ich mit der Idee, mit dem ein oder anderen Teilnehmer zu schlafen. Schließlich, so dachte ich, waren wir bei Osho, um soziale Tabus zu brechen, also warum nicht auch dieses?

Ich probierte es aus. Bei der einen Gelegenheit, als ich einen Teilnehmer mit nach Hause nahm, sagte dieser mir offen, dass er mich einschüchternd fand. Meine Rolle als Workshopleiterin verlieh mir – zumindest in seinen Augen – einen höheren Status im Ashram, und das hatte leider einen dämpfenden Effekt auf seine Libido. Sein Vajra weigerte sich zu kooperieren. So viel zum Thema Regelverstoß! Es hat nicht funktioniert.

Ich verstand, dass, selbst wenn der Vajra eines Teilnehmers reagierte und sich aufrichtete, unsere Beziehung höchstwahrscheinlich nicht auf Augenhöhe sein würde. Darüber hinaus könnte es den Fortschritt des Mannes im Workshop selbst beeinträchtigen und ihn davon ablenken, sich mit den persönlichen Problemen zu befassen, mit denen er konfrontiert war. Also ließ ich die Idee fallen.

Als ich von Poona in die Welt zog, wurde mir klar, dass mein Tantrakurs so angelegt war, dass ich unterstützende männliche Partner und Co-Leiter brauchte, mit denen ich eine herzliche, liebevolle Verbindung genießen konnte. Ich betete, visualisierte, sprach mit verschiedenen Göttern und Göttinnen und verkündete der Welt, dass ich Partner wollte, mit denen ich fortgeschrittenes Tantra praktizieren könnte. Das Wort *fortgeschritten* muss das männliche Ego angesprochen haben, weil die Partner dann auch auftauchten.

Manchmal reisten meine Co-Leiter mit mir, von einem Workshop zum nächsten, durch Europa und darüber hinaus. Manchmal reiste ich auch alleine, während sie in ihrem eigenen Land blieben. So musste jede Liebesbeziehung zwangsläufig flexibel sein, was bedeutete, dass wir in den meisten Fällen offene Beziehungen pflegten.

Allmählich wurde mir klar, dass es nicht nur Glamour und Spaß bedeutete, eine Lehrerin der tantrischen Kunst zu sein. Ich musste lernen, mich zu distanzieren. Glückseligkeit war ein flüchtiges Geschenk – und sie gehörte uns nicht. Kaum hatten mein Partner und ich diese exquisite natürliche Ambrosia geschmeckt, mussten wir unseren Fokus auf das Unterrichten und Teilen mit anderen richten. Wenn der

Kurs vorbei war, mussten wir uns trennen und darauf vertrauen, dass unsere Liebe lebendig bleiben würde, auch aus der Ferne, bis ich zurückkam. Dies schuf eine ständige emotionale Unruhe, die ich zu akzeptieren lernte, als ich immer unabhängiger wurde.

Außerdem musste ich die Option einer sicheren und stabilen Zukunft aufgeben, so wie sie zwei Menschen pflegen, die in derselben Stadt leben und anfangen, über eine gemeinsame Wohnung nachzudenken oder eine Familie zu gründen. Das war nicht für mich bestimmt; das war nicht Teil meiner Mission.

Manchmal allerdings war es schmerzhaft, auf diesen Traum eines normalen Lebens zu verzichten, denn die Sehnsucht nach Intimität war stark. Es war ein Schmerz, den ich ertragen musste, aber ich tat es gerne, weil meine Berufung zu stark war, um sie zu ignorieren. Ich war gut in meiner Arbeit und liebte es, Menschen zu inspirieren, ihr höchstes Potenzial in Bezug auf Liebe, Sex und Geist zu entfalten.

Ein Pluspunkt war, dass meine Teilnehmer all das „begriffen“. Wenn sie im Kurs voranschritten, wuchsen und heilten sie erstaunlich schnell. Der Nachteil war, dass sich viele Frauen in meinen Mann verliebten, weil sie der Meinung waren, dass er als Margots Freund das Alpha-Männchen schlechthin und der ideale tantrische Partner sein musste.

Ein Mann in einer Führungsposition wirkt auf weibliche Sexualinstinkte wie ein Magnet, und ein charismatischer Shiva, der eine Tantra-Gruppe leitet, war für viele ein verlockendes Ziel.

Aus diesem Grund hatte ich oft das Gefühl, dass mein Liebesleben unter einem schlechten Stern stand. Ich hatte kein richtiges Zuhause, wenig Privatsphäre, keine Grundlage für Stabilität und Schutz. Ich konnte nie sicher sein, ob mein Partner die ethischen Richtlinien einhalten würde, seine Finger von den Teilnehmerinnen lassen würde, wenn ich nicht im Land war.

Es ist schwierig für Männer in Machtpositionen, einer Frau zu widerstehen, die zu ihnen aufblickt. Man muss nur an Bill Clintons Liaison mit Monica Lewinsky, einer 22-jährigen Praktikantin im Weißen Haus, denken oder an John F. Kennedys Affäre mit Mimi Alford, einer

19-jährigen Jungfrau. An diesen Beispielen sieht man, wie einfach es für einen Alpha-Mann ist, eine Frau zu erobern, die in seinen Einflussbereich geraten ist.

Vor diesem Hintergrund wurde ich vor einigen Jahren eingeladen, einen Kurs am Center for Political Leadership der Harvard Kennedy School zu konzipieren und zu leiten. Die Idee war, solch mächtigen Männern beizubringen, wie sie die sexuelle Energie in höhere Zentren leiten können, damit sie den Versuchungen widerstehen können, die durch ihr magnetisches Charisma und ihre Popularität erzeugt werden. Ziel war es, Werkzeuge zur Verfügung zu stellen, die ihnen helfen würden, peinliche und unethische Fehler zu vermeiden, die sie ihre Karriere kosten könnten.

Ein solches Angebot war faszinierend, aber ich habe abgelehnt. Damals war ich der Meinung, dass die Lehren aus meiner Arbeit durch praktische und persönliche Erfahrungen an mutige Menschen weitergegeben werden müssen, die bereit sind, Neuland zu betreten. Es schien nicht möglich, etwas von bleibendem Wert zu lehren, wenn man von einem Podium aus vor Leuten spricht, die hinter Schreibtischen sitzen.[48]

Doch Verlockungen gibt es überall. Wie viele Gruppenleiter sind als Therapeuten wirklich reif genug, um die von dankbaren Teilnehmerinnen auf sie projizierte Liebe zu empfangen, ohne sie auszunutzen?

Aus diesem Grund hat Osho, da bin ich mir sicher, angeordnet, dass nur Frauen Tantra-Gruppen in seinem Ashram leiten sollten. Er wusste, dass ein männlicher Führer höchstwahrscheinlich versucht sein würde, sich einen Harem aus weiblichen Gruppenteilnehmern aufzubauen.

Dieses wiederkehrende Thema in meinen Workshops hatte auch einen lehrreichen Aspekt. Zum Beispiel bemerkte ich, dass es zwei Arten von Frauen gab, die von Alphamännern angezogen wurden: die „dunklen“, die heimlich den Mann ihrer „Schwester“ stahlen, und die

---

[48] Heute wäre es okay für mich, auf diese Weise zu lehren. Ich habe das gelegentlich getan.

„hellen“, die mutig und ehrlich genug waren, zuerst zu mir zu kommen und zu sagen: „Margot, ich würde gerne eine Nacht mit deinem Mann verbringen. Ist das für dich in Ordnung?“ Wenn mir eine Frau diese Frage auf eine ehrliche, direkte Weise stellte und mich in die Gleichung einbezog, schätzte ich ihren Respekt und sagte oft ja.

In den frühen achtziger Jahren herrschte in unseren Workshops in Europa eine gewisse wilde Stimmung, die unsere Indiskretionen irgendwie weniger schwerwiegend erscheinen ließ. Man nehme nur folgendes Beispiel. Wir absolvierten einen Kurs in einem großen alten Schloss in der Nähe von Nîmes, im Süden Frankreichs. Ich hatte gerade die Gruppentherapie beendet und betrat meine Suite, wo ich dann meinen Co-Leiter mit einer Seminar-Teilnehmerin in eindeutiger Stellung auf dem Boden unseres großen und luxuriösen Badezimmers fand.

Ich war wütend, drehte auf dem Absatz um und schlug die Tür hinter mir zu. Dann beschloss ich, etwas Spaß zu haben und meinem Partner eine Szene zu machen. Ich ging zurück, schminkte mich mit rotem Lippenstift und schwarzem Smokey-Eyes-Lidschatten, zog ein teures, provokatives rotes Kleid an, setzte einen schwarzen, breitkrempigen Hut auf und steckte mir einen Zigarettenhalter in den Mund. Eine Pose einnehmend, begann ich eine dramatische Filmszene nachzuspielen und beschimpfte das Paar mit allen denkbaren Schimpfwörtern und schmutzigen Namen. Ich amüsierte mich köstlich.

Mein Co-Leiter, der einen Ausweg aus dieser peinlichen Situation suchte, lud mich ein, mich ihnen in einer Ménage-à-trois anzuschließen. Aber ich weigerte mich. Ich landete in den Armen des Schlossbesitzers, eines Grafen aus dem ortsansässigen Adel, der mir praktischerweise eröffnete, dass er in mich verliebt sei.

Ich lernte, dass es in solchen Momenten unerlässlich war, mich um mich selbst zu kümmern. Allein zu Hause zu bleiben, während der Partner Sex hat, das hat eine ganz andere Qualität, als auszugehen und auch Sex zu haben. Dieser Wie-du-mir-so-ich-dir-Ansatz machte es einfacher, sich daran zu erinnern, dass unsere Liebe füreinander tiefer war als diese Liebeleien. In meinen Gruppen habe ich oft daran erinnert:

Ein Problem ist somit auch eine Gelegenheit, kreativ zu werden.

Aber die Zeiten ändern sich, und als sich meine Arbeit verbreitete und organisierter wurde, war klar, dass ich klare Richtlinien aufstellen musste. So entwickelte sich ein zentraler Verhaltensgrundsatz in unseren Teams: kein Sex mit den Teilnehmern.

Dies schloss die Leitung, die Organisatoren und die Assistenten mit ein. Als ich begann, in den Vereinigten Staaten zu arbeiten, ließ ich meine Mitarbeiter diesbezüglich sogar einen rechtlichen Haftungsausschluss unterzeichnen.

Doch dies war nicht die einzige Grundregel. Ich habe meine Mitarbeiter auch darüber aufgeklärt, dass ein guter Tantra-Lehrer folgende Prinzipien einhält:

- Er ist reif genug, um seine Rolle als Lehrer wahrzunehmen, ohne eine persönlichere und engere Verbindung mit dem Schüler zu suchen.
- Er versteht es, seine eigenen sexuellen, emotionalen und beziehungstechnischen Bedürfnisse von der Gruppenarbeit zu trennen.
- Er zwingt den Studenten nicht seine eigenen Vorstellungen von Wahrheit auf, sondern ist in der Lage, die richtigen Fragen zu stellen, so dass die Fähigkeit der Studenten, ihre eigenen Antworten zu finden, auf natürliche Weise zum Vorschein kommt.
- Er versucht nicht, die Schüler in eine Richtung zu beeinflussen, die den Interessen des Lehrers entspricht („Komm und studiere in meinem Institut, wir haben das perfekte Programm für dich.“).
- Er betrachtet die Lehre als ein heiliges Ereignis, das es ihm ermöglicht, in Demut zu handeln.
- Er ist bescheiden genug, um zu erkennen, dass sich Schüler manchmal auch als Lehrer erweisen können und der Lehrer von ihnen lernen kann.

- Er ist integer und hat genug Erfahrung und Selbstvertrauen, um zu wissen, wie man mit allen Situationen umgeht, egal wie ungewöhnlich sie sein mögen.
- Er lebt, was er predigt.
- Er vermeidet es, eine Vorbildrolle einzunehmen.
- Er beschließt, die Teilnehmer nicht mit Siddhis oder speziellen Fähigkeiten zu beeindrucken.
- Er fühlt sich nicht für die Entwicklung der Teilnehmer verantwortlich, sondern nur dafür, sein Bestes zu geben, ehrlich und uneingeschränkt.
- Eigene sexuelle Bedürfnisse und Abhängigkeiten sind ein Tabu im Gruppenraum.

Als wir alle lernten, diese Richtlinien einzuhalten, wurden die SkyDancing-Tantra-Kurse wesentlich effektiver. Wir lieferten Ergebnisse, wobei viele Teilnehmer eine tiefe persönliche Transformation und Heilung erfuhren. Seit meinen Anfängen im Jahr 1981 konnten wir das SkyDancing Tantra mehr als 50.000 Menschen vermitteln.

Während dieser Zeit gründeten wir SkyDancing Institute in der Schweiz, Deutschland, Frankreich, England, Kanada und den USA. Viele davon bestehen noch heute. Weltweit gibt es an die zweihundert Lehrer und Ausbilder, die SkyDancing Tantra praktizieren und in ihre eigene Arbeit integriert haben.

Ich unterrichtete an renommierten Fakultäten wie dem Esalen Institute in Kalifornien, dem Omega Institute in Rheinbeck, New York, und dem Blue Spirit Retreat in Costa Rica. Darüber hinaus habe ich mit Dr. Deepak Chopra und dem berühmten Lifestyle-Coach Anthony Robbins zusammengearbeitet. Zu den zahllosen Menschen, die eine Ausbildung bei mir absolvierten, zählen Lehrer des Center for Political Leadership an der Harvard Kennedy School sowie Stars, Hollywood-Schauspieler und Produzenten.

Heute glaube ich, dass wir Zeuge dessen sind, was Osho vorhergesagt hat, als er in den 80er Jahren sagte: „Es wird eine Tantra-Revolution geben."

Nahezu an jeder Straßenecke wird man mit dem sogenannten Tantra beziehungsweise Neotantra konfrontiert. Dies impliziert eine aufrichtige Sehnsucht im Westen nach einer spirituellen Praxis und einer Weltanschauung, die eine positive Verbindung zwischen Sexualität und Spiritualität bietet.

Tantra ist ein die Sexualität bejahender spiritueller Weg, dessen Zeit gekommen ist. Nach Jahren des dauerhaften Lebens in anti-ekstatischen Gesellschaften sind wir vielleicht endlich bereit, eine neue Welt, eine Shambala, zu erschaffen, in der die Menschen nicht nur frei sind, die Lust zu erforschen und nach Glückseligkeit zu suchen, sondern dies auch auf alle Bereiche ihres Lebens übertragen.

Diese neuen Möglichkeiten stellen sich jedoch nicht ganz so unproblematisch dar. Sexuelle Energie wird in unserer modernen Gesellschaft allzu oft unterdrückt, pervertiert und korrumpiert. Die Schattenseite der heutigen Sexualmoral muss freigelegt werden. Sobald die Verzerrungen ans Licht kommen und wir informiert bleiben, können wir unseren Weg mit gesunder Kritik gehen. In dem Bestreben, mit unseren Übungen Glückseligkeit zu erreichen, vergessen wir oft, dass es so viel sexuellen Missbrauch in der Welt gibt. Ich fühle mich verantwortlich, zu helfen, mich dazu zu äußern, uns alle zu ermutigen, alles uns Mögliche zu tun, um einen Unterschied zu bewirken.

Manchmal ist es nötig, die Dinge in Relation zu setzen, also werfen wir einen Blick auf die Schattenseite der Sexualität im 21. Jahrhundert:

In einem ausführlichen Artikel auf *Bizshifts-Trends.com* wird dargestellt, dass die moderne Sklaverei eine globale Industrie mit 150 Milliarden Dollar Umsatz und 30 Millionen Menschen in Sklaverei ist.[49]

---

[49] „Modern-Day Slavery–$150 Billion Global Industry, 30 Million in Servitude: Business Must End ‚Forced Labor' in Supply Chains", Bizshifts-Trends, October 29,

Davon werden 22 Prozent, meist Kinder und minderjährige Frauen, in Sklaverei gehalten und zur sexuellen Ausbeutung ins Ausland entführt. Aber auch hier handelt es sich um eine Dunkelziffer. Niemand kennt die Zahlen genau, weshalb der Washington-Post-Korrespondent Glenn Kessler in einem im April 2015 veröffentlichten Artikel davor warnte, Statistiken von Anti-Sklaverei-Aktionsgruppen zu vertrauen, die dazu neigen, schockierend hohe, aber faktisch nicht nachweisbare Zahlen zu verwenden, um die öffentliche Aufmerksamkeit auf dieses emotionale Thema zu lenken.[50]

Wie auch immer die tatsächlichen Zahlen aussehen mögen, niemand bestreitet, dass weltweit ein bedeutendes Problem besteht. In vielen Teilen der Welt ist es die drückende Armut, die den Menschenhandel fördert. In Nepal, einem der ärmsten Länder, zeigen inoffizielle Zahlen, dass jedes Jahr etwa 7.000 junge Mädchen[51] meist von ihren eigenen Familien an Zwischenhändler verkauft werden, die sie dann in indische Großstädte wie Mumbai schmuggeln, damit sie in Bordellen zur Vergewaltigung und zum Missbrauch angeboten werden.

Bis heute, genau jetzt, während ich dies schreibe, bleibt diese Realität meist ungeprüft und ungestraft.

Nach dem Tod von BBC-Moderator Jimmy Savile im Jahr 2011 kam es zu einem Skandal, der sich zunächst auf Saviles eigene Verführungs- und Vergewaltigungstaktiken bei Hunderten von minderjährigen Mädchen konzentrierte. Kurz darauf aber erweiterte sich dieser um einen gut geschützten, hochrangigen Pädophilenring, der von der BBC aus operierte und zu dem mindestens vierzig britische Parlamentsmitglieder gehörten.

2014, http://bizshifts-trends.com/modern-day-slavery-150-billion-global-industry-30-million-servitude-business-must-end-forced-labor-supply-chains.

50 Glenn Kessler, „Why You Should Be Wary of Statistics on ‚Modern Slavery' and ‚Trafficking'", *The Washington Post*, April 24, 2015, www.washingtonpost.com/news/fact-checker/wp/2015/04/24/why-you-should-be-wary-of-statistics-on-modern-slavery-and-trafficking.

51 Katie Orlinsky, „Women, Bought and Sold in Nepal", The New York Times, August 31, 2013, www.nytimes.com/2013/09/01/opinion/sunday/women-bought-and-sold-in-nepal.html?_r=0.

Seit Jahren sind wir Zeuge des Fehlverhaltens katholischer Priester, die Tausende von Kindern missbraucht haben, und von den Versuchen des Vatikans, dies zu vertuschen.

Im Laufe der Zeit habe ich viel von Verschwörungstheoretikern über den Einfluss versteckter Machteliten wie den Illuminaten gehört, die angeblich den Planeten führen. Eine jüngste Wendung in diesen Enthüllungen behauptet die Schaffung sogenannter Monarchsklaven, das sind Kinder, die heimlich gefangen genommen, gefoltert und einer Gehirnwäsche unterzogen werden, bis sie erwachsen und nicht mehr zu einem normalen Leben fähig sind. Dann werden sie zu unterwürfigen, roboterartigen Sklaven, die ausgesandt werden, um den sexuellen Appetit der Weltelite zu stillen.[52]

Ich weiß nicht, was ich von solchen Berichten halten soll.[53] Denkbar ist, dass sie wahr sind. Eines ist sicher: Wir müssen uns mit der Tatsache befassen, dass es eine dunkle und gewalttätige Seite der menschlichen Sexualität gibt. Ich sehe das als Ansporn: Wir müssen jeden Schritt auf dem Weg zur Bekämpfung dieser Untaten gehen, wir müssen informiert bleiben *und Wege zur Hilfe finden*.

Tantra und Yoga bieten Lösungen, aber gerade das Tantra hat auch seine Schattenseiten. Wenn ich ehrlich bin, muss ich gestehen, dass es mich besonders traurig stimmt, dass ich nach so vielen Jahren des Lehrens immer wieder damit konfrontiert bin, dass Tantra einen zweifelhaften Ruf hat. Im Laufe der Jahre war eine Anzahl von Tantra-Lehrern in Skandale verwickelt, die Manipulation und sexuelle Ausbeutung von Schülern zum Gegenstand hatten. Als Beispiel aus meiner eigenen Erfahrung erinnere ich mich, dass ich eingeladen wurde, in der Nähe von Sydney, Australien, bei einem Yoga-Retreat zu unterrichten.

---

[52] Cathy O'Brien und Mark Phillips, *Trance Formation of America: The True Life Story of a CIA Mind Control Slave* (Las Vegas, NV: Reality Marketing, 1995).

[53] David Icke, *The Biggest Secret: The Book That Will Change the World* (Scottsdale, AZ: Bridge of Love Publications USA, 1999); und Lena Pepitone und William Stadiem, *Marilyn Monroe Confidential* (New York: Simon and Schuster, 1979).

In meinem Zimmer fand ich eine Broschüre auf meinem Bett, geschrieben von einem der Schüler des lokalen Gurus.

Sie arbeitete mit der ultimativen hinduistischen Ermahnung, Hingabe zu praktizieren: „Ergib dich dem Guru, werde eins mit dem Guru, erreiche das Ende aller dualistischen Mühen. Dort wartet die langersehnte Vereinigung. Auch funktionieren dort weder der Intellekt noch die Sprache. Dort ist nur das ewige Licht! Shiva und Shakti verschmelzen miteinander, das ultimative Ziel der göttlichen Liebe ist der Aufenthalt in der Wahrheit, die Wohnstätte deines Gurus.[54]

Die Broschüre enthielt ein Bild des Gurus, eines Swamis, der lange traditionelle Kleider trägt, auf einem Thron sitzt, unter zahlreichen Blumengirlanden begraben ist und sehr heilig aussieht, mit einem Mona-Lisa-Lächeln auf den Lippen.

Es klang eigentlich alles relativ gut, wenn auch etwas übertrieben. Ich unterrichtete während dieses Festivals ein schönes Ritual und nahm beim Verlassen einige der Broschüren mit und las sie während meiner Reise und bemerkte, dass der Swami-Orden in Indien Zölibat verlangte.

Während ich die Huldigungen las, wurde mir klar, dass dieses Konzept der Hingabe an einen Guru, das in der alten indischen Tradition verwurzelt ist, schön und gut ist, vorausgesetzt, der Guru selbst ist einer solchen Verehrung würdig.

Was würde passieren, fragte ich mich, wenn sich herausstellte, dass ein mit Girlanden geschmückter „Heiliger“, wie derjenige, der mich aus diesen Broschüren anstarrte, nur ein ganz normaler Mensch wäre, so wie der Rest von uns? Was wäre, wenn er es nicht geschafft hätte, seine Kundalini zu erheben? Was, wenn er noch ficken müsste? Wie ich aus eigener Erfahrung wusste, ist die Umwandlung von sexueller Energie, von Lust zu Glückseligkeit, eine der schwierigsten Yogaübungen, besonders für Männer.

---

[54] *Yoga Magazin* Jahrgang 9, Ausgabe 2 (Munger, Bihar, Indien: Sivananda Math, März 2010).

Mehrere Jahre vergaß ich den Vorfall, bis mir ein Freund einen Artikel schickte. Ein Geständnis, eigentlich, geschrieben von einer jungen Frau, die mit ihrer Mutter in den indischen Ashram des Gurus reiste, um Yoga zu lernen. Im Laufe der Jahre wurde sie die Schülerin des Swamis. In dem Artikel beschrieb sie Szenen des sexuellen Missbrauchs im indischen Ashram des Swamis. Sie berichtete, dass sie wiederholt geschlagen wurde, wenn sie nicht gehorchte, und regelmäßig zum Sex mit dem Guru gezwungen wurde. Nach vielen Jahren als Sexsklavin des Gurus gelang es ihr schließlich, aus dem Ashram zu fliehen und in ihre Heimat zurückzukehren.

Mit der Analyse, wie und warum solche Situationen auftreten, befasste sich der amerikanische Anwalt Charles Carreon. Er hat eine Art psychische Störung diagnostiziert, die er Tantra-induziertes Wahn-Syndrom, kurz TIDS, nennt. Carreon schreibt: „Das Nettoergebnis des tantrischen Milieus ist die Institutionalisierung eines Gruppendenkens, das auf individueller Hilflosigkeit und völliger Abhängigkeit vom Guru basiert. Individuell kann dies zu einem tiefen Selbsthass [und] einer extremen Besessenheit mit dem Guru führen, und Handlungen extremer Selbstaufopferung provozieren, um die Zustimmung des Gurus zu erhalten.[55]

Carreon behauptet, dass der Größenwahn (oder „Guru TIDS") des Gurus einen „Wirbel der wahnhaften Aktivität" um ihn herum erzeugt, den er manipulieren kann, um seine pathologischen Launen zu befriedigen. Das Zeugnis und die Kapitulation der Sexsklavin des Gurus ist ein Beispiel für TIDS in Aktion.

Solche Berichte unterstützen die allgemeine westliche Auffassung, dass wir uns unter keinen Umständen einem „heiligen Mann" ergeben sollten. Doch der Weg zu authentischem spirituellen Wachstum, das von hinduistischen und buddhistischen spirituellen Suchern seit Jahrtausenden anerkannt ist, besteht darin, sich einem erleuchteten Guru, einem „Wurzellehrer" oder „Wurzellama" zu ergeben.

---

[55] Charles Carreon, *Tantra-Induced Delusional Syndrome*: TIDS (Amazon Digital Services LLC, 2009). www.china buddhismencyclopedia.com/en/index.php/Tantra-induced delusional_syndrome by Charles_Carreon.

Die Führung eines erleuchteten Lehrers zu erfahren, ist ein großes Glück, deshalb müssen wir darauf achten, dass wir das Kind nicht mit dem Bade ausschütten. Die Wahrheit ist komplex: Tantra und Yoga können erforscht werden, um zu erwachen, im Dienste der Bedürfnisse der Welt, oder sie können zur Steigerung der persönlichen Kraft missbraucht werden. Es gibt keine Sicherheitsgarantien.

Die indische Kultur beschreitet den spirituellen Weg der Hingabe an einen Guru, während die westlichen Kulturen eine gesunde Dosis an Distanziertheit und Skepsis in die Sache einbringen. Am Ende muss man sich von beidem distanzieren. In diesem heiligen Reich der höchsten Glückseligkeit, in dem sich der Geist selbst in eine riesige kosmische Stille auflöst, hat die intellektuelle Skepsis des Westens nicht mehr Daseinsberechtigung als geile Gurus, die ihre Anhänger verführen. Allerdings müssen die Schüler wachsam bleiben. Sie müssen sich immer daran erinnern, dass sie für ihre Entwicklung verantwortlich sind – nicht der Lehrer.

Regeln und Richtlinien können helfen. Vor einigen Jahren, bei einem Treffen in Dharamshala mit einer großen Gruppe westlicher Lehrer aus den wichtigsten buddhistischen Zentren in Europa und Amerika, hatte der Dalai Lama deutliche Worte für Lehrer, die ihre Macht missbrauchen – und Schüler, die ihre abgeben. Er betonte, dass, wenn Lehrer gegen die Regeln verstoßen und sich auf eine Weise verhalten, die für sie selbst und andere eindeutig schädlich ist, sich die Schüler der Situation stellen müssen, auch wenn dies eine Herausforderung sein kann.

„Kritisiere offen", erklärte Seine Heiligkeit.[56] „Das ist die einzige Möglichkeit."

Seine Heiligkeit erklärte auch, dass, wenn es eine unbestreitbare Beweislage für Fehlverhalten gibt, Lehrer damit konfrontiert werden sollten. Sie sollten die Möglichkeit haben, ihr Unrecht einzugestehen, Wiedergutmachung zu leisten und sich einem Rehabilitationsprozess zu unterziehen. Wenn ein Lehrer nicht reagiert, sollten die Schüler die

---

[56] Kate Wheeler, *„Toward a New Spiritual Ethic"*, Yoga Journal 115 (März/April 1994), S. 37–38.

Situation in einer Zeitung veröffentlichen und den Namen des Lehrers offenlegen. Die Tatsache, dass der Lehrer vielleicht viele andere gute Dinge getan hat, sollte sie nicht zum Schweigen bringen.

Dieser Ansatz erfordert Mut. Auch wenn man die eigene sexuelle Energie selbst durch tantrische Praktiken erforscht und erweckt, können sich Probleme ergeben. Es gibt so viele Versuchungen. Es kann sehr verwirrend sein.

Übrigens, viele Menschen wissen nicht, dass Tantra und Yoga gemeinsame Wurzeln haben. Hatha Yoga entstand vor Hunderten von Jahren in den tantrischen Schulen Indiens und wurde als eine Möglichkeit genutzt, ein großes Potenzial an Energie im Körper freizusetzen, einschließlich der sexuellen Energie. Mit Hilfe von Tiefenatmung und bestimmten Asanas konnte ein sexuelles Feuer im Beckenbereich geschürt und für tantrische Rituale eingesetzt werden. Wissenschaftliche Studien belegen dies. An einer 2009 im *Journal of Sexual Medicine* veröffentlichten Studie beteiligten sich vierzig gesunde Frauen im Alter von 22 bis 55 Jahren, die an einem Yoga-Programm in Indien teilnahmen.[57] Die meisten von ihnen waren verheiratet und alle waren sexuell aktiv. Sie erlernten 22 Yogastellungen mit Schwerpunkt auf Bauch- und Beckenmuskeltonus, Verdauung, Gelenkfunktion und Stimmung. Die Studie kam zu dem Schluss, dass die regelmäßige Yogapraxis mehrere Aspekte der sexuellen Funktion bei Frauen verbessert, darunter Lust, Erregung, Orgasmus und allgemeine Zufriedenheit.

Vielleicht sind Yoga und Tantra also nicht so weit voneinander entfernt. Ob im Tantra oder Yoga, sexuelle Energie muss richtig – und ehrlich gehandhabt werden. Allzu oft ist dies nicht der Fall. In beiden Fällen ist klar, dass verdrängte, nicht transformierte sexuelle Energie für Schüler zur Gefahr werden kann.

In seinem Buch *The Science of Yoga: The Risks and the Rewards* erwähnt der amerikanische Autor William Broad sowohl den

---

[57] In den Journalen „*Yoga May Help Improve Women's Sexual Function*", Harvard Health Publications, www.health.harvard.edu/newsletter_article/yoga-may-help-improve-womens-sexual-function.

indischen Guru Swami Muktananda als auch den Yogi Superstar Swami Satchidananda als charismatische Lehrer, die im Umgang mit ihren Schülern gegen die Sexualethik verstießen.

Muktananda starb kurz nach seiner Entlarvung, Anfang der 80er Jahre, an Herzversagen. Satchidananda befürwortete das Zölibat, während er heimlich eine sechsundzwanzigjährige Geliebte hatte, und das im Alter von dreiundsiebzig Jahren.

In jüngerer Zeit geriet Yogi Amrit Desai, der Begründer des Kripalu Yoga, in Schwierigkeiten, viele Jahre nachdem er das Kripalu Center for Yoga and Health in Massachusetts als eines der größten Yoga-Retreat-Zentren in Nordamerika mit Niederlassungen in Europa und Indien gegründet hatte. Desais Lehren erlaubten Sex in der Ehe, er war selbst verheiratet, aber unverheiratete Anhänger mussten enthaltsam leben. Seine Philosophie fiel in sich zusammen, als sich herausstellte, dass er mindestens drei unverheiratete Frauen als Geliebte hatte. Ehemalige Anhänger erhielten schließlich mehr als 2,5 Millionen Dollar Schadenersatz, nachdem Desai mehrere Affären gestanden hatte.

Die Frage ist: Was kann man gegen sexuelles Fehlverhalten tun? Wie gehen wir damit um? Im dunkelsten Moment auf meinem Weg fand ich Buddhas dritte Lehre über sexuelles Fehlverhalten am hilfreichsten.

Thich Nhat Hanh ist ein vietnamesischer zen-buddhistischer Mönch, international bekannt als Lehrer, Autor, Dichter und Friedensaktivist. Er lebt im Kloster Plum Village in der Dordogne in Südfrankreich. In seinem Buch *For a Future to Be Possible: Kommentare zu den fünf Achtsamkeitstrainings,* hat Thich Nhat Hanh die dritte Achtsamkeitslehre des Buddha neu übersetzt:

> Im Bewusstsein des Leidens, das durch sexuelles Fehlverhalten verursacht wird, verpflichte ich mich, Verantwortung zu übernehmen und Wege zu finden, um die Sicherheit und Integrität von Individuen, Partnern, Familien und der Gesellschaft zu schützen. Um das Glück von mir und anderen zu bewahren, bin ich entschlossen, meine Verpflichtungen einzuhalten. Ich werde alles in meiner

Macht Stehende tun, um Kinder vor sexuellem Missbrauch zu schützen und zu verhindern, dass Paare und Familien durch sexuelles Fehlverhalten zerbrechen.[58]

Thich Nhat Hanh befürwortet, alles zu tun, was wir können, um die Opfer zu schützen und zu heilen. Das gilt auch für die Täter, weil diese krank sind und sie, wenn ihnen nicht geholfen wird, ähnliche Verbrechen an der nächsten Generation begehen werden.

Diese Einladung zur Teilnahme an einer Form des spirituellen Aktivismus berührt mein Herz, und so habe ich als Teil meines eigenen Beitrags einen Anhang in dieses Buch aufgenommen, in dem beschrieben wird, wie wir helfen können, einschließlich der Unterstützung ehrlicher NGOs (Nichtregierungsorganisationen), die Menschen unterstützen, die in sexueller Ausbeutung gefangen sind.

Trotz aller hier aufgeführten Skandale sehe ich sowohl Tantra als auch Yoga immer noch als wertvolle Ergänzung zu unserem westlichen Lebensstil. Aus eigener Erfahrung weiß ich, dass meine eigenen Kurse, die als „Westliches Neo-Tantra" bezeichnet werden können, denen, die eine tiefere Verbindung zwischen Sexualität und Spiritualität suchen, echte Heilung bieten können.

Tantra hat eine lange Geschichte. Der Begriff Tantra in seiner ursprünglichen Form wurde in Indien verwendet, um „eine Lehre zur Erweiterung des Bewusstseins" zu bezeichnen. So wurden erleuchtete Wesen wie Gautam Buddha zu ihrer Zeit als *Tantrikas* bezeichnet, obwohl der vom Buddha in den Achtfachen Pfad eingeführte *Bhikkhu* verpflichtet war, auf die Welt und all ihre Freuden, einschließlich Sex, zu verzichten.

Gautam Buddha hat jedoch vielleicht heimlich sexuelles Tantra gelehrt. In ihrem bahnbrechenden Buch *Passionate Enlightenment* entdeckte Miranda Shaw, nachdem sie eine Reihe alter und originaler tantrischer Manuskripte studiert hatte, dass Gautam Buddhas Lehren

---

[58] Ich kann hier nur eine kurze Zusammenfassung geben, und empfehle den gesamten Text zu lesen: Thich Nhat Hanh, For a Future to Be Possible (Berkeley, CA: Parallax Press, 1998)

den tantrischen Weg mit YabYum-Praktiken für fortgeschrittene Praktizierende empfahlen.

Zum Beispiel wird im Candamaharosana-Tantra gesagt: „Da Menschen des ‚niederen Glaubens' die Lehren über sexuelle Praktiken als Weg der Befreiung nicht verstehen oder davon profitieren werden, verbirgt er sie sorgfältig und lehrt die echte Wahrheit heimlich und bewahrt die höchste Lehre für die seltene Person von höherem Glauben und Eifer, die schnell die wahre Buddhaschaft erlangen will."[59]

Sicherlich waren im achten Jahrhundert n. Chr. Tantra und die Lehren Buddhas eng miteinander verbunden. Padmasambhava, ein erleuchteter Mystiker, war der Erste, der sowohl den Buddhismus als auch das Tantra nach Tibet und Bhutan brachte, wo er heute noch verehrt wird, vielleicht an zweiter Stelle gleich nach Gautam Buddha selbst.

Wie in Kapitel neun besprochen, war Padmasambhava der geliebte Guru von Lady Yeshe Tsogyal, seiner Gemahlin und der ersten Himmelstänzerin. Es wird gesagt, dass sie sich für lange Zeit als Einsiedler in Höhlen zurückgezogen haben, wo sie fortgeschrittene YabYum-Techniken praktizierten. Yeshes Erwachen geschah im Kloster in Bhutan, bekannt als das Tigernest, während sie die YabYum-Meditation praktizierte.[60]

In den siebziger Jahren kamen die Lehren des Tantra durch Übersetzungen und Kommentare zu indischen Sanskrit-Sutras in den Westen, einschließlich Oshos Diskurse über das klassische *Vigyan Bhairav Tantra*, oder seine 112 Meditationsmethoden, die er *Das Buch der Geheimnisse* nannte.

---

[59] Siehe *Passionate Enlightenment* von Miranda Shaw (Princeton, NJ: Princeton University Press, 1994).

[60] Gyalwa Changchub und Namkhai Nyingpo, *Lady of the Lotus-Born: The Life and Enlightenment of Yeshe Tsogyal* (Boston, MA: Shambhala Publications, 1999) über die YabYum-Erleuchtungspraxis.

Andere Kommentatoren waren Lilian Silburn, Daniel Odier oder Lorin Roche, Letzterer verfasste auch eine neue und exquisite Übersetzung des *Vijnana Bhairava Tantra* namens *The Radiance Sutras*.

Es bietet ein hervorragendes Beispiel für einen neuen tantrischen Stil des „ekstatischen Schreibens" oder der sublimen Sprache. Heute akzeptieren viele Menschen die Idee, dass eine Person durch die Disziplin und Praxis des Tantra eine glückselige Verbindung mit dem Göttlichen erleben kann, unabhängig von jeder religiösen Organisation, dem Glauben oder Dogmen.

Im Falle meines eigenen Ansatzes studierte ich Tantra und vermischte diese uralte Weisheit mit einer großen Anzahl von therapeutischen Prozessen, die von Gestalt, Bioenergetik, Massage, Begegnung, Rolfing, emotionaler Befreiungsarbeit und vielem mehr inspiriert waren. Diese westlichen Werkzeuge wurden sozusagen in den Dienst des neotantrischen Ziels des sexuell-spirituellen Erwachens gestellt. Oft waren sie präventiv und halfen uns allen, geerdet und gesund zu bleiben, während sie mächtige Energien aufriefen, die durch die Chakren geleitet und transzendiert werden sollten.

Wenn ich am Menschen arbeite, gibt es für mich zwei Wege. Der eine ist, sich der Situation, in der sich jemand befindet, ohne Umschweife zu stellen und mein Bestes zu tun, um bei der Heilung einer bestimmten Wunde zu helfen. Der andere ist, die Teilnehmer zurück zu ihrer eigenen inneren Quelle der Stärke und Reife zu führen, von wo aus sie selbst entscheiden können, was sie wollen und was gut für sie ist.

Die Grundlage all meiner Arbeit ist die Beseitigung der sexuellen Schuld und die Rückforderung des grundlegenden Menschenrechts, Freude als Teil des Weges zum Erwachen durch Meditation, Mantras und andere heilige Praktiken zu empfinden, was einen fundamentalen Heilungsprozess in Gang setzt.

Deshalb waren die ersten Tantra-Gruppen im Osho-Ashram so wichtig. Nichts blieb unausgesprochen oder verborgen. Alles konnte aufgedeckt, herausgeschrien, enthüllt werden. Jede Emotion konnte ausgedrückt und aufgelöst werden. Tabus konnten angesprochen, herausgefordert und geheilt werden. Der Boden wurde sozusagen von Unkraut und anderen Hindernissen befreit, damit die Rose des Tantra erblühen konnte.

Wenn ich auf mein Leben als Tantra-Lehrerin zurückblicke, fühle ich, dass mich die Existenz auf eine Achterbahnfahrt durch Hölle und Himmel geschickt hat. Ich durchlief das gesamte Spektrum, versuchte die wildesten Dinge.

Am Ende lehrte mich die Hölle das Loslassen, während der Himmel mir Glückseligkeit und Dankbarkeit gab.

Ich hatte das Privileg, die erste Lehrerin des modernen Tantra zu sein, und den ganz normalen Menschen in den westlichen Ländern eine neue Form von Tantra-Praxis zu lehren. Ich war, in den Worten eines Freundes, „die Stimme des Ursprungs".

Was ich gelernt habe

Indem ich mich so sehr darauf konzentrierte, Tantra als Weg zur Glückseligkeit zu lehren, wurde mir klar, dass ich das Leiden der Menschheit vernachlässigt hatte, besonders derjenigen, die Opfer von sexuellem Missbrauch wurden. Das hat sich geändert.

Nun möchte ich allen, die an der Heilung der Sexualität interessiert sind, sagen: Wir müssen uns bewusst sein, was um uns herum geschieht, und uns in Aktivitäten einbringen, die helfen, die Dinge zu verändern. Die Zeit, unsere Köpfe in den Sand zu stecken, ist vorbei.

Wir brauchen den Mut, uns der tatsächlichen Wahrheit des sexuellen Missbrauchs zu stellen. Nehmen wir in diesen intensiven Zeiten eine Haltung ein, die etwas bewirken und dazu beitragen kann, die Welt zu einem besseren Ort zu machen (siehe Anhang 1).

In meinen Gruppen spreche ich ein Gebet, um uns alle daran zu erinnern, unsere Übungen zum Erreichen der Glückseligkeit zur Heilung der Herzen von Männern und Frauen auf der ganzen Welt einzusetzen. Wir beten, dass sie alle in einer Schwingung von Liebe, Respekt und Würde miteinander umgehen und die Kinder schützen. Ist es nicht so, dass das Menschsein dazu bestimmt ist? Ist es nicht das, wonach wir alle streben?

Was das Tantra betrifft, so möchte ich denen, die ihre Reise beginnen, Folgendes sagen: Wählen Sie Ihren Tantra-Lehrer gut aus. Denken Sie daran, dass jede Art von Unterrichtssituation, ob traditionell oder innovativ, ob Yoga oder Tantra, ausgenutzt werden kann.

Achten Sie auf Anzeichen dafür, dass Ihre Lehrer ihren Worten Taten folgen lassen. Nehmen Sie sich die Zeit, ihre Bücher zu lesen. Sammeln Sie Eindrücke von ihren Schülern und finden Sie heraus, ob sich das Leben dieser Menschen zum Besseren verändert hat.

Der wahre Schutz besteht darin, sich selbst zu vertrauen, seinem eigenen Herzen zu folgen, aus Erfahrung zu lernen und die Augen weit offen zu halten. Fehler werden passieren, aber so lernen wir und werden reif. Verschenken Sie Ihre Kraft nicht für ein Yoga-Asana oder ein Schäferstündchen!

Die Praxis: Atishas Herzmeditation

Atishas Herzmeditation ist die Quintessenz aller tantrischen Meditationen, die mit der Unschuld des Herzens arbeiten. Sie hat die Kraft, selbst das dunkelste Elend in Liebe und Licht zu verwandeln. Diese Meditation wurde von Atisha, einem Tantra-Meister, entwickelt, der im elften Jahrhundert n. Chr. in Indien in eine Königsfamilie geboren wurde. Nach seiner Erleuchtung lehrte Atisha hauptsächlich in Tibet und ist aufgrund seines Einflusses auf die Dzogchen-Lehren immer noch sehr beliebt.

Ich habe diese Meditation selbst praktiziert, und ich weiß, dass sie funktioniert. Atishas Herzmeditation kann täglich zehn bis dreißig Minuten lang durchgeführt werden. Im Idealfall sollte dies einundzwanzig Tage hintereinander erfolgen.

Hier sind die Schritte der Übung:

- Zünden Sie eine Kerze an und schaffen Sie einen heiligen Raum.

- Sitzen Sie in einer bequemen Position, mit geradem Rücken. Bringen Sie Ihr Bewusstsein zu Ihrem Herzchakra in der Mitte Ihrer Brust.
- Konzentrieren Sie sich auf eine Person, der Sie helfen möchten, oder auf eine Gruppe von Menschen oder auf die Welt. Stellen Sie sicher, dass Sie einen klaren Fokus auf das haben, was Sie verändern wollen, damit Ihre Energie zielgerichtet ist.
- Atmen Sie bei jedem Einatmen das ganze Leiden der Welt in Ihr Herz ein. Sehen und fühlen Sie dieses Leiden, das in Form einer dunklen Wolke in Ihr Herz eindringt. Wenn sie in Ihr Herz eingedrungen ist, beobachten Sie, wie diese dunkle Wolke aufgelöst und in Licht umgewandelt wird.
- Atmen Sie bei jedem Ausatmen Liebe, Licht und Mitgefühl für die gesamte Menschheit aus.
- Wenn Sie sich auf ein bestimmtes Individuum konzentrieren, richten Sie das Licht und die Liebe auf das Herz der Person, die Sie heilen.
- Atmen Sie für den Zeitraum, den Sie gewählt haben, weiterhin die Dunkelheit ein und Liebe und Licht aus – sogar fünf Minuten helfen. Das Leiden, das Sie einatmen, wird durch das Herzprinzip umgewandelt. Wenn Sie Liebe und Mitgefühl ausatmen, erleben Sie die Wohltat dieser Verwandlung sowohl innerhalb als auch außerhalb.
- Enden Sie mit einem Namasté für die Welt oder für die Person oder Gruppe, auf die Sie sich konzentriert haben.

Atishas Herzmeditation kann auch an Ihnen selbst auf folgende Weise praktiziert werden:

Wenn Sie sich elend fühlen, stellen Sie sich vor, dass Sie vor sich selbst sitzen. Sehen Sie sich selbst klar und deutlich vor sich, wie Sie dort sitzen, auf einem Kissen vor Ihnen. Üben Sie folgendermaßen:

Atmen Sie das Missgeschick und das Leiden dieser Person (Sie) ein.

Atmen Sie Liebe und Licht zu dieser Person (Ihnen) aus.

Sie werden überrascht sein, wie effektiv dies sein kann, um eine dunkle Stimmung in Frieden und Liebe zu verwandeln. Ich empfehle einen Drei-Wege-Fokus, der insgesamt dreißig Minuten dauert: Zehn Minuten lang konzentrieren Sie sich ganz auf sich selbst. Zehn Minuten lang auf eine nahestehende Person und zehn Minuten auf die Welt.

Ich hörte zum ersten Mal 1979 in Indien während einer Vortragsreihe, die Osho über Atisha mit dem Titel *The Book of Wisdom* hielt, von dieser Meditation. Osho sagte: „In dem Moment, in dem du alle Leiden der Welt in dich aufnimmst, sind sie keine Leiden mehr. Das Herz wandelt die Energie sofort um. Das Herz ist eine verwandelnde Kraft: trinkt man Elend, wird es in Glückseligkeit verwandelt. Dann schüttet man es aus. Sobald du gelernt hast, dass dein Herz dieses Wunder vollbringen kann, möchtest du es immer wieder tun.[61]

In jedem ruhigen Moment, in dem du atmest, fließt der Atem ein und verweilt von selbst, kümmere dich um das Leiden der Welt.
Schätze den Platz in deinem Herzen, wo die Dunkelheit sich in Licht verwandelt.
In jedem ruhigen Moment, in dem du atmest, strömt der Atem aus und verweilt von selbst, dehnt das Ausgestrahlte in exquisite Weiten aus, ohne Anfang und ohne Ende.
Nimm diese schimmernde Unendlichkeit vorbehaltlos an.
Tauche in sie ein, trinke tief, und tauche verwandelt auf.[62]

---

[61] Osho, *The Book of Wisdom* (New York: Osho International Foundation, 1979, 2009).

[62] Margots Sutra ist Atishas Herzmeditation gewidmet und inspiriert von Lorin Roche.

Kapitel 12
Das Erwachen

Glückseligkeit ist deine wesentliche Natur. Sie kann nicht auf eine einzige Herkunft beschränkt werden.

Liebe ist eine Eigenschaft des eigenen Seins. Sie kann nicht organisiert werden.

Meditation ist eine Inspiration, die aus dem Jenseits kommt. Sie kann nicht auf eine Tradition beschränkt werden.

Unsere größten Qualitäten sind zutiefst persönlich und privat, aber dennoch spüren die meisten von uns die Vorteile der Zugehörigkeit zu einer Sangha, einer Gruppe von Menschen, die an den gleichen spirituellen Praktiken teilhaben.

Wenn wir in einer Gruppe üben, schaffen wir ein Feld subtiler Frequenzen, ein „Buddha-Feld" der Energie und des Bewusstseins, das uns schneller durch unsere Widerstände tragen kann. Wenn ein paar Menschen in einer Gruppe erleuchtet werden, kann das eine ansteckende Schwingung verbreiten, die den anderen hilft, ihr eigenes Potenzial zur Glückseligkeit zu erfahren.

Ich glaube, deshalb hat sich mir das SkyDancing Tantra offenbart. Es ist ein Weg, der eine unterstützende Umgebung für den Einzelnen bietet, um die eigene Wahrheit zu erforschen und Liebe und Glückseligkeit miteinander zu teilen.

Die Abenteuer, die ich in diesem Buch beschrieben habe, führten alle auf die eine oder andere Weise zu meiner Einweihung in den Weg des Himmelstanz-Tantra und dazu, mein Verständnis von Tantra mit der Welt zu teilen. Das ultimative Ereignis meiner persönlichen Reise, das in diesem Kapitel beschrieben wird, war mein Erwachen. Paradoxerweise, nach all dem Suchen und Streben, all meinen Bemühungen, einen Sinn zu finden, kam dieses Erwachen auf unerwartete Weise.

Es war, als ob mein Bedürfnis, einen Weg und eine Methode zu finden, nur existierte, damit ich über alle Wege und alle Methoden hinausgehen konnte.

Aber wollen wir der Reihe nach vorgehen.

Da das vorherige Kapitel uns von Angesicht zu Angesicht mit der Schattenseite des Tantra gebracht hat, hoffe ich, in diesem letzten Kapitel zu vermitteln, wie mir die positiven Aspekte der Lehren offenbart wurden, insbesondere meine Entdeckung des Tantra als Seitenlinie.

Seit dem Beginn meines Liebeslebens habe ich erkannt, dass wir viele Dimensionen bewohnen, einschließlich schwer fassbarer Dimensionen, die sich in Träumen oder Visionen offenbaren. Dabei handelt es sich um Aspekte des Bewusstseins, die existieren, ohne in einem physischen Körper verankert sein zu müssen.

Ich finde es interessant, die Möglichkeit zu akzeptieren, dass man von einer Dimension zur anderen navigieren kann. Darüber hinaus gibt es in der tantrischen Literatur viele Beispiele von aufgeklärten „Unterstützern“[63], die sich noch nicht in einem physischen Körper befinden und ihre Hilfe dem Praktizierenden vermitteln können, der in tiefer Meditation offen für die Aufnahme von Kommunikation ist.

Dies geschieht durch subtile Mittel wie intuitive Führung, diese innere Stimme, die wir alle ab und zu hören – und auch Visionen und Erscheinungen. Unsere kulturelle und religiöse Geschichte ist voll von Erzählungen über unerwartete Erscheinungen spiritueller Führer. Schließlich hat die Jungfrau Maria auf diese Weise zum ersten Mal die Botschaft des Heiligen Geistes über die Ankunft Jesu empfangen.

Für mich ist das SkyDancing Tantra aus einer ersten Offenbarung während des Liebesaktes entstanden, gefolgt von verschiedenen

---

[63] Siehe *Passionate Enlightenment* by Miranda Shaw (Princeton, NJ: Princeton University Press, 1994).

Übermittlungen, die dem Weg die Richtung gaben und meine Mission innerhalb der Seitenlinie offenbarten. Sie wurden während außerkörperlicher Erfahrungen vermittelt, die ich in Kürze beschreiben werde.

Diese Initiationen öffneten Fenster in meiner Seele. Plötzlich wurden mir unermüdlich neue Landschaften offenbart, besonders die himmelstanzende Seitenlinie, die im alten Tibet ihren Ursprung hatte. Wie wir bereits besprochen haben, war der erste SkyDancer, der jemals in den ins Englische übersetzten Schriften erwähnt wurde, die Dakini Yeshe Tsogyal, Gemahlin von Buddha Padmasambhava, die um das achte Jahrhundert n. Chr. lebte, hauptsächlich in Tibet, Indien und Bhutan.

Damals bestand eine Seitenlinie aus einem umfangreichen Wissen über die Wissenschaft der Erleuchtung, das auf mündlichen Übertragungen, Schriften, detaillierten Ritualen und über Jahrhunderte etablierten Protokollen basierte. Oft wurden diese durch Tertöns oder spirituelle Schätze offenbart, die in der Natur vergraben oder versteckt waren, bis viele Jahrhunderte später ein bestimmter spiritueller Praktizierender sie in Form einer Vision erhielt. Erst als deren Zeit gekommen war, wurde es als eine Praxis übertragen.

Als das Tantra in den späten 70er und frühen 80er Jahren in den Westen kam, änderte sich das alles. Das kodifizierte und sorgfältig strukturierte Wissen wurde viel flexibler, flüssiger und, wenn ich so sagen darf, amüsanter. Es war ein bisschen wie ein ernsthafter alter Weiser, der eine kokette, junge Frau besucht, oder wie die verrückte Weisheit des tantrischen Meisters Drukpa Kunley aus Bhutan, der es genoss, Sex und Meditation zu vermischen, um einen Ort von Dämonen zu befreien.[64] Auch wenn nur zehn Prozent des traditionellen Tantra mit Lehren über Sexualität zu tun hatten, wurden sie im Westen zum Hauptaugenmerk, wahrscheinlich, weil Sex viel zu lange vom Geist getrennt war und es an der Zeit war, die Schuld und Scham zu heilen, die unsere Glückseligkeit erstickte.

---

[64] Siehe *The Divine Madman*, übersetzt von Keith Dowman und Sonam Paljor (Middletown, CA: Dawn Horse Press, 1998).

Dieser Fokus auf Sex ist keine schlechte Sache, aber er bleibt nicht ohne Folgen. Als Gründer des *SkyDancing Tantra Love and Ecstasy Training* verdanke ich der SkyDancing Seitenlinie viel, was die Umwandlung von sexueller Energie in Glückseligkeit betrifft.

Während ich die Mission, es zu lehren, an die jüngeren Generationen weitergebe, trete ich auch davon zurück, die „Begründerin eines neuen Weges" zu sein und die Hauptrepräsentantin des Himmelstanz-Tantra. Jetzt wird diese einzigartige Schule umgebaut. Jetzt sehen jüngere Menschen dieses Geschenk als eine Methode, die sie üben und lehren können.

Ist es möglich, an einem Kurs teilzunehmen, eine Methode zu erlernen, sie mit anderen Techniken zu mischen, um sie zur eigenen zu machen, den eigenen einzigartigen Stil zu entwickeln, aus eigener Kraft zu unterrichten und trotzdem zu behaupten, dass man eine Tradition fortführt?

Ich weiß es nicht. Ich nehme nicht an, dass ich eine Autorität auf diesem Gebiet bin. In der Vergangenheit war es leicht, darauf zu bestehen, dass eine Methode, zumindest was das Tantra betrifft, in ihrer reinen, unverfälschten Form weitergegeben werden musste, um den Segen der Meister zu erhalten, die diese Tradition geschaffen haben.

Das hat sich geändert. Im Westen gibt es heute eine Art Diaspora von Methoden: Fragmente wurden von unterschiedlichen Lehrern zusammengesetzt, um dann als ganze Bewegung bequem unter dem Namen Tantra zusammengefasst zu werden.

Meine persönliche Reaktion auf diese Entwicklungen reicht von Beunruhigung bis hin zur Akzeptanz. Beunruhigung, weil alles so beiläufig erscheint, verglichen mit der Ernsthaftigkeit, Hingabe und Geduld, die erforderlich sind, um eine Tradition und eine Lehre zu verkörpern. Akzeptanz, weil ich in meinem eigenen Herzen weiß, dass wesentliche Eigenschaften wie Glückseligkeit, Liebe und Meditation keiner Linie zugeordnet werden können. Sie existieren außerhalb der Box.

Es hängt alles vom inneren Durst des Einzelnen ab, von der Intensität seiner spirituellen Suche, von der Disziplin in der regelmäßigen spirituellen Praxis und vielen anderen Elementen.[65] Mit anderen Worten, es liegt an einem selbst. Wenn man tief in deine eigene Natur eintauchen will, wird man seinen Weg finden. Nichts kann einen daran hindern. Bevor ich jedoch die Zügel der Linie loslasse, möchte ich erklären, wie ich in den Besitz einiger wichtiger Schlüssel des SkyDancing Tantra kam.

Eines Tages erhielt ich ein Schriftstück von meinem Freund Lama, dem Dzogchen-Lehrer, den ich in Kapitel neun erwähnte. Lama sagte mir, dass dies eine wichtige Reinigungspraxis zur Vorbereitung auf YabYum sei.[66]

Mit diesem Mantra verbunden war die Visualisierung des Vajrasattva-Buddhas mit der Dakini „Große Würde", die auf seinem Schoß in der YabYum-Position saß, wobei das Bija-Mantra ständig in ihren Herzen zirkulierte und reines weißes Licht aus ihren Körpern strömte. Man muss sie aus der Perspektive oberhalb der Köpfe des übenden Paares visualisieren. Ihr Licht fällt durch jedes der Chakren der Partner und reinigt sie. Schließlich senken sich die Gottheiten sanft durch das Kronenchakra der Praktizierenden hinab, die auf diese Weise zu den sich umarmenden Gottheiten werden.

Das Rezitieren dieses Hundert-Silben-Mantras soll dem Praktizierenden großen Nutzen bringen und hat die Wirkung, Hindernisse, widersprüchliche Emotionen und ungelöste karmische Schulden zu beseitigen. Einfach ausgedrückt, lädt das Hundert-Silben-Mantra den Segen des Buddha und der Dakini als Mittel der Reinigung in das eigene Wesen ein.

Diese Meditation kann sowohl von einer einzelnen Person als auch von einem Paar ausgeübt werden.

---

[65] Siehe *Secret of the Vajra World: The Tantric Buddhism of Tibet* by Reginald A. Ray (Boston, MA: Shambhala, 2002).

[66] Siehe Anhang 2. Diese Praxis wird im dritten Zyklus des Love and Ecstasy Training des SkyDancing Tantra durchgeführt.

Bis zu diesem Zeitpunkt hatte ich von dem Mantra gewusst, aber ich hatte mich nicht wirklich dafür interessiert. Für mich war es nicht mehr als eine andere tibetische Praktik.

Als ich Lamas Brief erhielt, hatte ich gerade die Möglichkeit, eine Gruppe in Südfrankreich an einem meiner Lieblingsorte zu leiten. Mein Partner war abgereist, um seine Familie in der Schweiz zu besuchen, und ich begann eine Periode des stillen Rückzugs, in der ich nur Obst aß und nur Wasser trank.

Mein Zimmer hatte einen Balkon mit zarter Schmiedearbeit und einem pfirsichfarbenen Terrakotta-Boden mit Blick auf die Berge der Provence. Das Ziegeldach unter dem Balkon beherbergte zahlreiche Vögel. Sie zwitscherten den ganzen Tag und erfüllten den Ort mit Leichtigkeit und Freude.

Ich gestaltete einen speziellen Meditationsort auf dem Balkon, legte eine dicke Bettdecke auf den gefliesten Boden und bedeckte sie mit Kissen. Zuvor hatte mir ein Freund ein Foto von Dilgo Khyentse Rinpoche geschenkt, der, so hieß es, dreißig Jahre lang in Berghütten und Höhlen in Tibet und Bhutan meditiert hat. Er trug traditionelle buddhistische orangefarbene Gewänder und blickte geradeaus, wie direkt in die Kamera, mit einem sanften Lächeln auf seinem Gesicht.

Ich stellte das Bild auf einen niedrigen Tisch mit Blick auf meinen Meditationssitz. Nachdem ich mich in eine bequeme Halblotushaltung gebracht hatte, schloss ich meine Augen und begann langsam durch die Nase zu atmen und fokussierte mich auf die kühle Luft, die beim Einatmen einströmt, und die warme Luft, die beim Ausatmen ausströmt.

Der Schlüssel zu dieser Technik ist, dass es unmöglich ist, sich von Ihren Gedanken davontragen zu lassen, wenn Sie Ihre Atmung beobachten. Stattdessen werden Sie sich selbst als Bewusstsein wahrnehmen, alles miterleben, wie ein Zuschauer, der auf einem Balkon sitzt: Das Leben, die Gedanken, Gefühle und Geräusche in all ihren bunten Formen und beobachten wie all das über den Bildschirm Ihres Geistes zieht, während er im Atem verankert bleibt.

Eines Tages nach Beginn des Rückzugs saß ich mit geschlossenen Augen da, als ich einen plötzlichen Ruf spürte, sie zu öffnen. Als ich das tat, fand ich mich Auge in Auge mit Dilgo Khyentse wieder, der mich von dem Foto aus anstarrte.

Ich sah mit meinem inneren Auge (dem „dritten Auge", das sich genau zwischen den Augenbrauen befindet) einen Energiestrahl aus dem Bild auf mich zukommen. Es fühlte sich an, als würde Dilgo Khyentse mir seinen Segen schicken. Ich dachte nicht weiter darüber nach. Ich schloss meine Augen wieder und kehrte zu meiner Meditation zurück, richtete meine Konzentration nach innen und verlangsamte meine Atmung.

Plötzlich erschien Dilgo Khyentse Rinpoche hinter meinem dritten Auge. In dieser Vision stand er auf meiner linken Seite, blickte zu mir und hielt ein Schwert. Mit einem schnellen Schwung des Schwertes schnitt er mir den oberen Teil meines Kopfes ab, der nun wie ein offener Topf aussah. Dann goss Dilgo Khyentse etwas in meinen Kopf. Es dauerte eine Weile, bis ich verstand. Er goss Sanskrit-Buchstaben in meinen Körper, durch meine Schädeldecke, vergleichbar mit denen, die auf die Gebetsmühlen gemalt waren, die ich in Bhutan gesehen hatte. Dilgo Khyentse goss und goss. Dann schloss er sozusagen den Topf, legte den Deckel wieder auf meinen Kopf und verschwand.

Nun begann sich ein Mantra, ein langes Mantra, in meinem Wesen zu entfalten. Es wurde rezitiert. Oder rezitierte es sich selbst? Ich habe es zweifellos rezitiert – und doch habe ich nichts getan. Das geschah nicht aus eigenem Antrieb. Wie könnte es auch? Ich hatte dieses Mantra noch nie zuvor gehört. Es war ein Geschenk von Dilgo Khyentse. Es war das Hundert-Silben-Mantra.

Von diesem Moment an rezitierte sich das Mantra Tag und Nacht, ununterbrochen, wie eine Gebetsmühle, die ständig in mir gedreht wurde, mit innerem Nachhall. Etwas sagte mir, dass dies ein Beitrag zu einer tiefen Reinigung dessen war, was die Buddhisten *Samskara*-Verunreinigungen nennen, wie zum Beispiel unbewusste egoistische Tendenzen, Neid, Wut, Eifersucht und alte Ressentiments, sowie körperliche Spannungen und Verkrampfungen, die diese Leidenschaften in meinem Körper hinterlassen hatten.

Das Mantra funktionierte ähnlich wie ein Abflussreiniger, der zur Reinigung verstopfter Rohre in der Sanitärbranche verwendet wird. Es war ein magischer, aber keineswegs komfortabler Prozess, da er mich zwang, mir in meiner Vergangenheit unerledigte Angelegenheiten anzusehen, die ich bequemerweise „vergessen" hatte. Ein großes Problem, dem ich mich stellen musste, war die Angst, dass ich nicht für das geliebt werde, was ich bin, sondern für das, was ich darstelle. Die Angst, von denen, die behaupteten, mich zu lieben, als Sprungbrett in eine andere Welt benutzt zu werden. Ich sah mir alles an. Dann ließ ich es los.

Allmählich begann ich, eine immense Dankbarkeit für diesen bemerkenswerten Prozess zu empfinden, der die meiste Zeit völlig unabhängig von meinem Willen oder sogar meiner Aufmerksamkeit ablief.

Am vierten Tag des Rückzugs, am späten Nachmittag, klopfte es an der Tür. Ich öffnete sie und mein Freund kam herein. Sergio sah erschöpft aus. Sein schulterlanges, lockiges, schwarzes Haar hing wirr herunter. Sein Gesicht war mit mehreren tagealten Bartstoppeln bedeckt und er hatte dunkle Ringe unter seinen Augen. Mit anderen Worten, dieser meist dynamische 28-Jährige sah ausgesprochen schlaff und mitgenommen aus. Sergio sollte erst in drei Tagen ankommen, und um ehrlich zu sein, war ich nicht sehr glücklich, ihn zu sehen. Wir teilten das Zimmer und er hatte keine andere Unterkunft. Außerdem wirkte er sehr deprimiert. Es schien, als ob sein Geist in einem Sumpf stecken geblieben wäre oder unter Nebelschichten begraben wäre.

Ich fühlte mich gespalten. Ein Teil von mir wollte ihm helfen und ein Teil von mir wollte, dass er geht, damit ich meinen Rückzug fortsetzen konnte.

Das Mitgefühl siegte. Natürlich wurde ich aus meinem Prozess herausgeholt. Das Mantra trat leise in den Hintergrund, und für einige Tage trug ich zur Heilung Sergios bei, indem ich ihm zuhörte, als er über seine Familienprobleme sprach.

Während ich ihn in meinen Armen hielt, fragte ich mich, ob das Hundert-Silben-Mantra zweckmäßigerweise zu ihm „überspringen" und bei dem Prozess helfen könnte. So viel Glück hatte ich nicht! Es gab keine Abkürzungen. Ich musste geduldig sein, mit meinem Geliebten voll präsent sein und helfen, wo immer etwas spontan auftauchte.

Ich sah mich mit einem existenziellen Dilemma konfrontiert. Ich erkannte, dass bei mehreren Gelegenheiten in der Vergangenheit, wann immer ich tief meditierte und mich zufrieden fühlte, genau in diesem Moment mein Partner auftauchte und versuchte, das Territorium für sich in Anspruch zu nehmen, indem er seinen emotionalen Besitz an dieser Shakti behauptete, die ganz allein absolut glücklich gewesen war.

Ist es nicht so, dass Männer, insbesondere verliebte Männer, dafür sorgen wollen, dass die Dame ihres Herzens wegen ihnen glücklich ist, nicht unabhängig von ihnen? Falls dem nicht so ist, werden sie zumindest versuchen, sie auf ihre eigene, vertraute Bewusstseinsebene zu bringen, damit sie sich sicherer fühlen und glauben können, dass „wir die gleiche Sprache sprechen".

Die Wahrheit ist, dass man im Zustand der Glückseligkeit, wenn die innere Sonne scheint, niemanden oder gar nichts braucht. Man ist allein und erfüllt. Das ist wahre Freiheit und für mich der attraktivste aller Zustände. Nun, es ist kein Zustand, sondern unsere allgegenwärtige Quelle – ein Kitzeln, ein Verlangen, der Welt zu dienen, und Liebe zum Abenteuer - alles in einem.

Glücklicherweise führten meine beruflichen Verpflichtungen oft zu unerwarteten Eskapaden, die für mich von besonderer Bedeutung waren. Zum Beispiel wurde ich eingeladen, auf einem Gesundheitskongress in Toronto zu sprechen. Infolgedessen nahm ich unerwartet an einer Kalachakra-Zeremonie teil, die vom Dalai Lama durchgeführt wurde. Die Kalachakra war eine einwöchige Zeremonie mit etwa tausend Teilnehmern, denn obwohl Kalachakra eine fortgeschrittene, höchst esoterische Praxis im tibetischen tantrischen Buddhismus ist, gibt es eine Tradition, sie einem großen öffentlichen Publikum zugänglich zu machen, so dass alle profitieren können.

Die Zeremonie ist vollgepackt mit tantrischer Symbolik. Historisch gesehen soll die ursprüngliche Kalachakra-Tantra-Lehre von Gautam Buddha Suchandra, Herrscher des mythischen Königreichs Shambala, zur Reinigung erschaffen worden sein. Er wollte wohl wissen, wie man den Dharma praktiziert, ohne auf weltliche Verantwortung und sexuelles Vergnügen mit seinen Frauen zu verzichten.

Bei der Zeremonie in Toronto unterrichtete der Dalai Lama das Kalachakra hauptsächlich auf Tibetisch, und es gab einen englischen Übersetzer. Irgendwann während der Zeremonie wurde Seiner Heiligkeit eine Lotusblume überreicht. Er nahm ein Blütenblatt von der Blume, hielt es hoch und ließ es dann auf ein großes Mandala fallen, das von Mönchen auf den Boden der Halle gemalt worden war.

Mandalas sind kraftvolle Bilder oder vielmehr visuelle Landkarten des Bewusstseins, die aus hochdekorativen und komplizierten Mustern bestehen, aus farbigem Sand hergestellt werden und verschiedene Aspekte des Universums symbolisieren, sowohl geistig als auch zeitlich.

Der Dalai Lama ließ das Lotusblütenblatt dahin fallen, wo es hinwollte, da er wusste, dass die Position, in der es auf dem Mandala landete, ihm, den Mönchen und uns allen eine bestimmte Bedeutung vermitteln würde.

Es wurde bekanntgegeben, dass das Blütenblatt auf die südliche Wohnstätte von Buddha Ratnasambhava gefallen war, einem der fünf Dhyani Buddhas, die als Hüter der Besinnung dienen. Ratnasambhava inspiriert Gleichmut und hilft uns, die Leidenschaften von Gier und Stolz zu zerstören.

Kurz darauf gingen mehrere Lamas, die sich um Seine Heiligkeit kümmerten, die Reihen entlang und gaben jedem von uns ein Lotusblatt und einen roten Faden als Segen des Dalai Lama.

Als ich das Lotusblatt und den Faden erhielt, schaute mir der vor mir vorbeiziehende Lama in die Augen, lächelte und legte seine Hand sanft auf die Krone meines Kopfes.

Etwas geschah. Ich fand mich an meinem Stuhl festgeklebt wieder, meine Augen geschlossen und fiel in eine Meditation und Offenbarung, die ich nie vergessen werde.

Zuerst war ich von einem Gefühl von Offenheit und Demut erfüllt, als ob ich eine wichtige Erkenntnis oder ein Geschenk empfangen würde.

Dann fühlte ich mich leicht und schwungvoll und schwebte in eine andere Sphäre. Aus dem Nichts tauchte die Gestalt von Buddha Padmasambhava in der Ferne auf, rechts über meinem Kopf am Himmel fliegend. Das war der Buddha, den ich vor all den Jahren zum ersten Mal in Form einer goldenen Statue in der YabYum-Position mit seiner Gefährtin Yeshe Tsogyal im Guimet Museum in Paris gesehen hatte.

Jetzt, in meiner Vision, war Padmasambhava allein. Er schien riesig, mit einem sehr großen Bauch, sitzend in der Lotushaltung, einen Stab haltend, umgeben von Seidenstoffen, die sich um ihn bauschten. Er trug seinen traditionellen tibetischen Hut mit flatternden Ohrenschützern.

Sein großes, quadratisches Gesicht war leicht an seinem bleistiftdünnen, schwarzen Schnurrbart und den großen, wilden Augen zu erkennen. Dieser Buddha wurde, wie ich wusste, in ganz Tibet und Bhutan als das Wesen verehrt, das im achten Jahrhundert n. Chr. den Buddhismus in diese Länder gebracht und Dämonen unterworfen, Könige ausgebildet und Dakinis durch tantrische Praktiken, unter anderem YabYum, erleuchtet hat.

Padmasambhavas Augen blickten in meine Richtung und sandten einen laserähnlichen Lichtstrahl aus, und es wurde mir sofort klar, dass er die volle Verantwortung hatte. Was auch immer passieren würde, ich hatte nichts dazu zu sagen.

In der Vision verbeugte ich mich vor ihm in einem Kniefall und legte meine Stirn vor seinen Füßen auf den Boden. Ich war euphorisch, verängstigt, aufgeregt. Mein Körper fühlte sich wie Gelee an. Ich versuchte mit ihm zu sprechen, aber bevor ich realisierte, was geschah, hatte er mich an meinen langen Haaren gepackt und schleifte mich daran hinter sich her, völlig ohne Rücksicht auf meine Proteste.

Die seltsamsten Gedanken tauchten in meinem Kopf auf, wie z. B. „was für schlechte Manieren“! Ich hätte nie gedacht, dass ein Buddha mich so behandeln würde. Wenn diese grobe Behandlung dazu bestimmt war, mein Ego in Vorbereitung auf das, was kommen sollte, zu zerstören, dann hat es sicherlich funktioniert!

Bevor ich Zeit hatte, mich zu erholen, zog mich Padmasambhava auf seinen Schoß, über seine Gewänder, und ich saß mit ihm in YabYum. Sein großer Bauch machte meine Position etwas prekär. Ich musste mich an ihm festhalten, denn im nächsten Moment hob er ab und flog nun wieder, wobei ich mich an ihm festklammerte, als ginge es um mein Leben.

Er flog hoch über einen Ozean. Ich blickte nach unten und bekam Angst. Was, wenn ich mich nicht länger halten konnte? Ich würde sicher ertrinken. Wir waren zu hoch. Kein Stück Land in Sicht. Nun, zumindest wenn ich fiel, würde ich mir nicht die Knochen brechen –oder doch?

Padmasambhava machte immer Pirouetten am blauen Himmel, seine Seidengewänder flatterten hinter ihm, eines von ihnen flog mir manchmal ins Gesicht und blendete mich vorübergehend.

Diese seltsame Situation muss fantastisch erscheinen, eine Ausgeburt der Fantasie. Aber für mich war sie in diesem Moment lebendig und so real, dass es keine andere Realität gab. Man könnte denken, dass ich mich geehrt fühlen würde, auf Padmasambhavas Schoß zu sitzen und diese tantrische „Beförderung“ in die erste Klasse zu erhalten, aber das sah ich nicht so. Ich hatte Angst.

Dann verstand ich: Padmasambhava würde sich weiterhin am Himmel drehen, solange ich Angst hatte. Ich musste die Angst überwinden. Ich musste ihm vertrauen – und zwar blind.

Schließlich, nach einiger Zeit, begann ich mich zu entspannen und die Situation zu genießen. Als Reaktion darauf landete Padmasambhava mit einem Schlag in der Mitte eines riesigen Mandalas. Ich stieg ab und verbeugte mich wieder tief vor ihm. Er legte seine Hand auf meinen Kopf als Zeichen seines Segens.

Im Mandala saßen die fünf Dhyani-Buddhas: im Süden Ratnasambhava in der Farbe Rot; im Norden Buddha Amoghasiddhi in Grün; im Westen Buddha Amitabha in Orange und Gelb; im Osten Buddha Padmasambhava in den Farben Rot, Gold und Blau. Im Zentrum erregte Buddha Vairocana weiterhin meine Aufmerksamkeit, und ich sah bald, dass zu seiner Linken sieben Dakinis von atemberaubender Schönheit auf dem Mandala saßen. Sie trugen teure Gewänder und hatten eine königliche Anmutung. Jede Dakini war von einer sanften Ausstrahlung umgeben, die mich einhüllte, als ich mich vor jeder einzelnen niederkniete und tiefen Respekt und tiefe Dankbarkeit für die Ehre empfand, bei ihnen zu sein.

Als Antwort auf meinen hingebungsvollen Gruß spendete mir jede Dakini ihren Segen, indem sie schweigend meinen Kopf oder mein Herz berührte. Jede von ihnen schaute in meine Seele, mit einem Blick, der mich liebevoll willkommen hieß. Padmasambhava sagte daraufhin zu mir: „Willkommen in der Familie der Dakinis."

Als Antwort setzte ich mich neben die letzte der Dakinis, zu seiner Linken. Ich wusste, dies war mein Platz auf dem Mandala. Später nahm ich diese Initiation als Ermächtigung zum Unterrichten des Sky-Dancing Tantra an, da Dakinis im Buddhismus traditionell als „Erwacher" bezeichnet werden.

Nachdem ich einen langen Moment mit geschlossenen Augen dort gesessen hatte, fühlte ich, wie ich diese magische Sphäre verließ und sanft zu meinem Stuhl in der Halle der Kalachakra-Zeremonie zurückkehrte. Ich sah auf meine Uhr. Zwei Stunden waren verstrichen. Zwei Stunden lang war ich komplett weg gewesen.

Als ich zurückkam, bemerkte ich das große Mandala auf dem Boden neben dem Dalai Lama. Die Stelle, auf die sein Blütenblatt gefallen war, erinnerte mich unweigerlich an meine innere Vision. Seine Heiligkeit rezitierte weiterhin die Mantras des Kalachakra, und ich war dankbar für seine Anwesenheit, die die Übertragung spiritueller Geheimnisse, die bis zum Gautam Buddha selbst zurückreichten, symbolisierte.

Für mich war diese Vision das Ergebnis einer Reihe von Initiationen sowohl in dieser physischen Dimension als auch darüber hinaus, die mich ermutigten, die Lehren des SkyDancing-Pfades zu unterrichten. Ich hatte formelle Erklärungen von meinem Freund Lama erhalten.

Ich hatte die notwendige Reinigung durch das Hundert-Silben-Mantra von Dilgo Khyentse erhalten. Nun war ich in die Familie der Dakini aufgenommen worden, was mir effektiv einen Kontaktkanal mit Buddha Padmasambhava öffnete.

Alles in allem hatte ich das Gefühl, dass mir die Autorität zuerkannt wurde, die YabYum-Meditationspraxis zu lehren, die ich zum *Ritt auf der Welle der Glückseligkeit* erklärt hatte.

Die Bestätigung, zu unterrichten, wurde mir persönlich von Sogyal Rinpoche, einem tibetischen Dzogchen-Lehrer und Autor des *Tibetanischen Buches vom Leben und Sterben*, übermittelt, während wir beide als Gastredner an einer Konferenz über Tantra auf La Gomera auf den Kanarischen Inseln teilnahmen.

Eine Seitenlinie und eine Lehre können jedoch nur als Schutz und Unterstützung für die spirituelle Suche eines Einzelnen dienen. Das Erwachen jedes einzelnen Sohnes ist einzigartig und hat sein eigenes Timing, seinen eigenen Charakter und seinen eigenen Stil. Deshalb möchte ich dieses Buch mit einem Bericht darüber abschließen, wie dies bei mir passiert ist.

Dazu müssen wir zu einem Ashram in Indien zurückkehren, wo ich an einem kühlen Winterabend im Februar 1988 mit etwa tausend Schülern vor Osho saß.

Dieser hatte gerade einen Vortrag über Zen gehalten und ihn mit ein paar flotten Witzen abgerundet und führte uns nun in eine „Kauderwelsch-" und „Loslassen"-Meditation. „Sprecht irgendeine Sprache, die ihr nicht versteht", instruierte Osho uns. „Ihr tragt so viel mentalen Müll mit euch herum. Das ist der richtige Moment, um ihn zu entsorgen."

Bumm!

Ein donnernder Schlag auf eine riesige Trommel war das Signal für uns, lautstark alle Arten von Geräuschen und imaginäre Worte, die keinen Sinn ergaben, von uns zu geben, um das Durcheinander in unseren Köpfen zu beseitigen. Unsere Augen waren geschlossen, was vielleicht gut war, denn die gesamte Halle muss wie ein Irrenhaus ausgesehen haben. Nach ein paar Minuten, ertönte abermals ein ...

Bumm!

Der nächste Trommelschlag war das Signal für völlige Stille. „Lasst euren Körper völlig erstarren, keine Bewegung“, befahl Osho. „Jetzt schaut in euch hinein! Sammelt all eure Energie und eilt wie ein Pfeil in die Mitte eures Seins.“

Noch ein paar Minuten und wieder machte es ...

Bumm!

„Jetzt lasst los“, fuhr Osho fort. „Lasst euch umfallen, wo immer ihr gerade steht. Spürt, dass sich euer ganzes Wesen entspannt hat. Lasst los.“

Wechseln wir in die Gegenwartsform.

Jeder von uns lässt sich tatsächlich auf das, was auch immer hinter ihm ist, fallen, den Marmorboden, seinen Schal, das Kissen, den Fuß, Arm, Bauch einer anderen Person. Es ist eine kleine Herausforderung, in diesen engen Räumen loszulassen, in denen jeder halb auf jedem liegt, aber es spielt keine Rolle. Nur Oshos sanfte Stimme zählt. Jetzt, mit einem entspannten, aber wachsamen Bewusstsein, lasse ich alle Spannungen in meinem Körper los, so gut ich kann.

„Spüre den Buddha in dir“, sagt Osho. „Lass diesen Buddha bei dir sein. Erlaube dem Buddha in dir, dich auf deinem Weg durchs Leben zu begleiten. Sei der Buddha. Du bist der Buddha. Vergiss das nicht!“

Bumm!

„Jetzt komm sanft zurück, als Buddha.“

Dies signalisiert das Ende des abendlichen Treffens mit Osho. Nachdem er die Halle verlassen hat, sammelt jeder von uns, ruhig und langsam, seine persönlichen Gegenstände ein und verlässt den Saal.

An diesem Abend fühle ich mich besonders berührt von der Idee: „Ich bin der Buddha." Ich habe mich bis zu diesem Moment nie als solchen gesehen. Ich stelle mir vor, wie es sein muss. Ich versuche zu gehen und mich zu fühlen, als wäre ich ein erleuchteter weiblicher Buddha, stelle mir vor, wie zum Beispiel ein Buddha die Straße entlanggeht in Richtung nach Hause, was ich gerade tue.

Ich muss das weiter erforschen: „Ich bin ein Buddha." Ich lache und erfinde einen neuen Namen: Ich bin eine weibliche *Buddhakini*! Das gefällt mir. Es verlangsamt die Dinge. Es scheint ein besonderes Bewusstsein mit sich zu bringen, ein Bewusstsein, das sowohl an sich selbst denkt als auch dem, was um es herum ist, Aufmerksamkeit schenkt.

Es fühlt sich an, als ob subtile Antennen aus meinen Ohren auftauchen, sich weit ausfahren und mich die entferntesten, leisesten Klänge wahrnehmen lassen. Ich höre Grillen in der Nähe im Gebüsch, den fernen Schrei eines Kindes, jemanden in einem Haus husten, während ich vorbeigehe.

Alles verschmilzt zu einer Art wohlwollender Symphonie. Sie hat einen Rhythmus; die Wellen entfalten sich und umbranden mich, einschließlich der Pulsation in meinem Körper: mein rhythmischer Herzschlag, das Heben und Senken meines Brustkorbs, das weiche „Klappern" meiner Schuhe auf dem Boden, als ich die Straße entlanggehe.

So viel Leben! Wie nimmt ein Buddha das wahr? Als Bewusstsein, das durch die Türen der Sinne schaut. Als reine Präsenz, die eine unermessliche Welt voller Klänge und Düfte und einen sich ständig verändernden Himmel absorbiert. Jede Wahrnehmung ist eine Einladung zu einer Offenbarung: Hören, Sehen, Riechen – so viele Möglichkeiten, die Schöpfung zu erfahren.

Langsam führen mich meine Schritte die Straße entlang und über den nächsten Boulevard, wo ich in eine staubige Einfahrt einbiege, die von Bäumen und Sträuchern umrandet wird. Hinter diesem ungepflegten, wilden Garten betrete ich das Haus und steige die Treppe hinauf zu meinem Schlafzimmer im Obergeschoss.

Ich setze mich auf mein Meditations-Zafu-Kissen auf dem Bett. Ich habe Lust zuzuhören, ruhig zu sein. Alles ist friedlich. Die Nacht bricht herein. Ich zünde eine Kerze an. Die Flamme wirft fantastische Schatten um mich herum. Hier in dieser Dämmerzone ist es angenehm.

Während ich meine Augen schließe und mich immer mehr entspanne, scheint es, als ob mein Körper an Bedeutung verliert. Tatsächlich ist er fast verschwunden. Was bleibt, ist ein weiches und empfängliches Bewusstsein. Beobachten. Die Zeit vergeht und wird zeitlos.

Plötzlich höre ich ein scharfes Geräusch wie *Schnapp*! kombiniert mit einem weicheren *Schwischsch* – die Art von Klang, die von einer Hand erzeugt werden könnte, die einen Haufen kleiner Äste hält und damit auf die Rückenlehne eines Stuhls schlägt. Der Klang scheint in meinem Gehirn zu sein, aber er schwingt auch um mich herum.

Dann Stille.

In diesem Moment verändert sich alles für immer. Es ist, als ob die Hand Gottes alle Ressentiments, jegliche hartnäckige Wut, alle Vorwürfe und Urteile aus meinem Wesen auslöscht. Keine Worte können die Unmittelbarkeit und Tiefe dieser Verwandlung angemessen vermitteln.

Ich lebe, atme, denke, aber es gibt kein Quäntchen Angst, Traurigkeit oder Widerstand in meinem gesamten Körper-Geist-System. Kein Vorwurf, keine verbleibenden Ressentiments, keine alten, negativen Erinnerungen, keine übrig gebliebene Wut.

Eigentlich gibt es auch nicht einmal mehr ein „Ich".

Ich beobachte erstaunt, nehme alles in mich auf. Ich kneife mich selbst und frage: „Ist das wahr?"

„Also, was ist es, was hier noch übrig bleibt?", fange ich mich schüchtern an zu fragen, ohne mich einen Zentimeter auf meinem Kissen zu bewegen, um die Dinge genauso zu lassen, wie sie sind, in diesem wunderbaren, neuen, gutartigen, akzeptierenden, freudigen Sein.

Kapitel 12

„Wer ist es, der hier sitzt?“

„Niemand“, kommt die Antwort.

„Aber das ist seltsam!“

„Nein, es ist völlig gewöhnlich und normal“, kommt es zurück.

„So ist die Realität: normal, einfach, transparent und völlig in Ordnung. Du bist nicht. Das Ganze ist. *Tat Tvam Asi* … ‚das bist du‘.“

Ich schließe meine Augen. Ich fühle mich von Gnade umhüllt. Ein großer Segen ist gerade gewährt worden. Zum ersten Mal überhaupt bin ich ohne Angst, ohne Verkrampfung, ohne Grenzen, ohne Spaltung. Alles ist perfekt. Das Leben ist. So wie es sein sollte.

Beim näheren Betrachten wird deutlich, dass es keine Grenze zwischen dem, was innerhalb und außerhalb des Körpers ist, gibt, keine Trennung zwischen dem, was gut und nicht gut ist. Es ist keine weitere Wahl erforderlich. Alles, was war, ist und immer sein wird, ist – jetzt. Es ist vollständig, perfekt und doch unwichtig, weil es schon immer so war und deshalb ist es keine große Sache.

Dennoch genieße ich diese subtile Freude, diese sanfte Präsenz in meinem Herzen. Wie kann etwas so Außergewöhnliches so gewöhnlich sein? Ist das nicht der größte Witz aller Zeiten?

Für einen Moment sitze ich da und grinse, denke an all meine Bemühungen in der Vergangenheit: das Ringen um das zu bekommen, was ich wollte. Die Angst, betrogen zu werden. Das Misstrauen, dass andere mich anlügen könnten. Das Bedürfnis, zu glauben, dass ich der beste Tantra-Lehrer auf dem Planeten sei. Die unerledigten Dinge mit Geschwistern, Bekannten, Liebhabern, Co-Leitern und Teilnehmern an meinen Programmen.

All dies und noch mehr wurde durch die Hand des Göttlichen ausgelöscht. Ich bin gerade auf die Welt gekommen, neu geboren, ein unbeschriebenes Blatt, mit einem Geist, der so weit ausgedehnt ist, dass er keine Grenzen kennt und nicht einmal das Bedürfnis zu denken hat. Tatsächlich gibt es keinen Verstand, sondern nur ein grenzenloses Bewusstsein, das sich des „Seins“ bewusst ist.

Der Grund des Seins ist zugleich endlich und unendlich, immanent und transzendent. Intuitiv erkenne ich, dass es keinen Gott oder keine Göttin gibt, keine Gottheit als Person, keinen externen Bezugspunkt, keine andere Präsenz, sondern dieses einheitliche Bewusstsein, das sich selbst beobachtet.

Das, was wahrnimmt, und das, was wahrgenommen wird, sind ein und dasselbe. Das bin ich. Eins mit ihm. So entfaltet sich die Nacht in diesem Gefühl der Dankbarkeit und des Staunens, bis ich einschlafe.

Am nächsten Morgen wache ich auf, noch immer angezogen, auf dem Bett liegend. Ich kneife mich selbst, um zu überprüfen: Ist der Segen noch da? Die Antwort ist ja. Die transparente, furchtlose Zufriedenheit ist immer noch in mir.

Jetzt, da dies feststeht, muss ich lernen, mich auf das „Alltagsleben“ einzustellen. Wie bewegt man sich durch unangefochtene Perfektion, von Moment zu Moment? Ich frage mich zum Beispiel, wie das Frühstück von diesem Ausgangspunkt aussehen wird.

Mein Herz bemerkt, dass es nichts gibt, wo man hingehen muss, und dass es nichts zu tun gibt, nicht einmal etwas zu wünschen. Doch es entsteht eine Neugierde: Es könnte interessant sein, nach draußen zu gehen und zu sehen, wie sich dieses neue Bewusstsein, dieses neue *Erwachtsein* im Licht des Tages anfühlt.

Ich bewege mich in Zeitlupe und passe mich der Weite jeder Wahrnehmung an. Ich gehe durch die Tür und die Stufen hinunter, einen sanften Schritt nach dem anderen machend.

Die Pflanzen in den Gärten und auf der Straße sind von einem weichen Glanz umhüllt. Sie sind lebendig, strahlend mit irisierenden Reflexionen, ein ewiger Fluss von Lebenskraft strömt durch sie hindurch. Es ist so eine Freude. Ich bin wie ein Kind vor dem Weihnachtsbaum. Ich gehe langsam, um alles in mich aufzunehmen.

Ich bemerke einen Busch, der über und über mit leuchtend roten Blüten übersät ist. Ich bin dieser Busch. Das Rot ist innen und außen. Ich bin das, was man sehen, riechen und hören kann. Das bin ich. Es ist an sich komplett.

Das ganze Universum erstrahlt durch diese eine rote Blume. Stille entsteht und durchdringt mich sogar über den Lärm des Verkehrs hinweg. Ich gehe sehr langsam.

Jetzt, auf dem Bürgersteig, gleich um die Ecke, sehe ich das Gesicht meines lokalen *Chai Wallahs* wie zum ersten Mal. Ich sehe die Linien auf seiner Stirn, den Schweiß auf seinen Schläfen, die Zuvorkommenheit in seinem Herzen, das Lächeln hinter dem Stirnrunzeln. Sein Chai ist eine wahre Freude, im Himmel gemacht, süß, stark und würzig. Ich schlürfe ihn langsam und danke ihm. Er ist glücklich. Sein Glück ist mein Vergnügen. Alles ist gleich. Nichts ist anders.

Schließlich komme ich im Ashram an. Ich gehe durch das Tor, setze mich auf eine Bank und sehe mir alles an. In der nächsten Stunde versammeln sich immer mehr Freunde um mich herum. Ich sage wenig. Sie kommentieren, dass ich verändert wirke, eine Inspiration, jemand, mit dem es ein Vergnügen ist, zusammen zu sein. Sie sind gerne hier mit mir auf dieser Bank. Sie stellen mir Fragen. Ich versuche zu antworten.

Ich schätze, es ist dieses innere Leuchten, dass meine Freunde wahrnehmen. Tatsächlich ist es ansteckend, denn jetzt sehe ich einen Buddha in jedem Wesen um mich herum. Ich sehe die innewohnende Schönheit jedes Buddhas, während wir zusammen lachen, betrunken von Glückseligkeit. Die anderen spüren es auch.

Mein Verstand ist arbeitslos. Es gibt nichts zu tun, nichts, was man allem anderen vorzöge, keine Entscheidungen, die getroffen werden müssen, kein Verlangen oder Streben. Alles geschieht spontan, als ob es von der Harmonie und synchron mit dem Fluss des Augenblicks geleitet würde.

Wir tratschen über dies und das, ohne über jemand anderen zu urteilen. Unsere Geschichten sind Geschichten ohne Folgen, harmlos, wie lustige Witze, die von einer Gruppe von Buddhas erzählt werden, um sich beim Verweilen im Paradies zu amüsieren.

So geht der Tag weiter, von einem Moment zum anderen. Jeder Augenblick ist gleich heilig, und in jedem Moment genieße ich dieses neue Bewusstsein. Es ist befriedigend, alle Wesen und alle Dinge als gleich bemerkenswert zu sehen, als Spiegel der Einheit von allem, was ist, und ebenso gewöhnlich.

Zwei Tage später ist mein Einkaufstag. Ich muss eine Rikscha[67] zur Mahatma Gandhi Road, der nächstgelegenen Einkaufsstraße in Poona, nehmen, um verschiedene Grundnahrungsmittel einzukaufen. Ich beschließe, diese Exkursion als Test zu nutzen. Kann ich leicht und transparent bleiben, so wie ich mich jetzt fühle, im Trubel einer überfüllten indischen Straße, mit Hunderten von Fußgängern, hupenden Rikschas, ziellos umherirrenden Kühen und bellenden Hunden? Kann dieser Zustand der Glückseligkeit inmitten des tosenden Lebens in einer überbevölkerten indischen Stadt unverändert bestehen bleiben?

Als meine Rikscha ankommt, steige ich aus und gehe in einen Laden, wo sie eine bestimmte Art von Rohseide verkaufen, die ich für Einrichtungszwecke benötige. Ich warte geduldig – bisher eher ungewöhnlich für mich, und als der Ladenbesitzer nach meinen Wünschen fragt, erkläre ich ihm, was ich brauche.

Er zeigt mir den Stoff. Ich wähle ein Muster, das mir gefällt. Wir messen ab und er schneidet den Stoff mit einer riesigen Schere zu. Alles ist ganz unkompliziert und respektvoll. Er schaut mich ständig an. Er scheint glücklich zu sein. Ich bin auch erfreut. Unser Lächeln löst einen Funken der Wertschätzung für das Erwachen aus, das in diesem Moment zu uns beiden gehört. Es ist Zeit zu bezahlen. Ich hole meine Geldbörse heraus.

„Nein, nein, nein", sagt der Ladenbesitzer. „Du nicht dafür bezahlen. Setz dich hierhin. Ruh dich aus. Trink eine Tasse Chai."

Nach zwei Minuten kehrt er mit einer dampfenden Tasse Chai zurück, und ich sitze eine Weile dort, nippe am Tee, beobachte, wie er andere Kunden bedient. Ich genieße diesen Moment, so einfach und doch so einzigartig aufgrund der geheimen Komplizenschaft zwischen uns.

---

67 Ein dreirädriges Motorradtaxi.

Als es Zeit zum Gehen ist, weigert sich der Ladenbesitzer immer noch, mein Geld anzunehmen, also danke ich ihm und staune über den sechsten Sinn, den die Inder in Bezug auf spirituelle Einsicht und meditative Zustände haben. Sie wissen intuitiv, wenn jemand „erleuchtet" ist, und sie sind bereit, dies zu genießen und zu fördern.

Ich gehe in vier andere Geschäfte. Keiner der Ladenbesitzer lässt mich bezahlen. Alle bieten mir Chai an. Es ist magisch, ein Geschenk des Meisters.

Kehren wir in die Vergangenheitsform zurück.

Einige Wochen später, noch in diesem Zustand der seligen Erleuchtung, kam der Moment, Indien zu verlassen. Ich fragte mich: „Was ist das Wichtigste, das zu tun ist, solange ich erleuchtet bin?"

„Geh zurück zu deinen Wurzeln", antwortete meine innere Stimme. Als ich nachhakte, tauchte in meinem Bewusstsein ein Bild meiner Eltern auf. Ich konnte spüren, wie meine Liebe zu ihnen in der Vergangenheit durch Widerstände und Ressentiments getrübt wurde, die endlose Therapien und Heilung erforderten. Jetzt, da diese Gefühle verschwunden waren, wie wäre es, sie zu sehen? Sie waren schon immer ein stolzes, autarkes, unabhängiges Paar gewesen. Wie konnte ich diese Liebe und Fürsorge zurückgeben?

Also flog ich nach Paris, um sie zu besuchen. Ich erinnere mich, dass meine Hand vor Aufregung zitterte, als ich an der Tür klingelte. Hatten sich die Dinge geändert? Mutter öffnete die Tür. Sie sah wunderschön aus, mit ihrem lockigen weißen Haar, das wie üblich perfekt gestylt war, und ihrem Gesicht, das von einem großen Lächeln erhellt wurde. Ich fühlte eine tiefe Liebe, die aus ihrem Herzen in mein Herz floss. Ich umarmte sie und genoss es, dass sie so gebrechlich und doch so herzlich war.

Vater war im Wohnzimmer. Seine massige Gestalt nahm einen großen Teil des Sofas ein. Er war, wie üblich, formal gekleidet, im englischen Stil, mit einem braunen Tweed-Blazer und grauen Flanellhosen. Ein großes, schelmisches Grinsen erschien auf seinem Gesicht. Auch bei ihm spürte ich echte Freude, mich wiederzusehen. Wie immer erzählte er Geschichten aus seinem Leben, die angeblich lustig sein sollten, die ich aber in der Vergangenheit heimlich für eher unbedeutend gehalten hatte. Aber ich war weit entfernt davon, ihn wissen zu lassen, dass ich sie bereits gehört hatte.

Meine Eltern hatten für mich das traditionelle Begrüßungsessen vorbereitet, das mit Beluga-Kaviar und Wodka begann – die Favoriten meines Vaters. Der scharfe, fischige Geschmack des Kaviars und das Brennen des Wodkas in der Kehle werden immer in meiner Erinnerung bleiben.

Am nächsten Tag lud ich meine Eltern in ihr Lieblingsrestaurant ein. Normalerweise war es umgekehrt, sie luden mich ein und Vater zahlte die Rechnung. Es war eine Frage des Stolzes. Diesmal würde es etwas Besonderes sein. Diesmal wollte ich ihnen etwas, was von unserer üblichen Routine abwich, geben, eine wichtige Botschaft. So gingen wir langsam zusammen zu ihrem Lieblingsrestaurant, dem *Chez Laurent* auf den Champs-Élysées.

Nach dem Mittagessen und vor dem Dessert war es mir zum ersten Mal überhaupt möglich, die Hand meines Vaters in meine zu nehmen, in seine Augen zu schauen und ihm zu sagen, was ich an ihm schätzte, wie dankbar ich für das Leben war, das er mir gegeben hatte, und wie er mich erzogen hatte.

„Papa“, sagte ich, „danke, dass du mir das Leben schwergemacht hast und mir so die Stärke gegeben hast, zu wissen, was ich will – und dafür einzustehen. Danke, dass du nach Indien gekommen bist, um mich im Ashram zu besuchen, und das Manuskript meines Buches gelesen hast. Danke, dass ihr die Rechnungen bezahlt habt, als ich im Krankenhaus in Paris fast an Typhus starb. Danke, dass du dich sorgst. Ich liebe dich. Du bist der Beste.“

Zuerst war mein Vater völlig verblüfft. Sein ganzes Leben lang hatte er einen harten Stil bevorzugt und war daher meist kritisch gegenüber meinen Schwächen, um mich auf die Herausforderungen der Welt vorzubereiten. Jetzt hatte dieser große, stolze, imposante alte Krieger von zweiundachtzig Jahren Tränen in den Augen. „Danke“, sagte er einfach und wir umarmten uns. Während dieser Umarmung sandte ich all meine Dankbarkeit in sein Herz.

Der Kellner brachte das Dessert. Nach einem Löffel Mousse au Chocolat nahm ich die Hand meiner Mutter in meine, schaute ihr in die Augen, von Herz zu Herz, atmete tief durch und sagte: „*Maman chérie, merci de m'avoir aimée et soutenue aussi unconditionellement toute notre vie.* Danke, dass du mich geliebt und akzeptiert hast, so bedingungslos, mein ganzes Leben lang. Du hast für mich alles Erdenkliche getan. Du hast mir eine tadellose Ausbildung gegeben.

Es tut mir leid, dass ich mich in Amerika in einen Hippie verwandelt habe, anstatt einen Prinzen zu heiraten, wie du es wolltest. Doch hier sind wir vereint! Wir haben alles gemeistert und du hast mich trotz allem immer geliebt. Ich danke dir."

Ja, ein paar weitere Tränen fielen in die Schokomousse. Mama und ich umarmten uns. Alles war gesagt. Ich fühlte mich zufrieden. Alle Unstimmigkeiten der Vergangenheit waren jetzt ausgeräumt. Ein paar Wochen später starb mein Vater. Ich war nicht da, als es passierte, aber ich bin froh, dass wir diesen Moment der Heilung und Vollendung zusammen hatten.

Aus dieser Erfahrung wurde mir klar, dass ich jetzt aufhören würde, mich selbst als „Therapeutin" zu betiteln und mich selbst als „Partnerin beim Feiern" bezeichnen würde. Auch Sie, lieber Leser, waren mein Partner beim Feiern, in diesem Buch.

I

Was ich gelernt habe

Das Erwachen ist nichts Besonderes. Können Sie das glauben? Ich arbeitete mein Leben lang daran, es zu erleben, es geschah – und es ist NICHTS BESONDERES! Wie ist das möglich?

Nun, zum einen gibt es diejenigen, für die es ein für alle Mal geschieht, und zum anderen diejenigen, für die das Erwachen kommt und geht. Zum anderen kann dieses Ereignis heftig und weltbewegend sein, oder es kann sanft sein wie ein Tautropfen, der morgens von einem Rosenblatt fällt.

In meinem eigenen Moment des Erwachens offenbarte sich der Geist des Tantra wie eine tanzende Dakini, die auf die Bühne hüpft. Sie sagte zu mir: „Hör auf zu suchen! Du bist bereits angekommen!"

Ist es nicht erstaunlich, dieses Paradoxon, so viele Anstrengungen unternommen zu haben, so viele Seminare besucht zu haben, so viele Initiationen erhalten zu haben, so viele Arten von Yoga praktiziert zu haben, um endlich diesen Moment völliger Einfachheit und Leichtigkeit des Seins zu erleben?

Doch zweifellos war jede einzelne dieser Bemühungen notwendig und trug dazu bei, diese Leichtigkeit des Seins zu erreichen. Wir alle müssen die Heldenreise durchstehen, aber jeder von uns hat die Möglichkeit, sich auf sein eigenes Erwachen zu konzentrieren und diese selige Leichtigkeit in sein Wesen einzuladen.

Ich sah im Nachhinein, dass ich falsche Vorstellungen hatte. Ich hatte das Gefühl, dass ich nicht gut genug war, so wie ich war; deshalb brauchte ich ein äußeres Vorbild, einen Lehrer. Dieser Lehrer war natürlich „besser" als ich, weiterentwickelt.

Mit diesem Vergleich kam die Hoffnungslosigkeit. Ich hatte einen inneren Richter, der immer wieder wiederholte: „Du wirst wahrscheinlich nicht erwachen, aber es ist gut, es zu versuchen. Gib dir mehr Mühe! Du brauchst mehr Disziplin, mehr tägliche Anstrengungen."

Das war die männliche Stimme. Ich vertrocknete innerlich durch diese monastische Perspektive. Ich nahm all die moralischen religiösen Klischees mit auf das Meditationskissen. Ich saß da, versuchte zu meditieren, kämpfte mit meinem Verstand, befahl ihm, die Klappe zu halten, befahl meinen Gedanken, zu verschwinden.

Da war das „gute Ich", das ab und zu ein paar Sekunden Frieden als Belohnung für all diese harte Arbeit verdiente. Und da war das „böse Ich", das nicht diszipliniert werden konnte, konsequent die Übungen zu machen – das außer Rand und Band geraten wollte und ein Glas Wein trinken und ein gutes Stück Fleisch essen, sich aber schrecklich schuldig deswegen fühlte.

Seit meinem Erwachen weiß ich, dass ich mich entspannen, loslassen und das Gute, das Schlechte und das Hässliche zur gleichen Party einladen kann. Es geht nicht mehr um ein moralisches Urteil, sondern um Unterscheidung.

Die meisten unserer Probleme sind darauf zurückzuführen, dass wir Nein zur Realität sagen, wie sie sich darstellt. Wir sagen: „Nein, nicht so. Nicht das. Ich will etwas anderes.“ Auf diese Weise lassen wir uns die Möglichkeit entgehen, zu lieben, was ist, und wir verpassen die Gelegenheit, etwas sehr Wichtiges zu lernen: Was ist, wenn alles perfekt ist, einschließlich das Nichtperfekte?

Die innere Stimme sagt: „Es könnte besser sein. Ich könnte schlanker sein. Sie hat einen Freund und ich nicht. Das ist nicht fair.“ Die Vergleiche sind endlos, also müssen wir lernen, das, was der Verstand uns präsentiert, mit Gleichmut zu empfangen, Danke zu sagen und weiterzumachen. Wenn ich einen Kurs unterrichte, sage ich:

„Der Schlüssel ist, nicht zu kämpfen, sich nicht schuldig zu fühlen, nicht zu denken, dass etwas gut oder schlecht ist. Trotz deiner tiefsitzenden Selbstzweifel bist du nicht das Kind, das bestraft wird und in einer Ecke zur Wand stehen muss. Du bist das Kind, das zur Party eingeladen ist. Also mein Ratschlag: Iss die Schokoladenmousse und amüsiere dich!“

Die Praxis: Der Kreislauf der Glückseligkeit

Stellen Sie sich in Ihrer Vorstellung Ihren persönlichen Beraterkreis zusammen und laden Sie ihn ein, Ihre persönlichen Wächter der Glückseligkeit zu sein. Dieser Kreis besteht aus Kindern, Männern und Frauen – Menschen, die Sie lieben und schätzen, Menschen, die Ihre Liebe erwidern, Lehrer, Führer, Engel, sowohl auf der Erde lebend als auch im Himmel. Dieser Kreis sind die Wächter, die dafür sorgen, dass die kommende Party ein Erfolg wird.

Bereiten Sie in Ihrer Vorstellung den Rahmen für ein großes Fest. Stellen Sie die Dekorationen zusammen: bunte Fähnchen und Ballons über Tischen, beladen mit Champagner und Ihren Lieblingssäften, Nüssen, Früchten und Schokolade – und natürlich Musik!

Erschaffen Sie Ihren Kreis der Glückseligkeit: einen großen Kreis, der von runden Steinen, Kristallen und Kerzen umrandet ist. Sehen Sie mit Ihrem inneren Auge das Flackern des Kerzenlichts, das sich in den Kristallen spiegelt und überallhin strahlt. Es ist das Licht der Glückseligkeit, das erleuchtet und mit Ihrem Geist tanzt wie die Sterne am Himmel.

Laden Sie sich jetzt selbst zur Party ein. Setzen Sie sich in die Mitte des Kreises der Glückseligkeit. Fühlen Sie, dass „die Glückseligkeit bereits in mir ist". Entspannen Sie sich in dieser Einsicht und tauchen Sie in die Glückseligkeit ein. Atmen Sie tief und langsam, atmen Sie das Leben ein, atmen Sie Licht aus ... aaaaahhhh – für eine Minute, die sich wie eine Ewigkeit anfühlen kann. Unterdrücken Sie nicht den Teil, der aktiv bleiben will, die Gedanken, die sich aufgeregt in den Vordergrund drängeln, handeln wollen, erschaffen. Unterdrücken Sie dieses Liebesspiel zwischen Formlosem und Form nicht. Danken Sie den Gedanken, sobald sie auftauchen, und erlauben Sie ihnen, weiterzuziehen, und kehren Sie zum Formlosen zurück.

Jetzt ist alles bereit, also laden Sie Ihre *Vrittis* ein. Begrüßen Sie sie als Ehrengäste auf Ihrer Party. Diese Vrittis sind all die Tendenzen, die Sie ablehnten oder vermieden haben. Lassen Sie sie den heiligen Ort Ihrer Feier betreten, dieses Shambala der Seele. Alle sind hier willkommen. Hier kann alles geheilt werden. Was als schlecht oder unwillkommen beurteilt wurde, kann sich nun durch die Akzeptanz der Liebe auflösen. Lösen Sie alles in Glückseligkeit auf.

Weitere Gäste kommen. Laden Sie sie in Ihren Kreis ein, begrüßen Sie Angst, Anhaftung, Abneigung, Neid, Unwissenheit, Zweifel, Selbstverurteilung, Klammern, Bedürftigkeit etc. Sehen Sie, wie Sie jeden dieser Aspekte Ihres Charakters willkommen heißen. Das sind Sie. Laden Sie jedes dieser „Sies" auf einen Drink ein. Bieten Sie ihnen ein Glas Champagner an. Laden Sie sie zu einem Tanz namens „Rocke die Vrittis" ein.

Während Sie feiern, sagen Sie zu sich selbst: „Ich akzeptiere meine Angst. Ich habe Angst, und es ist in Ordnung." Spüren Sie diese Einengung. Gehen Sie tief hinein. Befreien Sie sie in die Schwingung der Erregung. Ja, Angst ist eine Art des Sichzurückhaltens, eine Art Schrumpfen in Erwartung eines katastrophalen Ereignisses. Aber jetzt, können Sie jetzt spüren, dass Angst tatsächlich eine Form eingeschränkter Energie ist? Wenn Sie sich darin entspannen, beginnt der Körper zu zittern, zu schütteln und zu beben, und er wird zu einer glückseligen Schwingung, die in Freude getränkt ist, zu einer wilden Energie, trunken vom Leben.

Als Nächstes sagen Sie: „Ich akzeptiere meine Anhaftung."

Die Anhaftung hat mir gezeigt, wie man loslässt.

„Ich akzeptiere meine Bedürftigkeit." Sie zeigt mir, wie ich meinen Geist befreien kann. Ich feiere die Freiheit.

„Ich akzeptiere meine Selbstkritik." Sie motiviert mich, meine Grenzen zu überschreiten.

„Ich akzeptiere meinen Neid." Er zeigt mir Wege des Seins, die ich nachahmen und von denen ich mich inspirieren lassen kann.

Das Herz des Universums schlägt in allen Herzen.
Es gibt den Einen,
der das Leben in allen Formen ist.
Es gibt den Einen,
der Freude daran hat,
einfach zu existieren – in allen Körpern,
als alle Körper.
Erforsche das Leben,
das das Leben deiner gegenwärtigen Form ist.
Eines Tages wirst du feststellen, dass es sich nicht unterscheidet
vom Leben des Geheimen Einen.
Und dein Herz wird triumphierende Lieder singen,
davon, überall zu Hause zu sein.[68]

---

[68] Lorin Roche, *The Radiance Sutras* (Boulder, CO: Sounds True, 2014), Sutra 77.

Appendix 1
Hilfe für Opfer sexuellen Missbrauchs

Hier stelle ich Informationen über verschiedene Organisationen zur Verfügung, die sich der Unterstützung von Opfern sexuellen Missbrauchs widmen. Ich denke, dass die Menschen, die diese Organisationen leiten, sehr engagiert und der Unterstützung wert sind.

Die Charity Organisationen in Indien

Das Anliegen dieser Stiftung ist es, Überlebende des Menschenhandels wieder in die Gesellschaft einzugliedern, indem sie ihnen Beratung, Bildung und Lebenskompetenz, eine Berufsausbildung, und Unterkunft bietet.

Diese Überlebenden befinden sich in der Altersgruppe zwischen achtzehn und fünfundzwanzig Jahren. Die Stiftung ist bestrebt, diesen Menschen zu einer zweiten Chance und einer besseren Lebensqualität zu verhelfen, nachdem sie von Menschen betrogen, vergewaltigt und verkauft wurden, die ihnen ein besseres Leben versprochen haben.

www.chaiimfoundation.org contact@chaiimfoundation.org

Ramana's Garden in Indien

Ich empfehle besonders eine Stiftung namens Ramana's Garden, die sich am Ufer des Ganges direkt über Rishikesh befindet. Die Stiftung bietet ein sicheres, liebevolles Zuhause für Mädchen und Jungen aus einem Umfeld mit hohem Risiko, einschließlich Kinderhandel, Kinderarbeit, Betteln sowie drogenabhängigen und gewalttätigen Eltern. Diese Kinder und Jugendlichen erhalten ein neues Leben, die Chance auf kostenlose Bildung und eine lebenswerte Umgebung, in der sie psychisch heilen und ihr Leben neu gestalten können. Die Stiftung betreut derzeit sechzig junge Menschen, die in Ramana's Garden leben, von denen zwei an der medizinischen Fakultät studieren. Einer davon strebt einen Abschluss in Psychologie und in Journalismus an. Ein anderer studiert in den Vereinigten Staaten Bauingenieurwesen als Vollstipendiat. Zwei weitere besuchen die Business Management Schule. Darüber hinaus sind zwei Mädchen Tanzlehrerinnen, zweiundzwanzig Mädchen tanzen professionell in der Ramana's Garden Dance Troupe, und dreizehn davon treten international auf.

www.sayyesnow.org und www.friendsramanasgarden.org Kontakt: Dr. Prabhavati Dwabha, dwabha@hotmail.com Tel: +91 (941) 299 2907

Prerana in Indien

Diese Organisation wird von einer wunderbaren Frau namens Priti Patkar geleitet. Sie können ihr Video auf der Website von Prerana sehen unter www.prerana antitrafficking.org/orc/media.htm.

Die Mitarbeiter von Prerana arbeiten mit Kindern von Sexarbeitern. Ihr Hauptziel ist es, den generationenübergreifenden Sexhandel zu verhindern, die Kinder von Prostituierten davor zu schützen, das auch sie in den Sexhandel verwickelt werden. Es handelt sich um eine fortschrittliche Organisation, und Priti ist eine äußerst interessante, einfühlsame und gut informierte Frau. Ich habe das Gefühl, dass alle Mittel sehr weise eingesetzt werden. Prerana hat Niederlassungen in Kamatipura und Navi Mumbai.

www.preranaantitrafficking.org/ Priti Patkar, preranakp2010@gmail.com

Association for Christian Thoughtfulness ACT

Diese Stiftung ist eine Traumaberatung für Opfer und Überlebende von Menschenhandel. Alita Ram ist Ärztin und bietet den traumatisierten Opfern Therapie an. Das Modell, das ACT verwendet, ist die Traumafokussierte Kognitive Verhaltenstherapie, die sieben Phasen umfasst und eine ein- bis zweijährige, regelmäßige Beratung erfordert. ACT arbeitet mit ehrenamtlichen Beratern, aber der Bedarf übersteigt bei weitem das, was die Organisation zu leisten vermag. Alita Ram hat es sich zum Ziel gemacht, möglichst viele Berater in der Traumaarbeit zu schulen.

Kontakt: Alita Ram, alitaram.act@gmail.com, www.actnowindia.org

Sahaara Charitable Society in Indien

Sahaara war früher Teil von OASIS, einer Organisation, die mit Straßenkindern, Frauen, Kindern aus den Rotlichtvierteln und in jüngster Zeit auch mit Gefangenen arbeitet. Sahaara beschloss seine gesamte Energie zu fokussieren und startete 2004 sein Gefängnisprojekt. Die Korruption im indischen Rechtssystem ist endemisch. Viele Menschen sind jahrelang im Gefängnis, bevor sie vor Gericht kommen, ohne Rechtsberatung oder Unterstützung. Sahaara konzentriert sich auf Männer, die wegen Menschenhandels, Ausbeutung und Aufrechterhaltung des Sexhandels verhaftet werden. Die Organisation zielt darauf ab, diese zu unterstützen, damit sie nicht in einen Kreislauf der Rückfälligkeit geraten. Es ist ein komplizierter Prozess, weil die Organisation sehr oft mit korrupten Beamten zu tun hat.

www.sahaarasociety.org, Max Fernand, sahaarasociety@gmail.com

Children of the Forest (Thailand)

Diese Organisation wurde mir von einem Freund, Danny Paradise, einem international agierenden Yogalehrer, der bei diesem Projekt mithilft, empfohlen. Children of the Forest befindet sich in Sangkhlaburi, neunzehn Kilometer von der Grenze zwischen Thailand und Burma entfernt, einem Gebiet, in dem heute staatenlose Kinder ein Leben führen, das in Armut und Gefahr verwurzelt ist. Seit dem Ende des Zweiten Weltkriegs befindet sich das burmesische Volk der Karen und Mon in einem Guerillakrieg, um die Freiheit zu erlangen. Die Frauen und Kinder sind unschuldige Opfer des burmesischen Militärregimes geworden. In letzter Zeit haben sich die Angriffe auf die

Karen- und Mon-Bevölkerung verschärft. Ganze Dörfer wurden zur Flucht gezwungen. Heute leben schätzungsweise zwei Millionen vertriebene Karen und Mon an der Grenze zwischen Thailand und Burma.

Mehr als tausend staatenlose Kinder werden von Children of the Forest unterstützt. Einige sind verwaist, andere wurden ausgesetzt, missbraucht oder vernachlässigt, und viele sind Opfer des Menschenhandels. Indem sie sich auf die entscheidenden Themen Bildung, Gesundheitsversorgung und Kinderschutz konzentriert, ist diese Organisation bestrebt, den Bedürftigsten Hoffnung und die Möglichkeit für ein stabiles, glückliches Leben zu bieten.

www.childrenoftheforest.org, Daniel Hopson, danhop76@hotmail.com

Children of the Night, USA

Children of the Night ist eine privat finanzierte gemeinnützige Organisation, die 1979 gegründet wurde und sich der Rettung von Kindern, die von Prostitution betroffen sind, verschrieben hat.

www.childrenofthenight.org, 24-hour Hotline: (800) 551-1300

Weitere Informationen über Hilfsprogramme unter:
http://spiritworkschurch.org

Appendix 2
Das Hundert-Silben-Mantra

In der tibetisch-buddhistischen Praxis wird das Hundert-Silben-Mantra genutzt, um Verunreinigungen des Geistes zu *beseitigen*, bevor weitergehende tantrische Techniken angewendet werden. Hier ist das Mantra in seiner ursprünglichen Form:

OM BENZASATTO SAMAYA MANU PALAYA
BENZASATTO TAY NO PAY
TITA DIDO MAY BHAWA
SUTO KA YO MAY BHAWA
SUPO KA YO MAY BHAWA
ANU RAKTO MAY BHAWA
SARVA-SIDDHI MAY PRA YA
TSA
SARVA-KARMA-SUCHA MAY
CITTAM SHREYAM
KURU HUM
HA HA HA HA HO
BHAGAVAN SARVA
TATHAGATA BENZA MA MAY MUNZA
BENZA-BHAWA MAHA SAMAYA SATTVA AH

Das Hundert-Silben-Mantra richtet sich an den Vajrasattva, einen der wichtigsten Bodhisattvas in der Mahayana und tibetischen buddhistischen Tradition:

Hommage an die heilige Verbindung mit dem Vajrasattva Oh Vajrasattva,
beschütze diese heilige Verbindung,
mögest du fest in mir wohnen,
Gib mir vollkommene Zufriedenheit,
Hab Vertrauen in mich und blicke freundlich auf mich,

Gewähre mir alle Errungenschaften,
Zeig mir alle Karmas.
Mach meinen Geist gut, tugendhaft und weitsichtig,
Oh Essenz des Buddha Vajrasattva
Wir feiern die Zeichen der Vollendung.
Oh Strahlender, der den Diamantgeist aller Buddhas verkörpert.
Verlass mich nicht.
Gewähre mir die Verwirklichung der Vajra-Essenz.
Mach mich eins mit Dir.

Appendix 3
Osho News

In den Kapiteln fünf und sechs dieses Buches habe ich Aspekte meiner Erfahrungen mit Osho beschrieben. Ich möchte hinzufügen, dass Osho für mich ein außergewöhnlicher spiritueller Lehrer war. Ich bin ihm sehr dankbar für seinen tiefen, wilden, grenzenlosen, humorvollen, brillanten, unterstützenden Beitrag zu meinem inneren Wachstum.

Ich muss auch klarstellen, dass ich das Osho Center in Poona in Indien seit seinem Übergang von einem Ashram zu einem medizinischen Resort nicht mehr besucht habe. Ich bin mir nicht ganz sicher, warum. Vielleicht liegt es daran, dass ich Oshos Gesellschaft geschätzt habe, während er in einem physischen Körper lebte, und jetzt, da er sich in das Unendliche aufgelöst hat, verspüre ich nicht das Bedürfnis, irgendwo hinzugehen, um in Verbindung mit ihm zu sein.

Viele meiner alten Freunde besuchen jedoch immer noch Poona, und ich bin zuverlässig informiert, dass das Osho *International Meditation Resort* weiterhin floriert. Tantra-Gruppen werden immer noch als Teil des Programms angeboten, aber sie sind weder so wild noch so mutig, wie sie es waren, als Osho sie einführte. Im Gruppenraum gibt es keine Nacktheit und keine sexuelle Intimität. Der Fokus liegt mehr darauf, zu spüren und zu erfahren, wie Energie zwischen Männern und Frauen fließt, wie sie zirkuliert und verbessert werden kann, wie sie zur Erfahrung höherer

Bewusstseinsebenen genutzt werden kann. Diese Betonung ist angemessen für die Art der Kundschaft, die das Resort heute anzieht. Oftmals Menschen mit sehr unterschiedlichem kulturellem Hintergrund, von denen viele absolute Anfänger sind, was Meditation und Tantra betrifft.

Um Missverständnisse zu vermeiden, halte ich es für wichtig, klarzustellen, dass das, was in meinem Buch beschrieben wird, „in den Anfängen des Ashrams" passiert ist und sich längst zu einer anderen Form entwickelt hat. Wenn Sie neugierig sind auf die Meditations- und Gruppenprogramme, die derzeit im Osho International Meditation Resort in Poona angeboten werden, finden Sie hier die Webadresse: www.osho.com.

Nachwort

Viele Geschichten wollten in diesem Buch erzählt werden. Viele weitere wurden aus Platzgründen nicht erzählt. Da ist die Geschichte einer wilden tantrischen Scheidung im Himalaya; eine Invasion körperloser Wesen bei der Arbeit mit einem ziemlich zweifelhaften Schamanen; eine Yoni im Dialog mit anderen Yonis; ein Besuch im Matri Mandir-Tempel in Auroville mit der geheimen Offenbarung von zwölf Erleuchtungskammern; und ein Besuch beim Volk der Achuar im ecuadorianischen Amazonas, um zu lernen – eine Pflanze zu werden. Oh ja, und der Bau eines Hauses in der Mitte von Nirgendwo.

Sie, liebe Leser, werden entscheiden, ob ein zweiter Band geschrieben wird. Es hängt von Ihrem Feedback ab. Hat Ihnen dieses Buch gefallen? Würden Sie gerne einen zweiten Band lesen? Dann schreiben Sie mir auf: www.margotanand.com.

In puncto SkyDancing Tantra widme ich mich heute verstärkt dem privaten Coaching. Diese Arbeit dauert drei bis acht Tage und erfolgt direkt mit mir zusammen. Ich biete diese Kurse etwa drei- bis viermal im Jahr. Weitere Informationen über das SkyDancing Tantra finden Sie unter:

www.skydancingtantra.org, www.tantraskydancing.com
http://skydancingtantra-int.com

Andere Werke von Margot Anand

Bücher

Le Chemin de l'Extase, (A. Michel, 1981)

The Art of Sexual Ecstasy, (Jeremy P. Tarcher/Putnam, 1989)

The Art of Sexual Magic, (Jeremy P. Tarcher/Putnam, 1995)

The Art of Everyday Ecstasy, (Broadway Books, 1998)

Sexual Ecstasy: The Art of Orgasm, (Jeremy P. Tarcher/Putnam, 2000)

The Sexual Ecstasy Workbook, (Jeremy P. Tarcher/Penguin, 2005)

DVDs, Videos und Audio

Margot Anand's Secret Keys to the Ultimate Love Life, (3 DVD Set, 2006)

The Art of Orgasm: The Multi-Orgasmic Couple (DVD) (Higher Love Video, 2006)

The Music of Everyday Ecstasy (music CD) (Spring Hill, 1998)

Sexual Magic Meditations (audio cassette) (Sounds True, 1996)

SkyDancing Tantra: A Call to Bliss (music CD) (Spring Hill, 2001)

www.margotanand.com

Das SkyDancing Tantra Institut Deutschland ist das von Margot Anand lizensierte Institut, das ihr Training in Ekstase und Liebe TEL exklusiv in Deutschland anbietet. Dieses Training wird seit mehr als 30 Jahren in immer wieder aktualisierter Form angeboten und hat bereits tausenden von Teilnehmer*innen zu mehr Zufriedenheit und Glück in ihrem Leben und Lieben verholfen.

Ein vielfältiges Seminarangebot – vom tantrischen Abend, Wochenendkursen und thematisch ausgerichteten Veranstaltungen - erlaubt einen sanften Einstieg und ein Kennenlernen des SkyDancing Tantra und bietet erfahrenen Tantrikern und Tantrikas die Möglichkeit zum immer wieder Eintauchen ins tantrische Feld. Die Veranstaltungen bieten einen sicheren Raum zum Experimentieren mit den Herausforderungen und Fragen unseres Lebens und Liebens; sie erlauben Wachstum in Lebendigkeit und Bewusstsein.

www.SkyDancing-Tantra.de